삶에 단비가 필요하다면

인디언 기우제 이야기

삶에 단비가 필요하다면

인디언 기우제 이야기 / 고영건 지음

박영books

무엇보다도 네 분 부모님들의 은혜는 제가 가지고 있는 가장 커다란 자산인 것 같습니다. 만약 이 글에서 인간적인 따뜻함이 배어 나온다면 그것은 모두 삶의 가파른 길목에서 힘에 부쳐할 때마다 언제나 인자한 손길로 저를 인도해 주신 네 분의 부모님들로부터 온 것이라고 할 수 있습니다.

이 책을 집필하는 동안 집안에서 가장에게 부여된 모든 의무들을 흔쾌하게 면제해 준 아내의 내조는 제가 글을 끝마칠 때까지 집중력을 유지하는 데 결정적인 공헌을 하였습니다. 그리고 집필기간 동안 못 놀아주는 대신 나중에 배로 갚겠다는 아버지의 약속을 의심 없이 수용해 준 사랑스런 딸아이의 공로도 결코 빼놓을 수 없습니다. 또 미국에서 연구에 전념할 수 있도록 마음속 깊이 성원을 보내 준 친가와 처가의 가족들 모두에 대한 고마움은 어느새 생활의 일부가 되었을 정도입니다.

저와 제 아내의 지도 교수님이자 결혼식 주례 선생님으로서 저희 부부의 인생행로와 심리학자로서의 앞길 모두를 이끌어 주신 고려대학교 심리학과의 안창일 선생님께서 베풀어 주신 은혜는 늘 가슴속 깊이 새기고 있습니다. 그리고 대학원 강의를 통해 제게 그랜트 스터디의 심리학적인 가치를 깨우쳐 주신 고려대학교 심리학과의 한성열 선생님께 감사드립니다. 특히 한성열 선생님께서 심혈을 기울여 번역하신 『성공적 삶의 심리학』은 제가 이 글을 쓰는 과정에서 가장 많은 도움을 받았던 참고문헌이었습니다.

아마도 제가 1,300만 권의 장서를 소장하고 있는 예일^{Yale} 대학교의 도서관을 이용할 수 있는 기회를 얻지 못했더라면, 이 책에서 담고 있는 사례들은 훨씬 더 밋밋하고 볼품없는 것이 되었을 것입니다. 제게 소중한 기회를 주신 예일 대학교 심리학과의 샐로베이^{Peter Salovey} 교수님께 감사드립니다. 그리고 제가 그랜트 스터디를 소개하는 책자를 쓸 수 있도록 허가해 주신 하버드^{Harvard} 대학교의 그랜트 스터디 연구책임자인 베일런트^{Gerge E. Vaillant} 박사님의 인덕^{仁德}에 경의를 표하고 싶습니다.

〈삼성-멘탈휘트니스 CEO 프로그램〉이 세상에서 빛을 볼 수 있도록 멘탈휘트니스 연구소를 지원해 주신 김지혜 선생님과 이임순 선생님을 비롯한 많은 교수님들의 은덕에 감사드립니다. 그리고 1997년 겨울, 삼성서울병원의 연구실에서 그랜트 스터디를 논하며 저와 함께 했던 동료들 모두에게 고마움을 표시하고 싶습니다. 특히 프로그램 개발 작업을 하면서 밤을 지새웠던 연구소 동료들과의 추억은 평생 못 잊을 것 같습니다.

2004년 홍대욱 주간님과 송순현 사장님의 도움으로 정신세계원에서 처음 출간된 이후에 제 원고가 2012년에 세상에서 또다시 빛을 볼 수 있도록 출판을 맡아 주신 박영사 안종만 회장님께 감사의 뜻을 전하고 싶습니다. 특히 출간을 준비하는 동안 양서良書가 탄생할 수 있도록 끊임없이 고민해 주신 박영사의 조성호 부장님, 송연정 선생님 그리고 엄주양 선생님께 감사드립니다. 그분들의 남다른 열정 덕분에 저의 능력을 넘어서는 좋은 책이 나올 수 있었던 것 같습니다.

이 글을 완성하기까지 도움을 주신 분들을 열거하자면, 한없이 많은 지면을 할애해야 할 것 같습니다. 따라서 감사의 글에는 미처 담지 못하지만 가슴속 깊이 감사한 마음을 간직하고 있는 고마운 분들이 너무나 많다는 점을 고백하지 않을 수 없습니다.

끝으로, 영면을 취하는 와중에도 저와 같은 소장少壯 심리학자의 캐스팅에 기꺼이 주인공으로 응해 주신, 이 책에 나오는 인디언 기우제의 거장들께 사의를 표하고 싶습니다. 정말이지 이분들이 아니었다면 이 책은 한낱 허구의 산물에 지나지 않았을 것입니다. 이분들이야말로 우리의 실제 삶이 소설이나 영화보다도 훨씬 더 드라마틱하다는 점을 몸소 보여 준 산증인들이라고 할 수 있습니다.

2012년 9월 1일
고려대학교 안암의 연구실에서
고 영 건 배상

삶에 단비가 필요하다면

· · · · ·

'인디언 기우제'라는 말이 있다.
인디언들이 기우제를 지내면 반드시 비가 내린다.
그들에게만 유독 영험한 레인메이커(rainmaker)가 있어서일까?
아니다. 그 이유는 간단하다.
바로 그들은 비가 올 때까지 계속해서 기우제를 지내기 때문이다.

사회학자 머튼Robert K. Merton은 미국 북동부 애리조나Arizona 사막 지대에 사는 호피Hopi 인디언들이 기우제를 지내는 풍습에 관해 분석했다.[1] 그는 단순히 "기우제는 과학적이지 않다"라고 말하기보다는 우리들의 삶 속에서 그것이 과연 어떤 의미를 지닐 수 있는가를 자문하는 것이 훨씬 더 지혜로운 태도일 수 있다고 하였다. 이런 맥락에서 그는 인디언 기우제가 얼핏 보면 단순한 미신처럼 보이지만 실제로는 사회를 위해 잠재적인 기능을 한다고 하였다. '인디언 기우제' 현상의 잠재적인 기능은 무엇일까?

호피 인디언들은 비가 부족한 사막 지대에서 생활하기 때문에 농작물을 최대한 정확한 위치에 심는 것이 특히 중요하다. 생전 가봐야 비한 방울 안 내리는 곳에다가 씨앗을 뿌리면 수확할 수가 없을 것이다. 하지만 그렇다고 해서 비가 올 것이 확실한 곳에다만 농작물을 심는다면 이번에는 식량이 부족해질 수 있다.

아마도 호피 인디언 마을을 방문하는 사람들이 가장 놀라는 일 중 하나는 그들이 외지인이 보기에는 비 한 방울 안 내릴 것 같은 사막의 오지에도 씨앗을 뿌린다는 사실일 것이다.[2] 이러한 경작 방법은 호피 인디언들에게는 선사시대 때부터 내려온 전통 중 하나이다. 이러한 전통이 대가 끊어지지 않고 전승이 계속되려면 사막에 씨앗을 뿌려도 수확할 수 있다는 믿음이 먼저 존재해야 한다. 그러한 믿음 없이는 메마른 사막에 씨앗을 뿌리는 일을 하지 않을 것이다.

애리조나 사막 지대는 월별 강우량의 편차가 별로 크지 않은 편이다. 특별히 많이 오는 달이 따로 있는 것은 아니지만 다행스럽게도 비가 내리는 않는 달 역시 없다. 부족하지만 물을 지혜롭게 활용할 경우 농작이 가능한 수준의 비는 매달 내리는 것이다.

그들은 비 한 방울도 안 내릴 것 같은 사막 지대에 씨앗을 뿌린다. 그리고 물을 최대한 효율적으로 활용하기 위해서 모래 언덕의 경사면 아래쪽에 옥수수, 콩, 호박 등의 씨앗을 심는다. 그렇게 하면 모래 언덕이 바람막이 역할을 해 줄 수 있을 뿐만 아니라, 비가 조금 내리더라도 씨앗 쪽으로 물이 흡수되기 때문에 경작이 가능해진다.

호피 인디언 사회가 유지되기 위해서 해결되어야 할 과제 중 하나는 어떻게 하면 비옥한 토양이라고는 찾아볼 수 없는 사막에서 구성원들이 영토를 이탈하지 않고 계속해서 경작을 이어갈 수 있도록 만드느냐 하는 것이다. 특히 가뭄이 계속되는 상황에서도 절망하거나 동요하지 않고 결속력을 유지하는 것은 그들이 생존하는 데 매우 중요하다.

바로 이런 이유 때문에 호피 인디언들은 기우제를 지낸다. 그들은 말 그대로 비가 내릴 때까지 기우제를 지낸다. 그렇기 때문에 이들은 한결

삶에 단비가 필요하다면

같이 자신들이 기우제를 지내면서 버티는 한, 반드시 비는 오기 마련이라는 믿음을 공유하고 있다. 이러한 믿음이야말로 그들이 사막에서 오늘날까지 생존할 수 있는 최상의 비결이었다. 도저히 농작물이 자랄 수 없을 것 같은 사막에서 그들이 오늘날까지 생존해 왔다는 것 자체가 그들의 믿음이 옳다는 것을 증명해 준다.

호피 인디언들이 이러한 믿음을 유지해 올 수 있었던 것은 두 가지 비결이 있었기 때문이다.

첫 번째 비결은 그들의 독특한 언어-문화적인 세계이다. 놀랍게도 호피 인디언들에게는 시간이라는 단어가 존재하지 않는다.[3] 따라서 그들이 자연 현상을 이해하는 방식은 우리와는 다르다. 우리는 아침 6시에 해가 떠서 저녁 7시에 해가 진다고 생각한다. 하지만 그들의 삶에서는 그냥 해가 뜨고 지는 것이다. 비의 경우도 마찬가지다. 그들에게는 비가 오랫동안 안 내렸다는 식의 언어적인 표현은 존재하지 않는다. 그들에게 비는 오기도 하고 안 오기도 하지만 그래도 자신들이 살아갈 수 있을 만큼은 내리도록 되어 있는 것이다.

두 번째 비결은 호피 인디언들이 일상생활에서 하는 거의 모든 행동이 기우제와 관계가 있다는 점이다. 『동물기』로 유명한 시튼 Ernest T. Seton 은 인디언들의 독특한 사고방식을 이렇게 소개한 적이 있다.

몇 해 전에 몬태나 Montana에서 어느 선교사가 한 인디언이 일요일에도 일을 하러 나가는 것에 대해서 책망하는 것을 들은 적이 있다. 그 인디언은 단순히 자신의 가족을 돌보는 일을 할 뿐이었기 때문에 의아해 했다. 그 선교사는 계속해서 일요일은 주님의 날이라고 설명하였다. 그러자 마침내 인디언도 이해를 하게 되었다. 그는 이제야 알겠다는 표정을 지으며

"아, 그렇군요. 당신의 주님은 일주일에 오직 한 번씩만 오시는군요. 우리 신은 날마다 그리고 언제나 함께 하지요."라고 말하였다.[4]

기우제에서도 마찬가지다. 호피 인디언들의 일상생활은 기우제의 연속이다. 그렇기 때문에 기우제를 지내는 것이 그들에게는 결코 특별한 일이 될 수 없다. 그들이 사막에서 사는 한, 그들은 늘 기우제를 지내면서 사는 것이다.

기우제는 호피 인디언들이 사막에서의 척박한 생활에서 좌절하거나 동요하지 않고 삶의 안정감을 유지할 수 있도록 돕는 삶의 지혜라고 할 수 있다. 하지만 인디언 기우제라는 말이 사막에서만 유용한 것은 아니다.

성공적인 삶을 기원하는 것은 사막 한가운데서 비가 내리기를 기다리는 것과 비슷하다. 사막에서 비가 내리는 것은 흔한 일이 아닐 것이다. 하지만 그렇다고 해서 포기해야 할 만큼 적게 오거나 아주 안 오는 것은 아니다. 호피 인디언들이 사막에서 지금까지 계속 살 수 있었던 것은 전적으로 인디언 기우제 덕분이다. 그들은 비가 안 올 것처럼 보이는 경우에도 비가 내릴 때까지 끈질기게 기다렸고 적어도 지금까지 비는 계속해서 내렸다. 성공도 마찬가지다. 성공을 위한 최고의 비결 중 하나는 비록 성공하는 것이 어려워 보이는 상황에서도 성공할 때까지 자신의 목표에 전념하며 기다리는 것이다. 그런데 문제는 이것을 실천하기가 결코 쉽지 않다는 점이다. 우선 목표를 무엇으로 정할 것인가 하는 것부터가 문제가 된다.

인생은 앞을 보면서 살아가야 하지만 뒤를 돌아보고 나서야 비로소 이해할 수 있는 것이다.[5] 바로 여기에서 삶의 주요한 모순이 발생한다.

왜냐하면 인생의 목표는 미래가 오기 전에 정해야 하는 것이지만 그러한 목표를 정하는 데 필요한 자신에 대한 이해는 살아본 다음에야 깨달을 수 있는 것이기 때문이다. 그렇기 때문에 우리는 앞서 걸어간 사람들의 발자취를 살펴볼 필요가 있다. 비록 이러한 작업이 완전하지는 않을지라도, 인생을 항해해 나가는 과정에서 항해 지도의 역할을 해 줄 수는 있을 것이다.

이 글에 등장하는 사람들은 모두 인디언 기우제의 거장이다. 따라서 글을 읽다 보면 그들이 누군지 어느 순간에 가서는 눈치챌 수 있을 것이다. 물론, 어떤 경우는 마지막 페이지에 가서야 깨닫게 될 수도 있다. 그리고 또 어떤 얄궂은 경우에는 처음 보는 사람일 수도 있다. 따라서 그들이 누구인지를 퀴즈 풀어가듯이 읽어 내려가는 것도 이 글을 읽는 한 가지 묘미가 될 수 있을 것이다. 하지만 무엇보다 중요한 것은 그들이 모두 인생을 인디언 기우제처럼 살아간 사람들이라는 점이다.

 Contents

01

마음의 무인도에서 벗어나라

천사에 관한 심리학적 소견

．　．　．　．　．

사람들은 천사를 알아보지 못한다.
천사는 외모로 판단할 수 있는 것이 아니기 때문이다.
따라서 우리는 천사가 탄생하는 과정을 조금 더 이해할 필요가 있다.

이 여인은 1820년 영국의 빅토리아 여왕 시대에 빌라 콜롬바이아^{Villa} Colombaia에서 부유한 가정의 둘째 딸로 태어났다.

그녀의 아버지는 영국 내에서도 손꼽히는 부자였으며 매우 온화한 성품을 지니고 있었다. 그녀는 후일 자신의 아버지가 "평생 싸움 한 번 안 하는 분"이었다고 적었다.[1] 그녀의 아버지는 언제나 평정을 유지하였으며 충동적으로 행동하는 법이 없었다. 또한 아이들을 무척 좋아했다. 그래서 그녀의 아버지는 자신의 딸들을 데리고 여행하는 것을 즐겼다.

그녀의 어머니는 다른 전형적인 영국 부인들처럼 사교적인 모임보다는 가사일을 돌보면서 집에서 머무는 것을 더 편안해 하였다. 남편이 여행을 좋아하기 때문에 동행할 때를 제외하고는 거의 집에서만 머물러 있는 편이었다.

외모 콤플렉스로 인한 고통

문제는 무엇 하나 부족할 것 없어 보이는 가정에서 자라난 그녀가 몹시도 불행해 했다는 점이다. 어릴 적에 그녀는 자신이 다른 사람들과는 다르다는 강박관념을 가지고 있었다. 외모 콤플렉스가 심했던 그녀는 자신이 괴물이라고 생각했다.[2] 그녀의 전기 작가 우담-스미스^{Cecil} Woodham-Smith는 그녀의 외모 콤플렉스를 다음과 같이 기술하였다.

> 그것은 어떤 경우에도 밝혀져서는 안 될 비밀이었다. 그래서 낯선 방문객들과는 마주치지 않으려고 필사적인 노력을 기울였다. 그녀는 누군가 집을 방문하기로 예정되어 있다는 사실이 알려지면, 고통에 휩싸였다. 그 소식은 그녀에게 마치 고문과도 같은 것이었다. 그녀는 다른 사람처럼 사교적으로 행동할 자신이 없었다. 그래서 그녀는 아래층에서 열리는 만찬에 참석하는 것을 한사코 거부하였다. 만약 칼과 포크가 자신의 손에 쥐어지면 틀림없이 무슨 일이 벌어지고 말 것이라고 굳게 믿었다.[3]

만약 외모 콤플렉스가 심한 사람에게 자신이 원치 않는 사교 모임에 억지로라도 참석해야 하는 상황이 닥친다면, 그리고 외모 콤플렉스가 두려워서 모임에 못 나가겠다고 솔직하게 고백하기가 죽기보다도 싫다면, 과연 그 사람은 어떻게 반응하게 될까? 아마도 십중팔구 그때부터 몸이 아파 올 것이다. 왜냐하면 외모 콤플렉스 때문에 사교 모임에 못 가겠다는 말을 하기는 어려워도 정말로 가고 싶지만 몸이 아파서 못 가겠다는 말은 별다른 어려움 없이 할 수 있기 때문이다.

그녀 역시 그러했다. 그녀는 아프기 시작했다. 아플 때면 일주일 내내 방에서 한 발자국도 나오지 않고 침대 위에서만 생활하였다. 심한 경우에는 거의 1년 내내 그런 적도 있었다. 이유는 간단했다. 그녀의 아버지가 대부호였기 때문에 여행갈 때를 제외하고는 방문객이 끊이지 않았기 때문이다. 그녀는 어려서부터 의학적으로 특별한 원인을 찾을 수 없는 형태의 증상을 지속적으로 호소하는 등 전형적인 신경쇠약 증상을 나타냈다. 이러한 것을 심리학적으로는 신체화 somatization라고 한다. 신체화는 외로움, 분노 등의 심리적인 갈등이 신체적인 증상을 호소하는 형태로 변환되어 나타나는 것을 말한다.

가족들과의 신경전

일부 전기 작가의 시각과는 달리, 그녀는 자신의 어머니와는 조금도 친밀감을 나누지 못하였다. 실제로 그녀는 자신이 어머니로부터 애정을 거의 못 받고 자랐다고 주장하였다. 그녀의 말에 따르면, 자신은 "아프리카 사막에 유폐되어 있었다고 해도 과언이 아닌 상황 속에서 생활하였으며 어머니는 마치 손을 뻗어 붙잡으려고 할 때마다 사라져 버리는 신기루 같았다."[4] 그리고 그녀는 자신의 언니에 대해서도 "마치 자신이 금방 감옥에서라도 나온 사람처럼 자신에게 말을 거의 걸지 않는다"며 불만을 토로했다.[5]

하지만 그 이유는 분명해 보인다. 그녀의 언니에 따르면, 그녀의 행동은 다른 사람들을 화나게 만드는 데가 있었다. 그래서 그녀의 주변 사람들은 그녀가 말을 하면 그 말 때문에 화가 나고 또 그녀가 말을 안 하면 또 말을 안 하는 대로 묘하게 거슬려 하였다.

19세기의 잔 다르크

열일곱 살 때 그녀는 자신이 한 놀라운 체험을 주변 사람들에게 고백하기 시작하였다. 그녀는 자신이 잔 다르크^{Jeanne d'Arc}처럼 신의 계시를 받았다고 주장하였다. 그녀에 따르면 분명히 신이 밖에서 인간의 목소리로 말하였다는 것이다. 그래서 그녀는 일기에 "신께서 말씀하시길, 신의 부름을 받았으니 내게 와서 일하라"[6]고 적었다.

하지만 그녀의 말을 들었을 때, 그녀의 부모님은 자신의 딸이 신의 선택을 받은 것에 대해서 기뻐하지 않았다. 만약 자신의 딸이 극심한 외모 콤플렉스로 인한 문제 행동들을 나타낸 적이 없었더라면, 그 이야기에 대해서 다르게 반응했을지도 모른다. 하지만 그녀의 부모님은 기뻐하기보다는 의사를 찾아가는 길을 택하였다. 그녀가 위험한 공상^{fantasy}의 세계 속에 빠졌다고 판단했기 때문이다.

그녀는 자신의 얘기가 가족들에게 받아들여지지 않는 것 때문에 고통 받았지만, 다행히 다른 정신분열병 환자들과는 달리, 그 책임을 부모님에게 전가하지는 않았다. 만약 이 상황에서 그녀가 그 책임을 외부 사람에게로 전가했다면 그녀는 정신 병원에서 입원 치료를 받아야 했을 것이다. 하지만 총명했던 그녀는 그것 역시 신의 뜻으로 받아들이고서 극복하고자 노력하였다. 그녀는 이 모든 일에 대한 책임이 자신에게 있다고 생각하기 시작하였다. 그러자 세상의 모든 일이 다 자기 잘못인 것처럼 느껴졌다. 그래서 그녀는 우울증에 빠지게 되었다.

그녀는 침대를 박차고 나가 사회에서 신의 뜻을 받들고 싶었지만 현실은 그리 만만한 것이 아니었다. 스물세 살 때부터 그녀는 자신이 꿈이라고 부르는 습관적 행동 속으로 빠져들어 갔다. "위안을 주는 공상적

삶에 단비가 필요하다면

인 영상들 속으로 점점 더 빠져들어 간 것이다."[7] 때때로 그녀는 자신을 통제하지 못하였으며 약물을 복용하는 치욕스런 황홀경 속으로 빠져들기도 하였다. 그리고 스물여덟 살이 되자 그녀의 삶에서 그러한 "꿈은 더 이상 통제할 수 없는 것이 되었다."[8] 그리고 그녀의 생활은 멍한 트랜스trance 상태로 얼룩져 갔다. 그녀는 시간 감각을 잃어버렸을 뿐만 아니라 공간에 대한 분별력마저도 잃어버리게 되었다.

사는 게 너무나 고통스러웠던 나머지, 그녀는 서른한 살 때 일기에 "나는 죽기만을 바랄 뿐이야"라고 적었다.[9] 하지만 그녀는 아흔 살까지 장수하였다.

그녀는 어떻게든 자신이 처한 곤경을 합리적으로 설명해 보려고 시도하였다. 고민에 고민을 거듭한 끝에 그녀는 이 모든 괴로움의 근원이 자신의 외모 콤플렉스가 아닌, 건강 때문이라고 결론 내렸다. 그녀는 너무나 건강이 안 좋았기 때문에 결혼을 하더라도 잘할 자신이 없었으며 또 침대에서 일어날 수 없었기 때문에 사회를 위해서 일하라는 신의 뜻을 받들지 못하게 되었다고 믿게 된 것이다. 그리고 그녀가 보기에 이러한 문제의 상당 부분은 그녀의 부모님 탓인 것처럼 보였다.

사실 명석했던 그녀는 이전에는 모든 문제가 다 자기 탓이라고 생각했었다. 하지만 그렇게 믿는 순간부터 삶이 온통 가시밭길로 변해 버리는 것을 이미 체험했기 때문에 그녀는 어떻게 해서든지 자신의 떠맡았던 책임의 일부를 다른 사람에게로 돌리려고 애썼던 것이다.

공중위생 전문가가 되다

그녀는 자신의 건강 문제가 집안의 더러운 환경 때문에 발생한 것이라고 믿기 시작했다. 그런데 청소를 하는 하녀만 여럿인 대부호의 집이 더럽다고 말하는 것은 이치에 안 맞아 보였다. 그래서 그녀가 최종적으로 찾아낸 원흉은 바로 오염된 공기였다. 그녀가 주도면밀하게 관찰해 본 결과, 환기가 제대로 안 되고 있었던 것이다. 그래서 그녀는 자신이 오염된 공기 속에서 숨 쉬어 왔고 따라서 그 때문에 자신에게 문제가 생긴 것이라고 굳게 믿었다.

하지만 그녀가 이때 올바른 진단을 내렸던 것인지는 의문이다. 왜냐하면 그녀의 주장대로 오염된 공기 속에서 생활하는 사람들치고는 다른 가족들에게 아무런 증상도 안 나타났기 때문이다. 문제가 있었다면 다른 가족들은 바깥 활동을 충분히 했지만 그녀만 외모 콤플렉스 때문에 바깥 활동을 게을리했기 때문일 수 있다. 그래서 운동이 부족했고 또 신진대사가 원활하지 않았기 때문에 그녀에게만 다양한 건강상의 문제가 발생했던 것으로 보인다.

자신만의 삶의 논리를 터득하게 된 그녀는 이때부터 불면의 밤을 지새어 가며 공부를 하였다. 그녀는 공기와 지하수를 보이지 않게 오염시킬 수 있는 쓰레기 배출 문제에 관한 책들을 포함해서 공중위생 관련 서적들을 두루 섭렵하였다. 특히 이 과정에서 그녀는 통계학에도 각별한 관심을 나타냈다. 공중위생 자료를 해석하는 데 필수적이었기 때문이다. 그 결과 그녀는 영국 내에서 선도적인 공중위생 전문가가 되었다.

등불사단에서의 기적

크림 전쟁Crimean War 동안 그녀는 드디어 신의 뜻을 받들기 위한 첫발을 내딛을 수 있게 된다. 사실 이것 역시 가족들의 주선 덕분이었다. 처음에는 그녀의 건강을 염려해서 적극적으로 만류하던 부모님도 더 이상 그녀의 뜻을 꺾을 수는 없었다.

등불사단Light Brigade이 세바스토폴Sebastopol 근처에서 임무를 맡은 지 10일이 지났을 때, 그녀는 콘스탄티노플Constantinople 근처의 스쿠타리Scutari 영국 군 병원에 도착하였다. 이때 그 병원에서의 사망률은 무려 42퍼센트에 달했으며 사실상 그 대부분은 설사로 인한 것이었다. 그 병원에서는 이질로 고통 받는 환자만 1천 명이 넘었다. 그리고 또 다른 1천 명은 발진티푸스, 괴혈병, 그리고 감염성 질환 등의 절망적인 질병들로 고통 받고 있었다. 누가 보더라도 국가에서 부상병들을 위해서 지원을 제대로 안 해주고 있다는 것을 쉽게 알 수 있었다. 왜냐하면 정부에서는 사망률이 42퍼센트인 상황에서는 지원을 해 봤자 '밑 빠진 독에 물 붓기'가 될 뿐이라고 판단했기 때문이다.

그녀는 병원에 도착하자마자 자신이 무엇을 해야 하는지 잘 알고 있었다. 그녀는 이전에 자신의 집에서 완벽한 역학疫學 조사를 해냈듯이, 군 병원을 샅샅이 조사하였다. 그 병원에는 비누조차 갖추어져 있지 않았으며 환자가 2천 명인 데 반해 침실용 변기는 단지 20개밖에 없었다. 또 그녀는 세탁 한 번 안 된 담요들 속에서 벼룩, 기생충, 구더기 등이 우글거리고 있는 것을 발견하였다. 대부호의 집안조차 더럽게 느껴졌던 그녀에게 그 병원은 지옥 그 자체였다.

그녀가 병원에 도착해서 공식적으로 처음 수행한 일은 아버지에게서 나온 돈으로 세탁용 청소도구들을 구입한 것이었다. 공중위생에 대한 그녀의 각별한 관심 때문에 그녀는 변기에 연결된 튜브들이 하루에 두 번씩 세척되었는지를 점검하였다. 그녀가 도착하기 이전에는 어쩌다 생각이 나면 세척하는 수준이었다. 왜냐하면 날마다 거의 2명 중 1명이 죽어나가는 급박한 상황에서 청소에 신경 쓸 겨를이 없었기 때문이다. 또 그녀는 병원의 식수 공급을 위해 일꾼을 시켜 땅을 새로 파도록 하였다. 기존의 식수원에는 오랫동안 시체와 죽은 말들이 뒤엉켜 있었다는 것이 밝혀졌기 때문이다. 그리고 그녀는 병사들의 더럽혀진 옷과 침대들을 세척하기 위해서 병원에 새롭게 세탁부를 신설하였다.

그러자 기적이 일어났다. 1855년 6월에 그 병원의 사망률은 무려 42퍼센트에서 2퍼센트로 급감하였던 것이다. 이처럼 그녀의 피부에 와 닿는 예술적인 업적은 영국 국민뿐만 아니라 전 세계 시민에게 감동을 주었다.

다이어그램의 여왕

그녀의 변화하는 힘은 계속 이어졌다. 그녀는 그림들을 숫자로 표현하는 것을 배웠다. 사실 그녀는 막대그래프의 창안자이기도 하다. 야전병원을 위한 언론 캠페인이 진행되는 동안, 그녀는 부상병들이 사망하는 것을 충분히 예방할 수 있다는 점을 강조하기 위해서 의학자료 속의 다이어그램들에 색깔을 입혔다. 의학통계의 창시자 윌리암 파 William Farr 박사는 이렇게 말했다.

그녀는 자신이 공상 속에서 체험한 내용을 현실로 옮기기도 하였다.
지금은 모든 병원에 다 응급 환자들을 위한 비상벨이 갖추어져 있지만
당시만 하더라도 환자가 치료진을 호출한다는 것은 상상하기 힘든 일이
었다. 특히 전쟁 상황하에서는 제아무리 환자가 울부짖더라도 의료진
이 판단 내린 순서대로 진료가 시행되었다. 하지만 그녀는 자신의 공상
적 체험에 기초하여, 환자들의 소리가 신의 소리라고 믿었다. 그래서 그
녀는 자신이 부주의해서 그러한 신의 부름을 놓치는 일이 없도록 환자
들의 머리맡에 벨을 달았다. 그녀가 이처럼 자신의 머릿속에 있던 공상
적인 내용을 현실에 생산적으로 활용하게 된 과정은 승화^{sublimation}와
관계가 있다. 심리학적으로 승화는 과거에 고통스러운 갈등을 겪었던
사람이 자신의 그러한 체험을 적응에 도움이 되는 창조적인 과정으로
변화시키는 것을 말한다. 그녀가 집 안에서의 서투른 역학 조사 결과를
야전 병원에 창조적으로 적용하여 불후의 의학적 업적을 남기게 된 과
정 역시 승화에 해당된다고 할 수 있다.

5만 병사의 어머니가 되다

스쿠타리 병원에서 그녀의 야간 순례를 수행했던 간호사들 중 하나

는 다음과 같이 기술함으로써 '등불을 든 여인'이라는 민담을 창조하는 데 일조하였다.

> 한밤중에 그녀가 환자를 보살피기 위해 병동을 순회하는 것은 끝없이 이어졌으며 그 어떤 것도 쉽게 잊혀지지 않았다. 우리가 천천히 지나쳐 갈 때마다, 침묵은 더욱 깊어져 갔다. 매우 드물게 울음 섞인 신음소리가 우리들의 귓가를 울리기도 했다. 희미한 등불이 곳곳에서 타오르고 있었다. 그녀는 환자들에게 불빛이 직접적으로 닿지 않도록 등불을 낮게 깔고서 비추었다. 나는 그녀가 병사들을 대하는 태도를 매우 존경했다. 그녀의 태도는 매우 포근하고도 친절했다. 병사들을 그녀의 그림자가 베개에 와 닿을 때 키스를 하였다. 그녀는 장교들과 행정관들이 병사들을 기독교인으로서 대하는 법을 가르쳤던 것이다.[11]

그녀는 부상병들의 수면을 방해하지 않기 위해서 불빛을 낮게 비추었지만 병사들은 잠들어 있는 척했을 뿐이었다. 병사들은 그녀가 지나가고 난 다음에 그녀의 그림자가 자신의 베개를 스쳐갈 때 거기에 키스를 하고 나서야 잠들곤 하였다. 어려서부터 외모 콤플렉스 때문에 낯선 사람들을 회피하느라 고독하게 보냈던 그녀는 더 이상 자신의 외모를 염려하지 않아도 되는 아비규환의 전쟁터를 찾아갔다. 거기에서 그녀는 아무도 돌봐주는 이가 없어 고통 속에서 신음하는 병사들의 지친 영혼을 위로해 주었다. 바로 이것을 이타주의altruism라고 한다. 이타주의는 단순히 남을 돕는 것을 의미하지 않는다. 심리학적으로 이타주의는 자신이 간절히 원하는 것을 오히려 타인에게 줌으로써 기쁨을 느끼는 것을 말한다.

승화와 이타주의가 절묘하게 결합된 그녀의 노력 덕분에, 그녀는 공상이 아닌 현실에서, 그리고 결혼도 하지 않은 상태에서, 영국에 실제 어머니를 두고 온 5만 명의 병사들로부터 또 한 명의 어머니로서 존경을 받았다. 그 병사들은 그녀가 딛고 서 있는 대지에 경배를 드릴 정도로 그녀를 존경하였다.

하지만 그녀가 보여 준 힘은 전적으로 개인적인 능력만은 아니었다는 점을 기억할 필요가 있다. 그녀의 업적은 인간 사고의 단순한 걸작에 불과한 것이 아니다. 역사적인 맥락을 함께 고려해야 하는 것이다. 그러한 역사적인 계기는 바로 런던의 「더 타임즈」가 특파원 제도를 고안했던 것이다. 「더 타임즈」는 그녀의 획기적인 공적을 널리 알렸을 뿐만 아니라 특별 기금을 통해 그녀가 주도한 변화의 상당부분을 후원했던 것이다. 그녀의 무례한 상관이었던 스털링Colonel Sterling은 이를 이해하지 못하였으며 다음과 같이 투덜대기도 하였다.

우리의 숙녀가 뻔뻔스럽게도 수표를 긁어 모으는구먼. 이것이 위대한 국가가 기금을 모으는 방식이란 말인가? 성녀聖女가 내 주머니의 동전을 자석처럼 쓸어가 버리는구먼.[12]

1855년과 1856년에 걸친 겨울 동안, 그녀의 헌신적인 노력 덕분에 술에 취해 인사불성이 된 상태에서 사소한 규칙 위반에 대해서도 채찍질 당하는 처우를 받던 영국 부상병들의 음울한 자화상은 자취를 감추게 되었다. 역사적으로 전쟁의 커다란 후유증 중 하나는 삶의 의욕을 잃어버린 부상병들이 술에 취한 채로 거리의 부랑자로 나섰거나 파괴적인 난동을 일삼는 것이다. 하지만 그녀의 간호를 받았던 부상병들은 본국으로 송환된 후에도 결코 절망하지 않았다. 그들에게는 두 명의 어머니가 있었기 때문이다. 그녀와 「더 타임즈」가 함께 해낸 것이다.

처음에 신체화 또는 공상과 같은 미성숙한 방식으로 세상을 향해해 나갔던 그녀에게 이러한 성취는 한낱 꿈에 불과한 것처럼 보였을 것이다. 따라서 만약 그녀에게 인디언 기우제처럼 살아가고자 하는 의지가 없었더라면, 그녀는 서른한 살 때 일기에 적었던 것처럼 스스로 목숨을 끊으려 했을지도 모른다.

그녀가 보여 준 것 같은 승화와 이타주의는 우리 삶에서 어느 날 갑자기 하늘에서 떨어지듯이 나타나는 것이 아니다. 그녀처럼 길고도 고달픈 삶의 여정들을 거친 후에야 비로소 나타날 수 있는 것이다. 바로 거기에 인디언 기우제의 진정한 가치가 있는 것이다.

인생은 끊임없는 마음의 간호이다

그녀는 『간호에 대한 소견 Notes on Nursing』이라는 책을 쓴 적이 있다. 그녀는 그 책의 서문에서 자신이 왜 간호사가 되었는지를 적어 놓았다.[13] 현재 의사와 간호사는 사람들에게 인기 있는 직종 중 하나이다. 하지만 19세기에 간호사는 의사에 비해 비교조차 할 수 없을 정도로 심하게 평가 절하되어 있었다. 지적으로 영리했기 때문에 그녀는 결심만 한다면 충분히 의사가 될 수 있었다. 그녀는 최초의 여의사 중 하나였던 블랙웰Elizabeth Blackwell과 친분이 있었고 그녀로부터도 의학적인 박식함을 인정받았기 때문에 마음만 먹는다면 의학을 공부해서 의사가 될 수 있는 위치에 있었다. 하지만 그녀는 간호사의 길을 선택했다. 그녀는 간호

삶에 단비가 필요하다면

사의 가치를 남다르게 이해할 수 있었기 때문이다.

그녀에 따르면, 세상에는 훌륭한 의사들이 필요하지만 모든 사람들이 다 의사가 될 필요는 없다. 하지만 간호사는 다르다. 사람이라면, 살면서 누구나 한 번쯤은 가족이나 친구가 아프기 때문에 누군가를 돌봐 주어야 할 일을 겪게 되어 있다. 살면서 누군가를 한 번도 돌봐 준 적이 없다는 것은 너무나도 비참한 일일 수 있다. 그것은 혼자서 살아간다는 것을 의미하는 것과 마찬가지이기 때문이다. 따라서 간호에 관한 지식은 사람이라면 누구라도 다 알고 있어야 하는 정말로 소중한 것일 수밖에 없다. 그래서 그녀는 『간호에 대한 소견』을 남겼고 그녀의 책은 전 세계적으로 널리 읽히는 명저 중 하나로 기록되었다.

아마도 그녀의 모습을 보고서 천사 같다고 생각한 사람은 거의 없을 것이다. 하지만 사람들이 그녀에 대해서 간직하고 있는 인상은 '천사'와 같은 것일 것이다.

그녀의 삶은 애벌레 같았던 존재가 점차 아름다운 나비로 변모해 가는 과정을 잘 보여 준다. 천사에 관한 심리학적인 소견이란 바로 이런 것을 말하는 것이다. 그녀는 열일곱 살 때 공상 속에서만 신의 선택을 받은 천사일 수 있었다. 만약 그녀가 그때 사람들이 안 믿어 주는 데도 계속해서 천사라고 우겼더라면, 틀림없이 정신병원에 입원해서 치료를 받아야 했을 것이다. 하지만 그녀는 자아의 연금술^{자아의 연금술에 관한 자세한 내용은} ^{부록 참조}을 통해 외모 콤플렉스 덩어리였던 자신의 모습을 실제 천사의 모습으로 변화시켰다.

나이팅게일

사람들은 천사를 알아보지 못한다.
천사는 외모로 판단할 수 있는 것이 아니기 때문이다.
따라서 우리는 천사가 탄생하는 과정을 조금 더 이해할 필요가 있다.

신체화

신체화를 사용하는 사람들은 무의식적으로 자신의 신체적인 고통을 과장하고 또 그러한 증상에 과도하게 집착하는 모습을 보인다. 하지만 이러한 신체화는 때때로 적응적인 역할을 하기도 한다. 예를 들면, 다른 사람의 온정적인 위로가 필요한 사람은 눈에 잘 드러나지 않는 형태의 신체적인 고통(두통, 복통, 신경통)을 호소함으로써 목표로 하던 것을 얻어내기도 한다. 또 과거에 자신을 잘 돌봐 주지 않았던 부모의 무심함을 탓하는 것을 어려워하는 사람은 부모님 대신 자신의 주치의가 무능하다고 질책함으로써 심리적으로 더 편안한 마음을 가질 수도 있다.

누군가 신체화를 나타낼 경우, 일반 사람들에게는 꾀병을 부리는 것처럼 보일 수도 있다. 그러나 신체화는 건강한 사람이 의식적으로 병을 가장하는 꾀병과는 다른 것이다. 꾀병의 경우 본인은 스스로 아픈 것이 아니라는 것을 잘 알고 있지만 주변 사람들은 그 사람이 정말로 아파하는 것으로 오인할 수 있다. 신체화의 경우에는 정반대다. 신체화를 사용하는 사람은 실제로 아프다고 느끼게 된다. 하지만 신체화가 만성적으로 지속되면, 주변 사람들은 점차 그 사람이 왠지 꾀병을 부리는 것 같다는 인상을 받게 된다. 그래서 누군가가 신체화를 나타내는 사람에게 꾀병 아니냐고 물으면 그 사람은 불같이 화를 낼 수 있다. 이런 일이 발생하는 근본적인 이유는 신체화가 자기 자신도 알 수 없는 무의식적인 과정에 의해 일어나기 때문이다.

　일반적으로 신체화가 나타나는 과정에서 대인관계상의 갈등이나 느낌은 신체의 특정 부분으로 옮아간다. 예를 들어, 화가 난 사람은 목구멍이 차오르는 듯한 느낌을 받을 수 있다. 그리고 성적인 느낌은 당황하고 화끈거리는 느낌을 유발할 수 있다. 또 실연의 아픔은 가슴이 저린 듯한 심장 통증을 유발하기도 한다. 이렇게 되면 내면의 고통스러운 정서를 직접 표현하지 않아도 되기 때문에 심리적으로 부담감을 더 적게 가질 수 있다. 하지만 만성적으로 병자 역할을 하게 될 경우 본인도 의식하지 못하는 가운데 은연중에 가족이나 가까운 사람들을 압박하거나 비난하게 될 수도 있다.

신체화를 사용하는 사람들과 더 잘 지내기

1. 신체화를 나타내는 사람이 꾀병을 부리고 있는 것이라고 색안경을 쓰고서 바라보지 말자_ 신체화는 꾀병과는 분명히 다른 것이다. 그들이 꾀병을 부린다고 믿어봐야 사실과 다를 뿐만 아니라 자신만 속 끓이게 된다. 왜냐하면 가족이나 직장 동료 중 누군가가 신체화를 나타낼 때, 꾀병 부리지 말라고 다그치면 그 사람은 더 심하게 아파하기 때문이다. 신체화를 나타내는 사람과 좋은 관계를 유지하기 위한 첫 출발점은 그들이 진정으로 아파하고 있다는 사실을 인정하고 이해하는 것으로부터 시작해야 한다.

2. 신체화를 나타내는 사람들이 어떤 스트레스를 겪고 있는지를 탐색해 보자_ 신체화 증상의 이면에는 스트레스를 유발하는 사건이 틀림없이 존재

한다. 그 사건은 이미 오래전부터 지속된 것일 수도 있고 신체화를 나타내기 직전에 발생한 사건일 수도 있다. 만약 직장을 구하기 위해 백방으로 노력하던 사람이 면접 심사를 앞두고 두통이나 복통을 호소한다고 가정해보자. 이때 당사자에게 "면접 때문에 긴장해서 그래!"라고 말하는 것은 문제를 해결하는 데 아무런 도움이 되지 않는다. 왜냐하면 이처럼 정곡을 찌르는 발언을 하는 것은 신체화를 나타내는 사람에게 위협감을 주기 때문이다. 신체화를 나타내는 사람은 무의식적으로 면접에 대한 두려움보다는 두통이나 복통을 호소하는 것을 더 편안하게 느끼기 때문에 그러한 증상을 나타내는 것이다. 따라서 만약 당신이 곁에 있는 사람들의 신체화를 유발하는 심리적인 사건을 알아차릴 수 있다면, 그들을 자극하는 얘기를 하기보다는 그들의 부담을 덜어주기 위해 자신이 할 수 있는 일이 있는지를 찾아보자. 신체화를 나타내는 사람들은 민감한 사람들이다. 조그마한 친절에 쉽게 마음이 열리기도 하고 조그마한 비난에 크게 마음의 상처를 받기도 한다.

3. 신체화를 나타내는 사람들의 말벗이 되어 주기 위해 노력하자_ 신체화는 '무인도에서는 절대로 걸릴 수 없는 병'이다. 신체화는 외로운 사람들이 타인의 관심과 애정을 받기 위해서 자신도 모르게 일종의 병자 역할을 하게 되는 것이기 때문이다. 따라서 신체화를 효과적으로 치료할 수 있는 최고의 명약은 그들에게 따뜻한 관심과 보살핌을 제공해 주는 것이다. 단, 생색내지는 말자. 생색내거나 투덜거리면서 그들을 보살펴 주는 것은 그들이 폭발하도록 만드는 것이다.

신체화를 성숙한 기제로 변화시키기

1. 현재 신체화로 고통 받고 있다는 생각이 든다면, 일단 건강을 돌보는 데 주력하라_ 왜냐하면 틀림없이 심신이 피로해진 상태에 있을 것이기 때문이다. 신체화가 심리적인 스트레스에 의해 나타난다고 해서 단순히 의지로써 극복할 수 있는 문제라고 오해해서는 안 된다. 과거에는 역병이 목숨을 앗아가는 대표적인 질환이었지만 오늘날 가장 무서운 질환은 스트레스성 질환이다. 스트레스성 질환에는 감기, 두통, 소화기 질환, 류머티스 질환, 당뇨병 그리고 암 등이 있다. 이 중에서 암은 현재 한국에서 사망원인 1위에 해당되는 질환이다. 이런 점에서 신체화는 스트레스성 질환에 대한 경각심을 불러일으키기 위해 신체가 사이렌을 울려 대는 것이라고 할 수 있다. 이미 사이렌이 울리고 있다면 무시해 버릴 것이 아니라, 사이렌이 또다시 울리지 않도록 자신의 건강을 보다 잘 보살피기 위해 노력할 필요가 있다.

2. 신체화의 고통에서 가장 효과적으로 빠져나올 수 있는 비법은 다른 사람들과 즐거운 시간을 보내는 것이다_ 이때 만나는 사람의 숫자가 많아야 할 필요는 없다. 때로는 한 사람으로 충분할 수도 있다. 이 부분은 전적으로 취향의 문제이다. 만약 자신이 만나기 원하는 사람이 시간이 없거나 사정이 여의치 않다고 말하더라도 그 사람과 실랑이를 벌이지는 말자. 그 어떤 이유이든 다른 사람과 실랑이를 벌이는 것은 문제를 악화시키는 첩경이 된다는 점을 명심하자. 처음에 원했던 사람을 만나는 것이 어렵다면, 근래에 자주 못 만났던 친구나 지난날의 은사도 좋다. 누군가를 만나서 즐거운 시간을 보내다 보면, 마음 한 귀퉁이에 앙금처럼 남겨져 있던 증오와 외로움 등의 부정적인 정서가 조금씩 씻겨 내려갈 수 있다. 친구를 만날 시간이 없어

서 못 만난다는 말을 하지는 말자. 시간이 없다는 것은 실제로 시간이 없는 것이 아니라 친구를 만나는 데 시간을 할애할 생각이 없다는 것을 의미하는 것일 뿐이다.

3. 스트레스 관리법에 적극적인 관심을 기울이자_ 매스미디어에서 소개해 주는 다양한 건강 관리법들에 귀 기울이고 또 가능하면 꼭 한 번씩 테스트해 보도록 하자. 긴장이완법, 명상, 요가, 마사지, 운동 등 수많은 스트레스 관리법들 중에서 자신에게 가장 잘 맞는 것을 골라서 몸에 밸 수 있을 때까지 꾸준히 연습하도록 하자. 이때 속단은 금물이다. 거의 대부분의 스트레스 관리법은 처음에 어색하게 느껴질 수 있다. 왜냐하면 신체화를 나타내고 있다면 당신은 그러한 관리법들 중 그 어느 것에도 익숙한 상태가 아닐 것이기 때문이다. 그러므로 한두 번 해 보고 자신과 안 맞는다고 성급하게 판단하지 말고 여러 차례 반복해서 시도할 필요가 있다. 제아무리 뛰어난 와인 시음가라도 와인의 진정한 묘미를 깨닫기 위해서는 여러 차례의 시음 과정을 거쳐야 하는 법이다. 스트레스 관리법도 마찬가지다. 전문가가 인도해 주는 길을 따라 충분히 연습해 보고 난 뒤에 효과 여부를 판단해야 한다.

02

꿈속의 영웅이 아닌
현실의 친구를 찾아라

어느 눈사람의 스토브 연정

· · · · · ·

그의 삶은 차이코프스키의
「백조의 호수」를 연상시키는 데가 있었다.
하지만 그의 삶은 결코 백조처럼 우아하지는 않았다.
처음에 그는 그저 몽상가였을 뿐이었다.

그는 1805년에 덴마크의 대도시 중 하나인 퓨넨^{Funen}의 오덴스^{Odense}에서 태어났다. 그는 1847년에 쓴 자신의 자서전에서 자신의 불행한 가족사에 대해 다음과 같이 기술하였다.

할아버지는 예전에 부유한 농부였지만 집안에 불행이 닥쳤다. 송아지가 병들어 죽고 집이 화재로 무너져 내렸으며 할아버지가 정신병에 걸린 것이다. 그 때문에 할머니는 할아버지와 함께 오덴스로 이사하였다. 할머니는 독자인 아버지가 무척 영리했음에도 불구하고 구두 수선공이 되도록 하였다. 아버지는 중학교에 진학하여 라틴어를 배우고 싶어 했지만 어쩔 수 없었다. 한때 어느 독지가가 아버지가 공부를 계속할 수 있도록 장학금을 제공하겠다고 말을 한 적은 있었지만 실행에 옮겨지지는 않았다. 나의 불쌍한 아버지는 자신의 꿈이 물거품으로 사라져 가는 것을 지켜봐야

했다. 하지만 그는 자신의 꿈을 한시도 잊은 적이 없었다.[1]

결국 그의 아버지는 구두 수선공이 되었다. 그리고 그의 어머니는 오덴스에서 식모일을 하면서 가계를 꾸려 나갔다. 그는 자서전에서 자신이 어렸을 때 살던 단칸방을 다음과 같이 묘사하였다.

> 내가 어린 시절을 보냈던 방은 구두 수선용 작업 의자, 침대 그리고 아기 침대로 거의 가득 차 버릴 정도로 작았다. 하지만 벽에는 그림들이 걸려 있었으며 작업 의자 위에는 책들과 노래집들이 놓여 있는 선반이 있었다.[2]

공상으로 가득 찬 나날

비록 그의 집은 가난했을지라도 그의 부모님은 교육에 각별한 관심을 기울였다. 그는 성격이 매우 여린 편이었기 때문에 그의 어머니는 어떤 일이 있더라도 체벌을 하는 학교에는 보내지 않겠다는 다짐을 하고서야 그를 학교에 보낼 수 있었다. 그래서 그가 다니던 학교의 선생님이 그에게 회초리를 들자, 그는 조금도 주저하지 않고 책가방을 들고서 곧장 집으로 와 버렸다. 그의 어머니는 언제나 그의 편을 들어 주었기 때문에 그는 유태인 학교로 전학을 가게 되었다.

유태인 학교에서 그는 사라^{Sara}라는 소녀를 사귀게 된다. 그녀의 꿈은 근사한 대저택에서 일하는 것이었다. 그는 그녀에게 자신이 성인이 되어 부자가 되면 자신의 성으로 데려가 주겠다고 말을 하였다. 하지만 그가 그렇게 말했을 때 그녀는 비웃었고 그는 매우 화가 났다. 그는 자신의 말이 농담이 아니라는 것을 증명하기 위해서 상상의 성을 스케치해서 보여 주었다. 그리고 그는 그녀에게 자신만의 비밀 이야기를 들려주었다. 그 비밀 이야기란 자신이 혼자 있을 때 천사들이 다가와 그가 귀족 가문의 일원이라는 사실을 알려 주었다는 것이었다. 그러자 그 소녀는 그를 이상한 눈으로 쳐다봤으며 그 이야기를 다른 친구들에게도 하였다. 그때부터 그의 급우들은 "재도 자기 할아버지처럼 미쳤나봐"라고 수군거렸다.[3] 그는 이 일에 충격을 받았고 다시는 그들과 어울리지 않았다.

유태인 학교가 1811년에 문을 닫자, 그는 가난한 가정의 아동들을 위한 공립학교로 보내졌다. 그는 나중에 자신은 학창 시절에 친구들과 싸워 본 적이 없다고 말했지만, 그렇다고 친구 관계가 좋았던 것은 아니었다. 그는 학창 시절에 자신이 영웅이 되는 공상에 빠져 지내곤 하였다. 친구들은 그러한 그를 언제나 비웃었다. 동네 소년들 중 일부는 "저것 봐라, 극작가 나가신다"라며 놀려댔다. 그는 나중에 이 시기를 회상하면서 "그럴 때면 집으로 달려가 구석에 숨어서 울면서 신께 기도를 드리곤 하였다"라고 말했다.[4]

나는 다른 소년들과는 거의 어울려 놀지 않았다. 학교에서조차 나는 그들의 놀이에는 거의 관심을 기울이지 않았다. 나는 주로 실내에 남아 있었다. 집에는 가지고 놀 만한 것들이 많았는데 그것들은 아버지가 나를 위해 만들어 주신 것이었다. 내가 가장 좋아했던 일은 나의 인형들을 위한 옷들을 만들거나 내가 마당에 심었던 까치밥나무 앞 막대기들과 벽 사이에 어머니의 행주치마를 펼친 다음에 햇볕을 받은 잎사귀들의 실루엣이 그려내는 문양들을 응시하는 것이었다. 나는 유난히 공상에 잘 잠기는 소년이었다. 그래서 나는 희미한 영상이 눈가에 감돌 때까지 두 눈을 감고 있을 때가 많았다. 물론 그러한 영상들은 실제로는 내가 만들어 낸 것들이었다.[5]

유년 시절에 그는 주로 공상fantasy이라는 자아의 연금술을 사용하였다. 실제 사건은 도저히 견딜 수 없는 것일지라도, 머릿속은 그 사건을 좋게 보도록 만드는 수단을 제공해 줄 수 있다. 미성숙한 기제 중 하나인 공상이 바로 그런 역할을 해 주는 것이다. 보통 사람들은 유년 시절에는 공상에 빠져 지내다가도 성인기로 접어들면서부터는 보다 성숙한 형태의 기제로 바꾸게 된다. 하지만 그는 시간이 지날수록 공상의 세계 속으로 더 깊숙이 빨려들어 갔다. 그의 삶에서는 불운이 너무나도 오랫동안 지속되었기 때문이다.

늪지 식물 같은 삶

1812년 봄에 그의 아버지는 거액의 돈을 받고서 다른 농부 대신 군대에 입대한다. 하지만 2년 후에 그의 아버지는 몸과 마음이 모두 병든 상태로 돌아왔다. 돌아가실 무렵에 그의 아버지는 정신착란 상태에서 횡설수설하였다.

나의 아버지는 자신이 나폴레옹으로부터 특명을 받아서 군대를 지휘하는 환상에 빠져 지냈다. 나의 어머니는 곧바로 나를 의사가 아니라, 오덴스에서 몇 마일 떨어진 곳에 사는 소위 '지혜로운 여자'라고 불리는 무당에게로 보냈다. 나는 그녀에게로 갔다. 그녀는 내게 몇 가지 질문을 하였고 무명실을 가지고 내 팔을 측정하였다. 그리고 그녀는 특별한 신호를 하면서 내 가슴에 녹색의 점치는 나뭇가지를 두었다. 그녀가 말하기를 그 나뭇가지는 예수가 십자가에 못 박힐 때 사용된 것과 같은 종류라고 하였다. 그녀는 "어서 가라. 강변을 따라 집으로 가거라. 만약 네 아버지가 지금 돌아가실 거라면, 너는 그의 영혼을 만나게 될 게다"라고 말하였다.[6]

그는 강가를 따라 집으로 돌아오면서 아무것도 못 봤지만, 3일 후 그의 아버지는 돌아가셨다. 아버지가 돌아가시고 난 후에 어머니는 세탁부로 일했기 때문에 그는 이전보다 혼자 지내는 시간이 더욱더 늘어났다.

그는 훗날 자신의 인생을 '늪지 식물'에 비유하기도 하였다.[7] 그의 집안은 매우 가난했기 때문에 빈민가에서 생활해야 했다. 또 할아버지는 정신분열병 환자였고 할머니는 병적인 거짓말쟁이였다. 그리고 그의 아버지 역시 할아버지처럼 정신분열 증상을 보이다 돌아가셨고 그의 어머니는 현실의 고통을 잊기 위해 알코올중독자가 된다. 그의 숙모는 코펜하겐에서 윤락업소를 운영하였다.

괴짜 배우 지망생

그의 집 근처에는 극장이 있었는데 일곱 살 때 부모와 함께 코믹 오페라를 관람한 후부터 그는 극장 가는 것을 좋아하게 되었다. 그는 극장 관계자와의 친분 때문에 날마다 극장 전단지를 뿌리는 일을 거들어 주는 대가로 입장권을 한 장씩 받을 수 있었다. 극장을 드나들면서 그는 연기의 세계에 눈을 뜨게 된다.

그는 셰익스피어의 작품들을 읽은 후에 감동을 받아 직접 대본을 쓰기도 하였다. 하지만 그의 대본에는 엉뚱한 구석이 있어서 그는 다국어 사전을 활용해서 독어, 프랑스어, 영어 그리고 덴마크어가 뒤섞인 자신만의 '황실어royal language'를 창조해 내기도 하였다.

때때로 그가 연기에 빠져드는 것은 사람을 놀라게 하는 데가 있어서 그의 어머니는 중단하라고 말해야 했다. 심지어 어떤 경우에는 어머니에게마저 그가 제정신이 아닌 것처럼 보이기도 하였다. 그가 어머니를 위해서 우스꽝스러운 팬터마임 발레를 선보이자 그의 어머니는 그를 곡예사에게로 보내서 뼈를 유연하게 만들기 위해 대구간만을 먹으며 살도록 만들어 주겠다고 협박하였다. 하지만 그는 오히려 그녀의 제안이 좋은 생각이라며 반색하였다. 할 수 없이 그의 어머니는 몽둥이로 위협해서 그만두도록 만들 수밖에 없었다.

어머니의 걱정에도 불구하고 그의 연기에 대한 열정은 더욱더 뜨거워져 갔다. 그의 어머니는 그를 공장에 취직시키기 위해 노력했지만 얼마 안 있어 그는 계집애 같다는 놀림을 받고 쫓겨나기 일쑤였다.

마침내 그는 열다섯 살에 왕립극장에 취직하겠다는 청운의 뜻을 품고 집을 나서기로 결심한다. 동네 주민들은 그의 이 허황된 계획에 대해 듣고는 왕립극장에 들어가기 위해서는 추천서를 받아야 하는데 이것은 어려운 일이라고 귀뜸해 주었다. 그러자 그는 이전에 어느 인쇄공이 코펜하겐의 배우들을 잘 안다는 얘기를 들은 적이 있는 것을 기억해 내었다. 그는 다짜고짜 면식조차 없었던 그 인쇄공을 찾아가 자신의 포부를 이야기했다. 인쇄공은 그를 단념시키기 위해 노력했지만 허사였다. 인쇄공은 누구 앞으로 추천서를 써 주어야 하냐고 그에게 물었다. 그러

삶에 단비가 필요하다면

자 그는 왕립극장의 수석 발레리나 '샬^{Madame Shall}'의 이름을 댔다. 결국 인쇄공은 만난 적도 없는 발레리나에게 추천서를 적어 주었다.

코펜하겐에 도착한 다음 날, 그는 자신이 가지고 있는 옷 중에서 가장 멋진 옷을 챙겨 입고서 샬의 아파트를 방문했다. 그는 초인종을 누르기 전에 무릎을 꿇고서 신께 기도를 드렸다. 초인종을 누르자 하녀가 나왔다. 그녀는 무릎을 꿇고 있는 그를 걸인이라고 생각하고서 동전 한 닢을 주었다. 그가 자초지종을 설명하자, 그 하녀는 짤막하게 넣어 두라고 말했다.

처음에 샬은 그가 정신 나간 사람이라고 생각했다. 왜냐하면 그녀는 추천서에 적힌 인쇄공의 이름을 들어 본 적이 없었기 때문이다. 그가 연기에 너무나도 자신 있어 했기 때문에 그녀는 시범을 보여 달라고 했다. 그는 즉석에서 자신의 기발한 창작 무용을 선보였다. 그의 공연을 본 후 그녀는 그가 미쳤다고 확신하고서 썩 꺼지라고 소리쳤다. 하지만 그가 애절하게 눈물을 흘리는 것을 보고 마음이 약해진 그녀는 자신이 해 줄 수 있는 것은 식사 한 끼 정도라고 말했다. 하지만 그는 사양하였다.

그 후로도 몇 차례 왕립극장 관계자들을 방문했지만 아무도 그를 거들떠보지 않았다. 낙심해서 낙향을 고심하던 그는 우연히 왕립발레단의 수석 발레리나인 다렌^{Carl Dahlén}을 만나게 되었다. 사실 다렌은 그를 만나기 전부터 이상한 소년에 관한 이야기를 익히 들어서 잘 알고 있었다. 친절한 다렌 부부는 그를 발레 학교의 학생으로 받아 준다. 비록 그가 발레리노로 대성할 가능성은 없어 보였지만, 다렌 부부는 그가 마치 고향집에 머무는 것 같은 느낌을 가질 수 있을 만큼 잘 보살펴 주었다.

1820년 가을에 그는 우연한 계기로 왕립극장의 공연에서 군중이 모여 있는 장면의 단역으로 출연할 기회를 받는다. 그는 공연을 앞두고 마치 세상이 자신의 발 아래에 있는 것처럼 들떠 있었다. 하지만 행복감은 오래가지 않았다. 배우 중 한 명이 누더기 같은 그의 우스꽝스러운 복장을 보고서 빈정댔기 때문이다. 외모에 대한 열등감이 심했던 그는 울면서 무대에서 뛰쳐나갔다. 그가 코펜하겐에서 머문 3년간은 완전한 실패였다. 그의 무대에 대한 열렬한 애정은 짝사랑에 불과한 것이었다. 그는 가수로서, 무용수로서, 배우로서 그리고 극작가로서 모두 외면 당했다. 그의 못생긴 외모와 우스꽝스러운 행동은 모든 일에서 재앙을 불러왔다. 엎친 데 덮친 격으로 새 옷을 살 수 있는 돈이 없었기에 불가피하게 착용해야 했던 그의 부적절한 의상은 문제를 더욱 악화시켰다. 그의 웃옷 소매와 바지 밑단은 너무 짧았고 폭도 지나치게 좁았다. 자기 의상의 이러한 약점을 감추는 데만 급급하다 보니, 그의 행동은 기괴한 인상마저 주었다.

오류투성이 작품을 발표하다

그가 절망감에 망연자실해 있을 때, 어머니에게서 편지가 왔다. 문맹이었던 어머니가 대필을 통해 보낸 편지에는 그가 중학교에 진학해서 라틴어를 배울 수 있다면 더 바랄 것이 없겠다는 내용이 적혀 있었다. 그는 아버지가 가난해서 못 배운 것에 대해 늘 한탄하던 모습을 떠올리면서, 뒤늦게 중학교에 입학한다. 다행히 그는 다른 사람들이 그에게 주목하도록 만드는 데 특별한 재능이 있었기 때문에, 일종의 양부 역할을 해주었던 콜린Jonas Collin으로부터 몇 년간 학비를 안정적으로 보조받을 수 있게 되었다.

삶에 단비가 필요하다면

그는 열일곱 살에 중학교에 입학하였다. 반 친구들의 평균 나이는 열한 살이었기 때문에 반에서 그는 홀로 우뚝 솟아 있었다. 그는 열심히 노력했지만 워낙 기초가 부족했기 때문에 주요 과목인 라틴어와 그리스어에서 고전을 면치 못했다. 또 교장은 매우 신경질적인 사람이었다. 그리고 교장의 부인은 학생들과 하녀들이 물자를 아껴 쓰지 않을 뿐만 아니라 집을 돼지우리처럼 만들고 있다며 들들 볶아 댔다.

어느새 그가 중학교에 입학할 때 가졌던 심기일전하겠다는 마음은 자취를 감추고 대신 우울감과 절망감만이 남게 되었다. 나중에 그는 1826년이 "자신의 인생에서 가장 어둡고 고통스러운 시간"이었다고 회상하였다.[8] 이 시기에 그는 너무나 고통스러웠기 때문에 거의 날마다 쓰던 일기조차 중단하였다. 이 무렵 그는 「죽어가는 아이^{The Dying Child}」라는 시를 짓는다.

> 엄마, 저는 지쳤어요. 이제는 잠들고 싶어요.
> 저를 엄마 곁에서 잠들게 해 주세요.
> 부디 울지는 마세요. 약속할거죠? 그렇죠?
> 제 얼굴에 엄마가 흘리는 뜨거운 눈물이 와 닿는 것 같아요.
> 여기는 아주 추워요. 그리고 밖에는 찬바람이 무섭게 불고 있어요.
> 제 눈에는 귀여운 아기 천사들이 보여요.
> 졸린 눈을 감고서 쉴 때면 말이죠.[9]

1828년에 그는 입학시험을 통과하고서 꿈에 그리던 대학생이 된다. 시험에 통과하고 나서 한 달이 지났을 때, 그는 왕립학사 자격증을 받게 된다. 비로소 그는 고등학문을 할 수 있는 자격을 얻게 된 것이다. 이때부터 그는 시와 소설 그리고 극본들을 발표하기 시작한다. 비록 작가로서 어느 정도 명성을 얻기는 했지만, 그의 원고는 오류투성이었다. 이러한 오자와 문법적인 오류는 그를 문단에 갓 데뷔한 애송이 취급을 하는 비평가들로부터 혹독한 비판을 받게 했다.

덴마크의 베르테르

1830년에 그는 절친한 친구 보이흐트 Christian Voigt의 초청으로 그의 집을 방문한다. 거기서 그는 친구의 여동생 리보르그 Riborg Voigt를 만났다. 그녀는 앳된 얼굴을 하고 있었으며 매우 영리하고 사랑스러운 여인이었다. 그는 그녀를 보자마자 사랑에 빠진다. 그녀는 이미 약혼한 상태였지만 그는 이러한 사실을 모르고 있었다. 결국 그의 첫사랑은 괴테의 '베르테르'처럼 실패로 끝날 운명이었던 것이다.

첫사랑에서 고배를 마신 그는 그 다음에 뮐러 Ludvig Müller에게 연서를 보낸다. 그는 뮐러에 대한 그리움 때문에 밤잠을 이룰 수 없었다는 자신의 뜨거운 마음을 편지에 담아 보낸 후 안절부절 못하며 회신을 기다렸다. 뮐러의 회신은 자신도 그를 그리워하고 있으며 재회의 시간을 고통스럽게 기다리고 있다는 것이었다. 뮐러의 회신을 받고서 그는 너무나 기뻤기 때문에 다른 사람들이 지켜보고 있었음에도 불구하고 복받쳐 오르는 눈물을 참지 못하였다. 하지만 사실 그가 뮐러에게서 받았다고 믿었던 편지는 당시에 그와 함께 대부호의 집에 식객으로 머물고 있던 미미 Thyberg Mimi가 장난을 친 것이었다. 결국 뮐러는 그의 사랑을 받아들이지 않았다. 사실, 뮐러는 신학을 전공하는 청년으로서 외모가 출중하였다. 그는 화폐와 박물관에 관심이 많았기 때문에 나중에 코펜하겐의 박물관 관장이 된다.

　사랑에 연속해서 실패한 후 방탕한 음유시인처럼 세월을 흘려보냈던 그는 1832년에 양부나 마찬가지였던 콜린의 딸 루이즈^{Louise Collin}에게 청혼한다. 그는 그 과정에서 그녀에게 자신이 살아온 과정을 간략하게 정리해서 넘겨주었다. 그는 나중에 자신의 자서전을 동화처럼 각색해서 썼기 때문에 이때 그가 쓴 이야기가 그에 관한 가장 신뢰할 만한 자서전으로 평가 받는다.

　하지만 루이즈는 그와 연인이 되기보다는 친구로 남는 길을 선택하였다. 사실 그 자신도 청혼을 할 때부터 어느 정도는 알고 있었듯이 그녀에게는 약혼자로 내정된 사람이 있었기 때문이다.

영혼의 밑바닥에서

　그의 자전적인 소설 『OT』의 내용을 고려해 볼 때, 그가 루이즈에게 접근했던 것은 그의 오빠인 에드바르드^{Edvard Collin}와 관계가 있는 것으로 보인다. 그는 『OT』에서 자신의 분신인 옷토^{Otto}와 에드바르드의 분신인 빌헬름^{Baron Wilhelm}이 서로의 여동생을 사랑하지만 그 이유가 여동생들이 모두 자신의 오빠를 무척 닮았기 때문인 것으로 소개하였다. 그는 『OT』에서 "옷토는 빌헬름이 자신의 무릎 위에 앉아서 그의 뺨을 자신의 볼에 갖다댈 때면, 낯이 뜨거워지면서 심장이 고동치는 것을 느꼈다"고 기술하는 등 둘 간의 성적인 접촉을 암시하는 구절들을 곳곳에 배치하였다.¹⁰

1831년에 그는 에드바르드에게 면전에서는 부끄러워 차마 말할 수 없기 때문에 대신 글로 전한다면서 '그대^{De}'라는 격식 갖춘 호칭 대신에 '당신^{Du}'이라는 사적인 호칭을 사용할 수 있도록 해 달라고 간곡하게 요청하는 서신을 보낸다. 이러한 편지는 그를 마치 한가족처럼 생각해 왔던 에드바르드에게는 곤혹스러운 것이었다. 에드바르드는 그가 상처받지 않도록 조심스러운 표현을 사용해 가면서 그의 제안을 완곡하게 거절한다. 그 후로 에드바르드는 한동안 그에게 편지를 전혀 보내지 않게 된다. 하지만 그가 루이즈에게 청혼을 한 다음부터 그와 콜린 일가와의 관계가 불편해져서 결국 그가 청혼 사건의 파장이 가라앉을 때까지 장기간 외유를 떠나게 되자, 에드바르드는 그에게 다시 애정 어린 편지를 보낸다.

> 나를 믿어 주게나. 나는 그대가 떠나가서 정말로 슬프다네. 아마도 나는 몹시도 자네가 그리울 걸세. 그리고 그대가 내 방에 놀러 와서 얘기를 나누던 시간도 그리워질 걸세. 또 화요일에 테이블의 그대 자리가 비어 있는 것이 무척 그리울 걸세. 하지만 그대는 우리를 훨씬 더 그리워하겠지. 왜냐하면, 그대는 혼자니까.[11]

그는 에드바르드의 편지를 받고 하염없이 눈물을 흘렸다. 그 후 그는 "에드바르드, 내가 그대를 얼마나 애타게 바라고 있는지 알고 있소? 나는 이전의 냉각기가 나의 우정을 사랑으로 변모시켰다고 믿게 되었다오"라고 화답하는 편지를 보냈다.[12]

그는 자신의 마음속에 담겨 있지만 차마 입 밖으로 직접 표현할 수는 없는 은밀한 욕구 때문에 많은 고통을 받았다. 당시에 덴마크에서는 사회적으로 동성애가 금기시되었다. 그의 첫 번째 소설을 독일어로 번역

했던 크루제^{Laurids Kruse}는 동성애를 했다는 이유로 맹렬한 비난을 받았기 때문에 덴마크를 떠나야 했다.

1834년에 그가 쓴 일기는 에드바르드를 사랑한 대가로 그가 얼마나 커다란 고통을 겪어야 했는지를 짐작케 해 준다.[13]

1월 8일

악몽 같은 밤이었다. 열병을 앓았다. 침대에서 내내 뒤척여야 했다. 이 저주받은 삶을 끝마치려면 얼마나 더 있어야 하는 걸까?

1월 8일

내게는 병이 있다. 아마 모든 덴마크 사람들이 그렇게 생각하겠지. 또 에드바르드에게 심각한 편지를 쓰고 말았다. 그는 나를 친구로 대하겠지. 만약 그렇게 된다면, 나는 더 이상 그가 주는 고통을 참을 수 없을 것 같다…내가 만약 아버지나 다름없는 콜린에게 편지를 쓴다면? 그래서 그 편지를 콜린이 에드바르드에게 건넨다면? 아마 그 부자 모두를 잃게 되겠지. 하지만 콜린은 이지적인 사람이니까 내게 화를 안 낼 수도 있지 않을까?

1월 9일

나는 더 이상 에드바르드가 내가 욕구를 표현하지 못하게 억누르는 것을 허용치 않으리라.

1월 31일

나의 신, 에드바르드여. 당신은 도대체 어떤 사람인가요? 당신은 나를 파괴하고 있어요.

에드바르드에 대한 집착과 그로 인한 고통이 극에 달하던 1835년에 그는 다음과 같은 편지를 보낸다.

만약 그대가 내 영혼의 밑바닥을 내려다 본다면, 내가 무엇을 원하는지 온전하게 이해할 수 있을 걸세. 부디 나를 불쌍히 여겨 주게나. 안개 걷힌 투명한 호수조차도 미지의 심연을 갖고 있는 법이지 않은가.[14]

또 같은 해에 그는 에드바르드에게 다음과 같은 연서를 쓴다.

내가 당신을 떠올리지 않는 시간이 도대체 얼마나 될는지, 내 앞에 있는 당신의 영혼은 왜 그리도 마음의 문을 닫고 있는 것인지, 당신은 나를 이해하고나 있는 것인지, 그리고 내가 당신을 느끼는 것처럼 당신도 내 사랑을 이해하고 있는 것인지 도무지 모르겠군요. 이 순간에 나는 축복받은 영혼들이 서로를 마주보는 것처럼 당신을 바라보고 있어요. 나는 당신을 내 마음속에 담을 수 있어요. 내가 무언가에 홀리기라도 한 걸까요? 아니에요. 그것은 아주 고귀하고도 순수한 감정이에요. 당신도 틀림없이 그와 같은 감정을 느끼게 될 때가 있을 거예요. 아마도 모든 사람들이 그러한 감정을 느낄 수 있을 거예요. 이 순간 우리 둘 사이에 '그대'라는 차가운 호칭은 더 이상 쓰고 싶지 않아요. 나는 '당신'이라고 부르고 당신의 입술도 같은 표현으로 나를 맞아 주기를 바래요. 아마도 이 말은 다음 세상에서 당신이 내게 가장 먼저 들려주게 될 말이 되겠죠….[15]

하지만 결국 그는 이 연서를 도저히 발송할 수 없었기에 그저 억눌러 왔던 감정을 표현한 것만으로 마음의 위안을 삼아야 했다. 그리고 에드바르드는 짓궂었던 식객인 미미의 동생, 헨리엣Henriette과 1836년에 결혼을 한다.

연인 앞에서 하반신을 드러내지 못하는 운명 '인어공주'

에드바르드로 인한 그의 정신적인 고통이 정점에 달하던 1835년에 그는 생애 첫 번째 동화집을 출판한다. 그리고 에드바르드가 결혼하던 1836년에 그는 불후의 명작『인어공주The Little Mermaid』를 출판한다. 이런 점에서 종종 그의 인어공주는 동성애적homo-erotic 캐릭터로 평가받곤 한다.

그의 작품에서 인어공주는 왕자를 사랑하지만 태생적으로 도저히 맺어질 수 없는 존재로 그려진다. 특히 신체적인 특징상에서 그의 목소리가 소프라노 소리를 냈던 것처럼 인어공주도 아름다운 여성의 목소리를 가지고 있지만, 하반신이 일반적인 여성과는 달랐다. 그는 작품 속의 분신인 인어공주가 자기처럼 사랑하는 사람 앞에서 하반신을 드러낼 수 없는 존재로 그렸던 것이다.

『인어공주』에서 왕자는 다른 여자와 결혼을 하고 인어공주는 스스로 바다에 뛰어들어 물거품으로 변하고 만다. 하지만 인어공주는 되살아난다. 인어공주에게 대기의 딸들이 천사처럼 찾아와서 자신들과 함께 300년간 선한 행동을 위해 노력한다면, 불멸의 영혼을 얻어서 다른 인간들처럼 행복한 삶을 살 수 있을 것이라고 귀띔해 준다. 그러자 인어공주는 대기의 딸들과 함께 핑크빛 구름을 타고서 환하게 미소 지으며 예언을 남긴다. "나는 300년 안에 신의 왕국에서 다시 일어서게 될 거야."[16] 이런 점에서 그가 인어공주를 쓴 것은 승화의 전형이라고 할 수 있다.

그의 또 다른 동화 『미운 오리새끼The Ugly Duckling』도 자신의 삶을 모델로 해서 쓴 것이다. 미운 오리가 나중에 우아한 백조로 변하는 과정은 한편으로는 가난한 구두 수선공의 아들로 태어나 세상 사람들에게 구박 받으면서 살다가 덴마크의 국민적인 작가로 거듭나는 그의 인생행로와 꼭 닮았다. 하지만 오리가 백조로 환골탈태하는 테마는 동성애를 하는 남성의 전형적인 환타지를 반영하는 것이기도 하다. 일례로 「백조의 호수」를 작곡한 차이코프스키 역시 동성애자였으며 그의 백조는 공주가 마법에 걸려 변한 것으로 나온다.

그의 동성애적인 성향에 대해서 살펴볼 때, 주의를 기울여야 할 부분이 있다. 비록 당시에는 동성애가 사회적으로 금기시되던 것이었을지라도, 오늘날은 더 이상 동성애를 정신병으로 간주하지 않는다는 점이다. 1994년에 미국의 정신의학회는 『정신장애의 진단 및 통계 열람』을 네 번째로 편찬하면서 동성연애를 더 이상 정신장애에 포함시키지 않기로 결정했다. 하지만 그렇다고 해서 무조건적으로 동성연애를 단순한 성적인 취향의 문제로 다루어서는 안 된다. 왜냐하면 때로는 선천적으로 동성애적인 성향을 지닌 채 태어나는 사람도 있겠지만, 생물학적인 원인보다는 적응과정에서의 심리적인 보상 효과 때문에 동성애를 선택하는 사람도 존재하기 때문이다. 그 둘을 명확하게 양분하는 것은 불가능할지라도 그 사람이 살아간 인생행로를 전체적으로 조망할 수 있다면 대략적인 구분은 가능할 수 있다.

오늘날 성적인 취향의 하나로서 동성애를 선택한 사람이 성적인 즐거움과 만족감을 경험하는 것과는 달리, 그는 평생 성적 정체성의 혼란

삶에 단비가 필요하다면

때문에 고통 받았다. 이런 점에서 그가 남다르게 동성애적인 경향을 갖게 된 데는 정신분열병 가계에 소속되었을 때 갖게 되는 불안감과 밀접한 관계가 있는 것으로 보인다.

그는 할아버지 때부터 이어져 온 자신의 가계의 기벽奇癖과 정신분열병의 연관성에 대해서 극심한 불안감을 경험했던 것으로 보인다. 그는 자신도 할아버지와 아버지처럼 발병하면 어쩌나 하는 두려움 때문에 평생 고통 받았다. 그의 일기는 그가 이러한 두려움에 사로잡혀 있었다는 것을 분명하게 보여 준다. 실제로 그는 노년기에 피해망상 증상을 나타내기도 하였다.[17]

그는 저명한 작가가 된 후에, 누군가가 자신을 죽이기 위해 찾아왔었지만, 자신이 남을 돕기 위한 목적에서 동화를 많이 쓴 착한 사람이라는 것을 알고는 그냥 돌아간 적이 있다고 굳게 믿었다. 또 1871년에 소포가 도착하자, 그는 별다른 근거도 없이 악의를 가진 사람이 자신을 해칠 목적으로 보냈다고 맹신하였다. 하지만 사실은 출판업자가 자신의 동화 전집을 선물로 보낸 것일 뿐이었다.

그의 경우에서처럼, 정신분열병이 유전되는 것과 관련해서 막연한 불안감을 경험하는 상황에서는 그러한 문제에 현명하게 대처할 수 있는 묘안을 떠올리기가 대단히 어렵다. 실제로 일부 정신분열병 환자들의 경우, 유전적인 결함의 가능성에 대해서 알게 된 후에는 이러한 불안감을 떨쳐버리기 위해 몸속의 피를 다 뽑아 버린 다음에 새로운 피로 교체하고 싶다는 절망적인 호소를 하기도 한다. 이처럼 자신의 유전적인 결함의 가능성에 대해서 막연한 불안감을 가지고 있는 사람은 자신도 모르게 회피적인 노력을 기울이게 된다. 이런 점에서 그와 같은 문제를 안고 있는 사람에게 동성애가 선사해 주는 이점 중 하나는 자신의 유전

적인 결함이 이전될 2세가 태어나지 않는다는 점이다. 즉, 그가 여성이
아닌, 다른 남성과 관계를 갖기 때문에 아이가 생기지 않는다면 자신의
결함이 유전되는 것을 고통스럽게 지켜보지 않아도 되는 것이다.

다가가면 녹아 버리는 눈사람의 사랑

그는 『눈사람The Snowman』이라는 동화에서 여성에게 다가갈 수 없는
자신의 처지를 눈사람이 스토브와 사랑에 빠져 버린 상황에 빗대어 표
현하였다. 평생을 고독하게 살아간 그는 자신이 체험한 심리적인 추위
를 상징하는 존재로서 눈사람을 택하였다. 그리고 몸도 마음도 꽁꽁 얼
어붙은 자신에게 온기를 선사해 줄 수 있는 대상으로는 여성적인 존재
인 스토브를 창조해 내었다.

항상 눈사람은 창가를 바라보았다. 저녁이면 집주인의 방은 훨씬 더 유혹
적으로 변했다. 스토브에서 새어 나오는 빛은 더욱더 부드러워 보였다. 그
것은 별빛이나 햇빛과는 사뭇 다른 것이었다. "오직 스토브만이 그러한
빛을 낼 수 있어"라고 그는 생각하였다…밤은 길었지만 눈사람은 그렇게
느끼지 않았다. 그가 행복한 꿈에 잠길 수 있는 시간이었기 때문이다. 밤
은 몹시 추워서 모든 것들이 꽁꽁 얼어붙는 소리가 들려오는 것 같았다.
아침이 되자, 창문에 얼음이 얼었다. 유리창이 최고의 얼음 꽃으로 장식
되었지만 눈사람은 기쁘지 않았다. 왜냐하면 스토브를 볼 수 없었기 때
문이다. 너무나 추웠기 때문에 아침이 되었는데도 유리창이 조금도 녹아
내리지 않았다. 오히려 수도꼭지마저 얼어붙어 가고 있었다. 눈사람에게

는 최상의 날씨였지만 그는 기분이 좋지 않았다. 사실, 그러한 날에 기뻐해야 하는 것은 눈사람에게는 마치 의무와도 같은 것이었지만 그는 만족스럽지 못했다. 그의 기분은 최악이었고 그는 '스토브 연정'으로 고통 받았다. 이때 경비견이 고개를 가로저으며 말했다. "심각한 병이야. 특히 눈사람에게는 더욱더 …."[18]

마음의 그림자를 드리운 실루엣

그는 평생 뼈에 사무치는 고독 속에서 살아갔다. 그의 어머니는 1818년에 자신보다 어린 구두 수선공과 재혼을 하였다. 평생 독신으로 살아야 했던 그는 정붙일 곳이 없어 유럽 전역을 떠돌면서 지내야 했다. 그는 외로움을 견디기 위해서 수많은 상상 속의 인물들을 창조해 내었다. 어렸을 때 그가 빠져 지내던 공상은 친구들의 비웃음을 샀을 뿐이었지만, 그가 동화 속에 생명을 불어 넣은 인물들은 사람들에게 무한한 감동을 주었다.

그는 자신의 동화를 실루엣 패턴으로 장식하는 것을 즐겼다. 그는 이러한 장식을 만들어 내는 데 대가이기도 하였다. 그는 복잡한 실루엣 패턴을 놀라운 속도로 만들어 내었다.

실루엣 패턴에서는 밝은 빛과 어두운 그림자가 공존한다. 그리고 그러한 세계는 환상과 현실이 자연스럽게 어우러지는 공간이기도 하다. 실제로 실루엣 패턴에서는 사람인지 유령인지 잘 구분이 안 될 뿐만 아니라 같은 사람들일지라도 남녀가 분간이 잘 안 되는 되는 문양들이 등장한다. 무엇보다 실루엣 패턴의 가장 중요한 특징은 기괴한 듯하면서도 규칙적인 것 같은 인상을 주고 또 무서운 듯하면서도 호기심을 유발한다는 점이다. 이러한 실루엣 패턴 그림은 그가 세상에 대해서 받는 느낌을 있는 그대로 반영하는 것이기도 하다. 그에게 실루엣 패턴은 힘들고 고통스러우면서도 두려운 현실을 내다볼 수 있는 창문의 역할을 하였다. 그는 실루엣 패턴이라는 창을 통해 세상을 바라봄으로써 고통스러웠던 현실을 유희적으로 즐길 수 있었던 것으로 보인

그가 제작한 실루엣 패턴

다. 승화는 이처럼 견딜 수 없는 현실을 예술 속에서 재창조하도록 해 준다.

마음의 상처를 승화한 동화 같은 삶

비록 그는 정신병에 걸릴까봐 평생 두려움에 떨고 뼈에 사무치는 외로움 때문에 고통 받았지만, "내 삶은 풍요롭고 행복했기에 마치 아름다운 한 편의 동화 같은 것이었다"라고 말했다.[19] 그리고 그는 "마치 내 삶은 세상에는 보이지 않는 수호천사가 있어 모든 일들 중에서 최상의 길이 어느 것인지를 내게 알려주는 것 같았다"고 적었다.[20] 하지만 실제로 그 길을 찾아낸 것은 다름 아닌 바로 그 자신이었다. 왜냐하면, 그 스스로가 백조라고 확신했기에 그는 미운 오리처럼 삶을 시작했음에도

삶에 단비가 필요하다면

불구하고 자신의 삶을 백조처럼 우아한 것으로 탈바꿈할 수 있었기 때문이다. 그는 『미운 오리새끼』에서 다음과 같이 말하였다.

"스스로가 백조의 알에서 부화했다고 믿는 한, 오리 마당에서 태어나는 것은 전혀 문제될 것이 없다."[21]

안데르센

그의 삶은 차이코프스키의
「백조의 호수」를 연상시키는 데가 있었다.
하지만 그의 삶은 결코 백조처럼 우아하지는 않았다.
처음에 그는 그저 몽상가였을 뿐이었다.

자아의 연금술사가 되는 길 2

공상

공상은 상상을 통해 어린아이에게 왕과 왕비의 전능함을 줄 수도 있고, 또 따돌림을 받는 아이에게 복수를 할 수 있는 기회를 제공해 주기도 한다. 이런 맥락에서 공상은 꿈과 마찬가지로 소망을 충족 시켜 주는 기능을 가지고 있다. 하지만 공상은 머리를 즐겁게 해 주는 나쁜 마약과도 같은 것이다. 왜냐하면 상상을 위해 현실에서의 관계들을 희생시키기 때문이다.

실제로 공상을 주로 사용하는 사람들은 그 누구도 친한 친구를 사귈 수 없다. 더군다나 공상은 그러한 기제를 사용하는 사람의 곁에 있는 사람들을 화가 나도록 만든다. 언뜻 보면 공상에 빠져 있는 사람들은 아무도 안 해칠 것처럼 생각되지만, 실제로 곁에 있는 사람들은 자신이 무시 받고 있다고 느끼기 때문에 분노하게 된다.

공상은 창의성과 비슷해 보이기도 한다. 하지만 창의성의 산물인 예술작품들은 다른 사람들을 즐겁게 해 준다. 반면에 공상의 산물들은 창작자 그 자신만 즐거워 할 수 있을 뿐이다. 예를 들어, 그랜트 스터디(이하 그랜트 스터디에 관한 자세한 내용은 부록 참조)에 참여했던 어느 연구 대상자는 이 세상에서 그 누구도 흉내 내지 못할 방법만을 사용하여 매우 독창적인 창고를 만든 적이 있다. 그는 생애 최대의 업적이라며 만족해 하였다. 하지만 그 창고

63

를 실제로 사용해야 하는 그의 가족들은 쓰기가 너무 불편했기 때문에 무척 곤혹스러워 했다.

공상에 잠기는 사람들이 매력을 느끼는 대상 중 하나는 밤하늘에 빛나는 별들이다. 그들은 언제나 '스타'를 동경하는 경향이 있다. 하지만 밤하늘의 별들이 제아무리 불타오르는 가스 덩어리라 할지라도 그들에게 온기를 전해 주는 것은 불가능하다. 그래서 그들은 물리적인 추위가 아닌 심리적인 추위 때문에 고통스럽게 살아가는 경향이 있다.

공상을 사용하는 사람과 더 잘 지내기

1. 공상을 사용하는 사람을 엉뚱하다고 비웃지 말자_ 흔히 사람들은 우는 사람들에게는 동정을 표시하지만 남들과 다르게 행동하는 사람들에 대해서는 매몰찬 시선을 보낼 뿐만 아니라 화를 내기도 한다. 하지만 공상을 사용하는 사람들이 보여 주는 특이한 행동들이 원래부터 타고난 것이라고 생각하지 않기를 바란다. 기질적인 면의 영향력을 완전히 배제할 수는 없을지라도, 그들이 살아가면서 공상을 지속하게 되는 가장 결정적인 이유는 그들의 삶이 너무나도 불행하기 때문이다. 그들의 불행한 삶을 이해할 수만 있다면, 그들에 대한 증오감이 완전하게 사라지지는 않을지라도 적어도 그들을 더 불행하게 만드는 데 일조하지는 않을 수 있다.

2. 공상에 빠져 있는 사람들이 공상에서 빨리 깨도록 하기 위해서 강압적인 방법을 사용해서는 안 된다_ 그들은 현실의 압박을 받으면 받을수록 더욱더 공상으로 도피하려는 경향이 있다. 공상으로 무장하고 있는 그들을 강

제로 무장해제 시키는 것은 불가능하다. 그들을 강제로 공상에서 깨어나도록 할 수 있는 가능성이 조금이라도 있을 거라고 착각해서는 안 된다. 절대로 불가능하다! 오직 그들 스스로 공상이라는 외투를 벗을 때까지 기다리는 수밖에 없다. 그들을 억지로 공상에서 깨어나도록 만들려고 노력하면 노력할수록 당신의 행동마저도 이상해질 뿐이라는 사실을 명심하도록 하자.

3. 공상을 사용하는 사람들에게는 다른 무엇보다도 따뜻한 온정을 베푸는 것이 중요하다_ 공상을 사용하는 사람들은 정말로 외로운 사람들이다. 그들은 현실 세계에서는 자신의 외로움을 달래 줄 수 있는 누군가를 도저히 발견할 수 없었기에 공상 속에서 자신의 외로움을 달래 줄 누군가를 창조해 내는 것이다. 안데르센의 『성냥팔이 소녀』 이야기를 생각해 보라. 마치 성냥팔이 소녀가 추위에서 벗어나기 위해 성냥개비에 불을 붙여야 했듯이, 공상을 사용하는 사람들은 자신들의 심리적인 추위를 녹여 줄 수 있는 무언가를 애타게 찾아다닌다. 성냥팔이 소녀는 그녀 곁에 아무도 없었기 때문에 스스로 몸을 따뜻하게 데우려다 얼어 죽고 말았지만, 지금 당신 곁에 공상을 사용하는 사람이 있다면, 당신은 공상에 빠져 지내는 사람에게 당신의 온기를 전해 줄 수 있다!

공상을 성숙한 기제로 변화시키기

1. 스스로 공상에 빠지는 경향이 있다는 생각이 든다면, 현재의 인간 관계를 점검해 보기 바란다_ 아마도 당신은 재미있고 개성 있는 사람임에 틀림없

겠지만 그러한 개성 때문에 사적이든 공적이든 간에 인간 관계를 희생했을 수 있다. 당신이 지금보다 대인 관계가 더 좋아지도록 하는 방법은 그저 다른 사람들이 당신과는 생각하거나 행동하는 것이 같지 않을 수 있다는 점을 인정해 주는 것이다. 따라서 지금까지는 당신이 좋아하는 것들을 주로 해 왔다면, 앞으로는 다른 사람들이 좋아할 만한 일들을 하려고 노력해 보자. 또 지금까지는 내 방식을 고집해 왔다면 앞으로는 다른 사람들이 기대하는 방식대로 행동하려고 노력해 보라. 때로는 공상보다 다른 사람들에게 의지하는 것이 세상을 살아가는 데 더 큰 힘이 된다는 것을 깨달을 수 있을 것이다.

2. 혹시 자신이 프로가 아닌 아마추어 수준에 머물러 있는 것은 아닌지 반문해 보라_ 공상과 성숙한 기제의 가장 큰 차이 중 하나는 아마추어 마인드를 가지고 활동하는지 아니면 프로의 마인드를 가지고 활동하는지 여부이다. 여기서 프로와 아마추어를 구분하는 기준은 소득이 있느냐 그렇지 않느냐 하는 것이 아니다. 프로와 아마추어의 가장 중요한 차이는 다른 사람들로부터 가치를 인정받기 위해서 노력을 하느냐 아니면 다른 사람들의 평가를 개의치 않느냐 하는 것이다. 미성숙한 공상은 다른 사람들에게 불편감을 줄 수 있을 뿐이지만 성숙한 기제들은 다른 사람들에게도 커다란 기쁨을 줄 수 있다. 현재 자신이 관심을 가지고 있는 일이 아마추어 수준에 머물러 있지 않도록 보다 적극적인 노력을 기울일 필요가 있다.

3. 당신이 현재 안데르센의 '눈사람'과 같은 사랑을 꿈꾸고 있는 것은 아닌지 점검해 보라_ 아마도 당신이 현재 외로움을 심하게 타고 있다면, 당신 역시 눈사람처럼 '스토브 연정'을 품고 있는 것일 수 있다. 공상을 사용하는 사

람들은 사랑을 할 때도 함께 하는 것이 불가능한 대상을 동경하는 경향이 있다. 안데르센의 '눈사람'은 자신과는 도저히 어울릴 수 없는 '스토브'와의 사랑을 꿈꿨기 때문에 결국 그 꿈은 이루어질 수 없었다는 점을 기억할 필요가 있다. 틀림없이 당신은 당신이 마음속에 품고 있지만 도달할 수 없는 곳에 있는 대상(예컨대, 스타) 말고도, 주변에서 얼마든지 당신이 좋은 인상을 받을 수 있는 파트너를 찾을 수 있을 것이다.

03

전사는 인생의 화폭에
무슨 그림을 그리는가

행동하는 자의 지옥과 천국

그는 한마디로 전사(戰士)였다. 그래서 그의 눈에는
백색의 캔버스마저 사냥꾼 앞의 맹수로 보였다.
그의 내면세계가 비어 있는 캔버스 위로 영사되었던 것이다.
마치 하얀 스크린 위로 영화가 비춰지는 것처럼.

그는 유년 시절에 심각한 문제아였다. 그는 아홉 살 때 이미 통제할 수 없는 공격적인 행동 때문에 학교를 옮겨야 했다. 그가 처음 다녔던 세인트 조지스 스쿨에는 전설적인 무용담이 떠돌았다.

> 그는 이름난 반항아였다. 그는 설탕을 빼내기 위해 식품 저장고를 털었으며 또 교장 선생님의 모자를 발로 차서 산산조각 내버리기도 하였다. 하지만 그는 결코 참회하는 법이 없었다.[1]

그의 악행은 학교를 브라이튼으로 옮긴 후에도 계속되었다. 그의 담임 선생님 중 한 명은 그에 대해서 세상에 둘도 없는 반항아라고 평가하였다. 그는 부드럽고 온순한 동생 존John과는 대조적으로, 부모로부터 사랑받지 못하는 아동이 보일 수 있는 모든 증상을 거의 다 나타냈다.

충분히 예상할 수 있듯이, 이 시기에 그의 학업 성적은 최하위 수준이었다. 그는 지각을 자주 하는 편이었고 역사를 제외한 대부분의 과목이 낙제 수준이었다. 그는 자서전에서 유년 시절의 학교생활에 대한 불만을 노골적으로 드러내고 있었다.

> 나는 그 학교를 무척 싫어했으며 그 학교에서 생활하는 동안 매우 불안해 하였다. 나는 학과목에서 거의 진전이 없었으며 이러한 점은 게임에서도 마찬가지였다. 나는 어서 이 노예 상태에서 해방되어 집으로 돌아갈 수 있는 날을 손꼽아 기다렸다.[2]

반항아의 상처

그의 이러한 문제 행동들은 가족이 겪은 비극적인 사건과 밀접한 관계가 있었다. 사실 그는 이러한 문제를 나타내기 전까지는 그의 아버지 랜돌프Randolph 경과 매우 가까운 사이였다. 하지만 그가 학령기에 접어들 무렵, 그의 부친은 매독 치료를 받기 시작한다. 그의 아버지는 치료를 받는 동안, 화를 잘 내고 강박적인 경향을 보였으며 현기증과 불면증 때문에 심한 고통을 받았다. 또 그의 아버지는 의원 선거에서 여러 차례 낙선한 끝에 1885년에 재무장관으로 내각에 입각하지만 병으로 인해 업무를 정상적으로 수행하지 못하고 결국 얼마 안 있어 사임하게 된다. 게다가 그의 부친은 도박으로 가산을 탕진하여 사실상 경제적으로 파산상태에 빠지게 된다.

결국 그의 아버지의 질병과 불운했던 삶의 행적들은 그와의 관계를 소원해지도록 만들었으며 아버지의 병에 대한 내막을 잘 몰랐던 그는 아버지에게서 버림받았다는 느낌 때문에 심한 상처를 받는다.

그의 정신적인 방황은 불행한 가족사가 시작되는 것과 정확하게 일치한다. 그가 학창시절에 쓴 글은 오자투성이어서 교정 표시로 가득 차 있었다. 하지만 그가 2차 세계대전에 대한 회고록으로 노벨 문학상을 수상할 정도로 문재文才가 뛰어난 사람이었다는 점을 고려해 보면, 과거에는 실제로 작문실력이 없었다기보다는 행동화 acting-out를 나타냈음을 시사해 준다.

미성숙한 기제 중 하나인 행동화는 내부의 갈등을 마음속에 담아 두지 못하고서 행동으로 옮기는 것을 말한다. 예를 들면, 화가 난 상태에서 분노를 적절히 다스리지 못하고 주먹을 휘두르거나 폭언을 내뱉는다든지 또는 애인과 헤어진 후 슬픔을 견디다 못해 폭음을 하거나 자살을 시도하게 되는 것 등이 여기에 해당된다. 이러한 행동화에는 범죄 행동이 포함되기도 한다.

행동화를 통해 내부의 충동이 행동으로 옮겨지게 되면, 적어도 내부의 긴장이 주는 고통스러운 압박감으로부터는 벗어날 수 있다. 하지만 그 대가로 또 다른 희생을 치르게 된다.

예를 들어, 어느 수험생이 대학입시가 주는 중압감을 견디다 못해 결국 음주상태에서 다리 교각을 들이받고 추락하는 사고를 내는 경우에 대해 생각해 보자. 사고가 일어나면 그 수험생은 일단 입시가 주는 중압감으로부터는 벗어날 수 있다. 왜냐하면 신문의 뉴스 주인공으로 등장하고 나면, 그 학생에게 있어서 입시보다는 감옥에 가느냐 마느냐가 더 중요한 이슈로 대두되기 때문이다. 아마도 이런 형태의 '딜deal'을 선호하는 사람은 없을 것이다. 하지만 때로는 결코 원하지 않았지만 어쩔 수 없이 실행에 옮기게 되는 일들이 있을 수 있다.

애석하게도 사람들은 행동화를 사용하는 이들이 처한 피치 못할 사정을 여간해서는 잘 인정해 주지 않는 경향이 있다. 그렇기 때문에 누군가 행동화를 통해 내부의 갈등으로부터 도피하는 모습을 보게 되면, 사람들은 이구동성으로 벌을 받아야 정신을 차릴 거라고 목청 높여 말한다.

사람들은 성격파탄자들이 죄책감을 못 느끼는 선사시대의 야만인과 같다고 생각하기 때문에, 상습적으로 범죄를 일삼는 성격파탄자보다는 정신분열병 환자를 더 쉽게 용서하는 경향이 있다. 하지만 그들이 보이는 행동의 의미를 이해하고 나면, 그들에게도 어찌할 수 없는 사연이 있었다는 것을 알 수 있다.

사람들이 행동화에 대해 편견을 갖게 되는 것은 그들이 그러한 행동을 통해 무언가 얻는 게 있다고 암묵적으로 가정하기 때문이다. 하지만 실상은 그렇지 않다. 음주를 오래하면 할수록 덜 불안해지는 것이 아니라 더 불안해진다. 그리고 도둑이나 윤락녀는 자신의 부富를 거의 즐기지 못한다. 성질을 부리는 사람은 성질을 부릴수록 그 자신이 더 음울해지고 분노감에서 벗어나지 못하게 된다. 그렇기 때문에 행동화를 사용하는 사람들이 궁극적으로 맞이하게 되는 현실은 언제나 비참할 뿐이다.

타고난 파이터

그가 나중에 집필한 수상록 제목처럼 그는 평생을 '폭풍의 한가운데'서 살아갔다. 그의 다이너마이트 같은 반항적인 기질은 언제나 폭발직

삶에 단비가 필요하다면

전의 상태였으며 그가 머무는 곳에는 언제나 전투가 벌어졌다. 아동기 이후로 그는 내면의 우울감을 떨쳐 버리기 위해 타인을 공격하는 행동을 선택해 왔기 때문이다.

충분히 짐작할 수 있듯이, 그는 학창 시절에 투기 종목에서는 발군의 실력을 발휘하였다. 그는 변칙 공격 기술을 통해 펜싱 챔피언이 되었다. 또 그는 학교의 모의 군사 훈련에서도 두각을 나타냈다. 그의 삶이 본격적으로 변하기 시작한 것은 그 자신이 머물러야 할 곳을 마음속으로 정하면서부터였다. 그는 열여섯 살 때 자신이 있어야 할 곳은 전쟁을 수행하는 군대밖에 없다고 굳게 믿기 시작하였다. 그래서 그는 왕립사관학교에 입학하기로 마음먹게 된다. 하지만 문제는 성적이 그의 결심을 뒷받침해 주지 않는다는 점이었다.

결국 그는 그의 자상했던 어머니조차 담임 선생님의 조언에 따라 불가능하다고 믿었던 일을 해내고 만다. 실패가 뻔히 보이기 때문에 모든 사람들이 만류하는 상황에서도 맹렬하게 반기를 들었던 그는 불과 다섯 달 남짓한 시간 동안 투지를 불태운 결과, 모든 사람들의 예상을 뒤엎고서 1890년 겨울에 시행된 왕립사관학교 자격시험에 합격하게 된다. 그 후 본고사에서 두 차례 낙방하기는 했으나 그의 성적은 점차 향상되었기 때문에 그다지 실망할 수준은 아니었다. 결국 그는 1893년의 세 번째 본고사에서 최종 합격하게 된다.

그의 자서전 『나의 어린 시절My early life』에서 가장 생동감 넘치는 문장이 등장하는 곳은 바로 왕립사관학교 생도 시절을 서술하는 부분이다. 그는 마치 알라딘의 램프라도 얻은 것처럼 사관학교 생도 시절부터 자신이 삶의 나래를 펼치게 되었다고 적고 있다. 하지만 사관학교 생도 시절에도 그의 반항기는 계속된다. 그는 군사 훈련을 조롱하는 듯한 태도로 임했으며 팀 규율에 따르지 않았다. 또 그의 아버지는 그가 보병이 되어 주기를 바랐지만 그는 기병이 되는 길을 선택하였다. 사관학교를 졸업하고 군에 입대했을 때, 그는 사실상 불한당이나 마찬가지였다. 그와 의견을 달리하는 그 누구라도 적이 되었다. 그의 상관들은 영국 해군의 위대한 전통에 호소하였지만, 그는 시종일관 전통에 도전하는 자세로 복무하였다. 고위층 자녀였던 그의 이러한 태도는 군 사령부를 매우 곤혹스럽게 하였다.

1899년에 그는 하원의원 선거에 도전하지만 고배를 마시고 만다. 그 후 그는 보어 전쟁이 일어나자 종군기자로 참여하게 된다. 하지만 남아프리카에서 체포되어 영국인 수용소에 갇히게 된다. 타고난 반항아답게 그는 수용소에서 동료들과 탈주 계획을 세운다. 탈주 계획이 잡혀 있던 날 저녁에 그가 제일 먼저 세면장 유리창을 통해 담을 넘어갔다. 그가 어둠 속에서 동료를 기다리고 있던 중에 보초들의 경계가 강화되었다. 수용소의 영국인 리더가 되돌아오라는 사인을 보냈지만, 그는 평소의 반골 기질을 또다시 발휘하여 되돌아가지 않고 혼자서 탈출하기로 결심한다. 천신만고 끝에 영국으로 돌아왔을 때 그는 국민적인 영웅이 되어 있었다. 그는 이러한 인기에 힘입어 1901년에 하원에 입성하게 된다.

우울한 황금기

1908년에 클레멘타인Clementine과 결혼한 그는 대중적인 인기에 힘입어 1908년에 통상장관 그리고 1910년에 내무장관에 중용된다. 의정활동을 할 때도 그는 전통과 권위에 맹렬하게 반기를 들었다. 그의 거침없

삶에 단비가 필요하다면

는 언변은 억눌린 사람들에게 큰 힘이 되었지만, 보수당 의원들로부터는 계급의 배신자라는 악평을 받기도 하였다.

남들 눈에는 인생의 황금기를 구가하는 것처럼 보이던 이 시절에 그는 극심한 우울증을 겪었다. 실제로 그는 이 시기에 신혼 초임에도 불구하고 아내와 각방을 썼으며 심각하게 자살을 고민한 적도 있었다. 그는 충동적으로 자살을 할까봐 기차역에서 기차가 지나갈 때 일부러 멀찌감치 떨어져서 서 있었으며 항해를 하는 경우에도 배 아래의 수면을 바라보지 않으려 노력하였다.

하지만 그는 1911년에 해군장관에 임명되면서 우울증에서 벗어나기 시작하였다. 보다 정확하게 말한다면, 기분이 가라앉는 우울증에서 기분이 뜨는 조증으로 옮아가게 되었다. 세계대전의 전운이 유럽을 감돌던 시기에 그는 해군장관으로 등용되자 곧바로 전쟁준비에 정열적으로 착수하였다. 그는 탱크의 전술적 가치를 남들보다 더 일찍 깨달았기 때문에 영국군이 보다 많은 탱크를 보유할 수 있도록 적극적으로 지원하였다. 또 화력이 보다 좋은 대포를 선박에 적재할 수 있도록 군함들의 연료를 석탄에서 중유로 대체하였다.

큰 싸움에서 지다

1차 세계대전이 발발하자, 행정적인 임무를 맡고 있는 해군장관이었음에도 불구하고 그는 야전사령관이 담당해야 할 군사작전을 직접 지휘하게 된다. 그는 1915년에 러시아에게 물자를 보급할 수 있는 전략적 요충지인 터키의 다르다넬스^{Dardanelles}를 점령하기 위해 직접 병력을 이끌고 참전하였다. 군 고위 장성들의 한결같은 반대에도 불구하고 그가 불도저처럼 밀어붙인 결과, 영국군은 무려 21만 명의 사상자를 낸 채 퇴각해야 했다. 결국 그는 작전에 실패한 책임을 지고서 사임을 하게 된다.

다르다넬스 작전은 성공을 하기만 한다면 역사를 바꿀 수 있는 영웅적인 시도였지만, 그 밑그림은 그가 15년 전에 출판한 영웅소설 『사브롤라Savrola』에 기초한 것이라고 할 수 있다. 소설 속의 장면을 현실에 그대로 담아 내려는 그의 시도는 소설과는 달리, 우유부단했던 군 장성들의 결단력 부족으로 인해 물거품이 되고 말았다. 그들은 그의 지도력에 비협조적인 태도를 취했던 것이다. 이 사건이 있은 후, 동료 의원들과 언론은 그를 과대망상 환자라며 조롱하였다.

캔버스에 그린 분노

이 사건은 그에게 씻을 수 없는 상처를 안겨 준다. 이 견디기 힘든 시기에 그는 그림을 그리기 시작한다. 무기력감에 빠져 지내던 어느 일요일에 그는 우연히 아동용 화구를 발견하게 된다. 그는 그림을 그리고 싶었지만 어디서부터 어떻게 시작해야 할지 엄두가 나지 않았다. 그때 레이버리John Lavery 경의 부인이 차를 몰고서 나타났다. 그녀는 무엇을 주저하느냐며 그를 다그쳤다. 그 후 그녀는 커다란 붓을 집어 들고는 과격하게 휘둘러 파란색과 흰색 물감을 캔버스에 가득 칠해 놓았다. 그러자 그의 눈에 캔버스는 마치 사냥꾼에게 포획당해 힘이 빠진 맹수처럼 그저 무기력한 존재로 보이기 시작하였다. 그처럼 보잘 것 없는 캔버스가

삶에 단비가 필요하다면

그에게 반격을 가할 리는 없다는 확신이 들었다. 그러자 그는 과감하게 커다란 붓을 들어 광폭하게 휘두르기 시작하였다. 그 후로 그는 더 이상 캔버스를 두려워하지 않게 되었다. 그림 그리는 것과 그림을 난도질하는 것 간의 경계를 허물어뜨릴 만큼 도발적인 화법을 시도했다는 점에서 그의 그림 그리기는 일종의 승화에 해당된다고 할 수 있다. 그는 『폭풍의 한가운데Amid these storms』에서 "그림을 그리는 것은 마치 전투를 하는 것과 같다. 그리고 그림을 그리려고 시도하는 것은 전투를 벌이려고 시도하는 것과 마찬가지다"라고 적었다.[3]

왜 그의 눈에는 캔버스가 사냥꾼 앞의 맹수처럼 보였던 것일까? 처음에 캔버스는 비어 있었다. 그러자 그 비어 있는 공간으로 그의 내면세계가 마치 하얀 스크린에 영화가 영사되기라도 하는 것처럼 비춰지기 시작하였다. 이를 심리학에서는 투사projection라고 부른다. 여기서 투사란 마음이 비어 있는 캔버스를 접하는 것을 계기로 해서 밖으로 돌출되어 나간다는 의미이다. 그가 캔버스를 맹수로 지각하게 된 것은 실제로 캔버스에 맹수 같은 특징이 있어서는 아닐 것이다. 그보다는 그의 마음속에 들어가 있는 공격성이 밖으로 튀어나와 캔버스와 결합된 상태에서 그가 캔버스를 바라봤기 때문이다. 화가 나 있는 사람의 경우, 그냥 단순히 지나가는 행인조차도 자신에게 시비를 거는 것처럼 느끼게 되는 이유도 바로 이러한 투사 때문이다. 이러한 투사는 오작동하게 될 경우 끊임없이 문제를 일으킬 수 있다. 하지만 올바르게 작동할 경우에는 남들보다 한 발 앞서 경계태세를 갖추는 데 도움이 되기도 한다.

폭풍의 한가운데

언제나 전쟁의 기운을 감지하는 데 뛰어났던 그는 1937년에 영국의 수상 챔벌린Neville Chamberlain이 독일의 히틀러Adolf Hitler에게 체코슬로바키아를 양보하고서 유럽에 평화가 찾아왔다고 선언하자, 완전한 패배라며 격렬하게 비판하였다. 이윽고 2차 세계대전이 발발하자, 영국 의회는 그를 수상으로 추대하게 된다. 다르다넬스 작전이 실패로 돌아간 지 20여 년이 지나 더욱더 원숙해진 그는 그동안 고집해 왔던 독불장군식의 태도를 버리고 동료 의원들의 진심어린 협조를 이끌어 내고자 심혈을 기울이게 된다. 그 결과, 1940년에 불멸의 명연설문 「피, 수고, 눈물 그리고 땀Blood, Toil, Tears and Sweat」이 탄생하게 된다. 하원에서 행한 그 연설에서 그는 다음과 같이 말한다.

저는 이 정부에 참여한 사람들에게 이야기했던 것과 마찬가지로 동료 의원 여러분들께 다시 말씀드립니다. "저는 피, 수고, 눈물 그리고 땀 말고는 달리 드릴 것이 없습니다." 우리 앞에는 가장 혹독한 시련이 놓여 있습니다. 우리는 길고 긴 투쟁과 고통의 세월들을 눈앞에 두고 있습니다. 여러분들은 묻습니다. "당신의 정책은 무엇인가?"라고. 저는 이렇게 말하겠습니다. 육지에서, 바다에서 그리고 하늘에서 전쟁을 수행하는 것입니다. 하나님께서 주신 우리의 모든 힘과 역량을 총동원하여, 어둡고도 유감스러운 인간의 범죄목록에서도 전례가 없는 저 괴물과 같은 독재자를 상대로 전쟁을 수행하는 것, 이것이 바로 우리의 정책입니다. 여러분들은 질문할 것입니다. "우리의 목표는 무엇인가?"라고. 저는 한마디로 답할 수 있습니다. 그것은 승리입니다. 그 어떤 대가를 지불하더라도, 그 어떤 폭력

삶에 단비가 필요하다면

을 무릅쓰고라도 그리고 거기에 이르는 길이 아무리 길고 험하다 해도 승리 없이는 생존도 없기 때문에 오직 승리뿐입니다. 기필코 승리하도록 합시다. 우리가 승리할 수 없다면, 대영제국의 생존도, 대영제국이 지향해 온 모든 가치들의 생존도, 인류가 그 목표를 향하여 전진하도록 만드는 시대의 생동감도 존재할 수 없을 것입니다. 저는 부풀은 희망감을 안고서 저의 임무를 인수하는 바입니다. 저는 우리의 소명은 결코 실패하지 않을 것이라고 확신합니다. 저는 이 시점에서 동료 의원 여러분들의 도움을 요구할 자격이 있다고 느끼면서 이렇게 호소하는 바입니다. "자, 우리 모두 합심해서 전진합시다."[4]

마음의 독을 시가 연기로 날려 버리기

그는 항상 시가를 입에 물고 다닌 것으로 유명하다. 그가 애연가가 된 데는 정치인으로서 강렬한 인상을 대중들에게 심어 주기 위해서 시가를 활용한 정략적인 측면도 있었다. 하지만 그는 자신의 정치적인 이미지가 위협받는 상황에서도 지속적으로 시가를 피웠다. 1945년에 영국은 전후의 어려운 경제 사정 때문에 일반 시민이 담배를 배급받아야만 하는 상황에 처하게 되었다. 하지만 그때에도 그는 고급 시가를 애용했기 때문에 노동당 의원들에게 공격을 받기도 하였다. 그는 시가를 단순히 정치인으로서의 이미지를 고려해서 피웠던 것이 아니라, 그 자신의 심리적인 세계가 요구했기 때문에 피웠던 것이다. 그 내면세계의 요구란 다름 아닌 공격성으로 인해 생긴 심리적인 긴장을 해소하는 것이다. 즉, 그는 내면의 공격성을 시가로 전위displacement 시킨 것이다.

전위는 내면의 욕구를 적절히 충족시키기 어려운 상황에서 "꿩 대신 닭을 찾는 식"으로 대처하는 것을 말한다. 그는 전쟁터의 총구에 불을 붙이는 대신에 시가에 불을 붙였던 것이다. 하지만 입술이 타들어 가도록 시가를 피웠던 그도 여든 살에는 담배를 끊었다. 언제나 사람이 문제 행동을 보다 바람직한 행동으로 바꾸기 위해서는 성숙해질 시간이 필요한 법이다.

그의 정치적인 수완은 나이가 들어서도 여전히 도발적인 면모를 가지고 있었다. 2차 세계대전 당시에 그는 영국 수상으로서 미국의 루즈벨트 대통령에게 미국의 참전을 부탁하기 위해 백악관을 방문한 적이 있었다. 당시에 루즈벨트 대통령은 유럽에 대해서 미국이 정치적인 중립을 유지할 것이라고 선언한 상태였기 때문에 그의 방문을 부담스러워 하고 있었다. 그는 백악관에 도착한 직후에, 직접 수송해 온 목욕용 튜브에 물을 채워 넣었다. 그가 목욕을 즐긴 후에 목을 축이고 있을 때, 예기치 않게 루즈벨트 대통령이 휠체어에 앉은 채로 그의 방을 방문하였다. 그때 그는 문이 반쯤 열려 있는 건너편 방에서 벌거벗은 채 한 손에는 타올을 그리고 또 다른 한 손에는 음료수를 들고 있었다. 루즈벨트가 본의 아니게 그 장면을 목격한 후 경악하는 표정을 짓자 그는 "보시다시피, 대영제국의 수상은 미국의 대통령에게 숨길 것이 아무것도 없소이다"라고 말했다.[5] 결국 루즈벨트 대통령은 그의 알몸 시위에 두 손 들고 말았다. 미국은 그 후에 2차 세계대전에 참전하는 쪽으로 결정을 번복하게 된다. 이처럼 그의 정치적 여정은 그가 어린 시절에 즐겨 사용한 행동화가 그의 트레이드마크인 유머와 더불어 승화된 형태로 표현되는 과정의 연속이었다.

절대 포기하지 마라

2002년에 BBC 방송국은 100만 명의 영국인들을 대상으로 설문조사를 해서 역사를 빛낸 100인의 영국 위인을 선정하였다. 그때 그는 셰익스피어와 뉴턴 그리고 엘리자베스 여왕을 제치고 가장 위대한 영국인으로 선정되었다. 그의 삶은 최악의 기제 중 하나인 행동화를 사용하던 사람도 자아의 연금술을 통해 얼마든지 변할 수 있다는 것을 보여준다.

인디언 기우제의 거장답게, 그는 옥스퍼드 대학교의 졸업식에서 단 두 문장의 짧은 축사를 남겼다.

포기하지 마라. 절대, 포기하지 마라!

다음의 사진은 세계적인 사진작가 카쉬 Yousuf Karsh 가 그의 초상사진을 촬영한 것이다. 이 사진은 카쉬의 대표작이기도 하다. 그의 작품은 인물의 내면세계까지도 사진에 함께 담아내는 거장의 면모를 유감없이 보여 주고 있다. 1941년에 카쉬가 그의 사진을 찍게 되었을 때, 카쉬는 이미 육순을 넘긴 그가 자신의 실제 모습을 노회한 정치적인 수완으로 가린 채 포즈를 취하고 있다고 생각하였다. 이때에도 그의 손에는 어김없이 시가가 들려 있었고 카쉬는 그것이 그의 본모습을 가리고 있다고 판단했다. 그래서 카쉬는 갑자기 그의 손에서 시가를 허가도 안 받고 빼앗아 버렸다. 그러자 순간적으로 그의 표정에서 온화한 미소가 사라졌다. 진짜 자신의 모습으로 되돌아온 것이다. 그리고 카쉬는 그 순간의 표정을 예술로 남겼다. 대가의 안목이란 이런 것이다.

처칠

그는 한마디로 전사(戰士)였다. 그래서 그의 눈에는
백색의 캔버스마저 사냥꾼 앞의 맹수로 보였다.
그의 내면세계가 비어 있는 캔버스 위로 영사되었던 것이다.
마치 하얀 스크린 위로 영화가 비쳐지는 것처럼.

행동화

행동화에서는 내면의 갈등이 행동으로 곧바로 표현된다. 이러한 행동화는 청소년 시기에 누구나 한번쯤은 나타낼 수 있다. 행동화의 한 가지 적응적인 측면은 갈등을 어느 한 대상에 집중시키기보다는 확산시킨다는 점이다. 부모에 대해 불만을 갖고 있는 반항기 많은 청소년의 모습을 보게 되면, 정말로 부모 때문에 반항하는 것인지 아니면 그 청소년 자신에게 문제가 있는 것인지 헷갈리게 된다. 더욱이 어떤 청소년이 행동화를 통해 시시각각 다양하게 내부의 갈등을 표출하고 나면, 모든 사건을 꿰뚫고 흐르는 핵심적인 줄거리를 추론해 내기가 어려워진다. 행동화는 이처럼 주의를 분산시키는 과정을 통해 내면의 갈등이 주는 고통으로부터 도피할 수 있도록 해준다. 따라서 행동화를 사용하는 사람들을 필요 이상으로 미워하지 않고 이해하기 위해서는 각별한 인내심을 가지고서 추적하는 것이 필요하다. 다만 그 과정에서 심리학적인 통찰력이 더해질 수 있다면 금상첨화일 것이다.

많은 사람들은 오토바이 폭주족에 대해 부정적인 인상을 가지고 있다. 사람들은 그들이 겉멋이 들어서 그런 폼을 잡고 다닌다고 믿는 경향이 있다. 하지만 그들에 대해 조금만 더 주의를 기울여 보면 또 다른 모습을 발견할 수 있다. 부모가 이혼을 한 어느 청소년이 어느 날 오토바이를 마치 폭주족처럼 몰고 나타난 상황을 가정해 보자. 겉보기에 그는 별로 우울해 보이지 않을 수 있다. 왜냐하면 우울하다면 오토바이를 탈 리가 없기 때문이다. 그래서 사람들은 처음에 그 아이가 "부모가 이혼했는데도 상처받지 않고 잘 견뎌 내는구나" 하고 생각할 수 있다. 그런데 조금 더 지켜보니까 오토바이를 폭주족처럼 타고 다니는 모습이 눈에 띄게 되면서 점차 그 아이가 단순히 잘 참고 견디는 게 아닌 것 같다는 인상을 받게 된다. 그보다는 그 아이의 원래 성격이 부모나 다른 사람들의 일에는 안중도 없는 둔감한 녀석인 것 같은 인상이 들게 된다. 왜냐하면 다른 사람들에게 소음 피해를 줄 수 있는 오토바이 질주를 타인의 시선을 개의치 않고 즐기고 있는 것처럼 보이기 때문이다. 그런 생각이 들고 나면 불쌍하다는 생각이 싹 사라지고, 불쾌해진다.

하지만 마음을 가라앉히고서 다시 가만히 들여다 보면, 사실은 그 아이가 울고 있는 것이라는 사실을 깨달을 수 있다. 다만 그 모습을 눈으로 확인할 수는 없다. 왜냐하면 보이지 않게 울고 있기 때문이다. 어떤 아이가 만약 부모가 이혼했는데도 울지 않는다면 그것은 상처를 안 받아서가 아니라 너무나 상처를 받아서 도저히 울 수조차 없기 때문이다. 그럴 때 오토바이를 타면, 자신은 울 수가 없어도 오토바이가 대신 울어 줄 수 있다. 그래서 반항기 많은 십 대들이 주로 오토바이를 타게 되는 것이다. 물론 그들은 말로는 자신이 단순히 스릴을 즐길 뿐이라고 한다. 하지만 행위자의 말이 항상 진실만을 담고 있는 것은 아니다.

행동화를 사용하는 사람과 더 잘 지내기

1. 사실상 행동화를 보이는 사람과 좋은 관계를 유지하기는 대단히 어렵다_ 아마도 그들이 보여 주는 후안무치한 행동들은 성인군자라도 도저히 견뎌 내기 어려울 정도일 것이다. 하지만 한 가지만 기억하자. 아무리 외견상 그들이 그러한 행동을 즐기고 있는 것처럼 보이더라도, 그들의 비행은 쾌락을 추구하기 위해서 나타나는 것이 아니라 고통을 회피하기 위해서 나타나는 것이라는 점이다.

2. 많은 사람들이 매를 아끼면 버릇없는 아이를 만들 수 있다고 믿는다_ 실제로 부모님이나 선생님들 중 상당수는 행동거지가 반듯한 아이들을 보면서 매를 들고서 엄하게 키웠기 때문이라고 생각하는 경향이 있다. 하지만 사실은 그렇지 않다. 만약 그 아이들에게 매를 들지 않았더라면 행동이 반듯할 뿐만 아니라 감성까지도 풍부한 아이가 되었을 것이다. 행동화는 매를 아낀 집안의 아이들이 나타내는 것이 아니라 주로 매를 맞고서 자란 아이들이 나타내는 기제이다. 행동화를 나타내는 아이들에게 매는 약이 아니라 독이 된다. 왜냐하면 행동화와 비행은 모두 매를 먹고 자라기 때문이다. 때때로 삶의 비밀은 직관이나 주관적인 체험이 아니라, 그랜트 스터디처럼 사람들의 평생의 삶을 장기간 동안 추적 조사하는 심리학적인 연구를 통해서만 드러날 수 있는 것일 수 있다.

3. 비행 청소년들에게 따뜻한 애정을 베푼다고 해서 그들이 쉽게 바뀔 것이라고 기대한다면 오산이다_ 미성숙한 기제는 그렇게 쉽게 바뀌지 않는다. 그들에게 온정이 필요하다는 것은 매를 드는 것보다 낫다는 것뿐이지 그들

이 사람들의 애정에 쉽게 반응을 보인다는 의미는 아니다. 하지만 비관은 금물이다. 그랜트 스터디는 행동화를 사용하는 사람들도 중년기에 접어들면서 점차 성숙해진다는 것을 경험적으로 입증해 주었다.[6] 단, 행동화를 나타내던 시기에 돌이킬 수 없는 치명적인 사고가 일어나지 않아야 한다. 애석하게도 강력범죄, 사고사, 마약중독 등과 같은 불행한 사건들의 대부분은 행동화와 밀접한 관계가 있다. 많은 경우 이러한 사건들은 그 어떠한 힘으로도 되돌릴 수 없는 파국적인 결과를 낳기도 한다. 이러한 경우에는 아무리 그 당사자가 성숙해질 수 있는 잠재력을 가지고 있다 하더라도 그러한 성숙한 기제를 실현하는 것이 불가능해진다. 하지만 이러한 극단적인 경우를 제외한다면, 젊은 시절에 주로 행동화를 사용했던 사람들도 얼마든지 변하는 것이 가능하다. 따라서 우리들이 그들에게 줄 수 있는 최고의 선물은 포기하지 않고 기다려 주는 것이다. 때로는 기다림을 통해서만 사람을 얻을 수 있는 경우도 있는 법이다. 하지만 그 결실은 기다림만큼 감동적일 수 있다.

행동화를 성숙한 기제로 변화시키기

1. 스스로 행동화를 사용하고 있는 것 같은 인상이 든다면, 당장 운동을 시작하도록 하라 가능하면 내면의 분노감을 몰아낼 수 있도록 격한 운동을 하는 것이 좋다. 정적인 운동보다는 축구, 야구, 농구, 럭비 그리고 격투기 등 적어도 운동을 하는 동안만큼은 현실의 고통을 완전히 잊은 채로 몰두할 수 있는 운동을 하는 것이 좋다. 만약 운동신경이 좋다면 인라인 스케이트나 인라인 하키 등과 같은 익스트림(extreme)스포츠, 즉 극한까지 도전하

는 스포츠를 해 보는 것도 좋을 것이다. 비록 이러한 운동들이 위험하긴 해도 행동화보다는 덜 위험하고 또 그만큼 덜 해롭다.

2. 만약 운동을 하는 것이 도움이 된다고 느낀다면 운동을 하면서 얻게 된 경험을 일상적인 업무나 과제에 적용해 보도록 하자_ 되도록이면 경쟁적인 과제나 업무에 매진하도록 하라. 승패가 분명하게 드러날 수 있는 일들에 몰입할 수 있다면 당신은 처칠과 같은 타고난 파이터가 될 수 있을 것이다. 지금보다 성숙해지면서 내면의 분노감을 더 잘 통제할 수 있게 될 때까지 범죄나 알코올 또는 약물 등이 유발하는 불의의 사고를 피할 수만 있다면 틀림없이 당신의 삶에서도 반전은 이루어질 것이다.

3. 상담 및 임상 심리학자나 정신과 의사 등과 같은 정신 건강 전문가들을 만나 보도록 하라_ 틀림없이 주변의 일반 사람들에게서는 느낄 수 없는 전문적인 도움을 받을 수 있을 것이다.

04

인생이란 닭고기를 먹고
손가락을 쪽 빨 때의 느낌!

사막에 비를 내리다

· · · · ·

아마도 그의 얼굴을 모르는 사람은 거의 없을 것이다.
하지만 그가 어떤 사람이었는지 아는 사람 또한 별로 많지 않다.
그는 세상을 떠났지만 인디언 기우제의 전설은 남았다.

그는 1890년에 미국 인디애나 남부의 헨리빌Henryville에서 장남으로 태어났다. 그의 아버지는 그가 여섯 살 때 돌아가셨기 때문에 그가 기억하는 것은 아버지가 정육점을 하셨다는 것뿐이었다.

그는 아버지의 가게에 손님이 들어오면 울음을 터뜨리곤 하였다. 그는 어렸을 때 쇠고기의 간을 특히 좋아했다. 그의 유일한 걱정거리는 손님이 자기가 좋아하는 간을 다 사가면 어떡하나 하는 것이었다. 그래서 그는 손님이 고기를 사러 오면 울음을 터뜨렸다. 그는 이처럼 어려서부터 식탐이 많았기 때문에 덩치가 좋은 편이었다.

아버지가 돌아가시자, 그의 집안은 경제적으로 극심한 어려움을 겪게 되었다. 그래서 어머니뿐만 아니라 그도 일을 해야만 했다. 그 자신도 나이가 어렸지만 남동생과 여동생을 보살펴 주어야 했다. 그래서 그는 어려서부터 집에서 요리를 자주 하게 되었다. 그러다보니 그가 일곱 살이 되던 해부터는 웬만한 요리는 혼자서 다 할 수 있는 정도가 되었다.

실직 이력의 시작

헨리빌은 조그마한 마을이었기 때문에 어린아이가 할 수 있는 일거리가 별로 많지 않았다. 그는 한 달에 2달러를 받기로 하고 노리스Charlie Norris라는 사람이 새로운 농지를 개간하는 것을 돕기로 하였다. 그의 첫 직장이었던 셈이다. 하지만 그 일은 어린아이가 하기에 너무나도 고된 일이었기 때문에, 얼마 안 있어 첫 직장에서 해고되는 아픔을 맛본다. 이유는 간단했다. 겉으로는 일을 하는 척 했지만 실제로는 노리스가 시키는 대로 하지 않았기 때문이다. 그는 자신이 어린 나이에 벌써부터 생고생을 하며 살아야 하는 것이 내심 못마땅했던 것이다.

집에 돌아왔을 때, 어머니는 그를 매섭게 꾸짖었다. 그는 꾸중을 들으면서 앞으로 새로운 일을 맡게 된다면, 다시는 이처럼 끝나는 않게 하겠다고 맹세하였다. 하지만 그 맹세는 오래가지 않았다.

혼자서 세 남매를 키우는 일이 너무나 힘에 겨웠던 그의 어머니는 재혼을 하기로 결심한다. 그래서 그들은 인디애나의 그린우드Greenwood로 이사를 갔다. 거기에서 그에게 새로운 임무가 주어진다. 양부의 농장 일을 거드는 것이었다.

우선 그는 새벽에 일어나서 여러 종류의 가축에게 사료를 먹여야 했다. 그리고 학교에 다녀와서는 닭 모이를 주어야 했다. 보통 농장 일은 잠자리에 들 때까지 계속되었다. 그리고 어떤 경우에는 한밤중에 일어나 차를 타거나 말을 몰면서 시장으로 나가 새벽 3시까지 일처리를 마처 놓아야 할 때도 있었다.

　그에게 그린우드에서의 생활은 정말이지 행복과는 너무나도 거리가 먼 것이었다. 그러자 그는 양부와 문제를 일으키기 시작하였다. 양부는 그가 시키는 대로 일을 제대로 하지 않는다며 야단을 쳤다. 당연히 양부와 그는 사이가 좋아질 수가 없었다.

　사실, 그의 가장 커다란 문제는 그가 노리스와 일했을 때처럼 시키는 대로 고분고분하게 일을 하지 않는다는 것이었다. 항상 일을 하기는 하되, 제대로 하지는 않았다. 이런 점에서 그는 권위적인 인물에 대해서 소극적-공격성passive-aggression을 나타냈다고 할 수 있다. 미성숙한 기제 중 하나인 소극적-공격성은 다른 사람에 대한 분노를 직접 표현하는 것이 여의치 않은 상황에서 분노를 우회적으로 표현하는 것이다.[1] 비록 겉으로 분명하게 드러내지는 않을지라도, 소극적-공격성이 불만을 표현하는 전형적인 방법 중 하나인 것은 틀림없다.

집으로부터의 퇴출

　소극적-공격성만으로는 성이 찰 수 없었던 그는 마침내 행동화를 나타내기도 하였다. 그린우드에서의 생활에 불만이 많았던 그는 또래들과 시비가 붙어 싸움을 한 다음에 눈이 시퍼렇게 멍든 채로 귀가하기도 하였다. 상황이 여기까지 이르게 되자, 결국 그의 어머니는 어린 동생들을 위해서 그가 집을 나가는 것이 좋겠다고 말했다. 그는 자서전에서 이렇게 말했다.

내가 집을 나가는 것은 어머니가 원했던 일은 결코 아니었다. 하지만 어머니는 그 길이 최선이라고 생각했다. 그래서 어머니는 우리의 전 재산이었던 낡은 옷가방을 내게 주었다. 그리고 거기에 나는 옷가지를 챙겨 넣었다. 빌어먹을, 내가 현관을 나설 때, 어머니가 울고 계신 것을 깨닫게 되었다. 하지만 나는 뒤돌아보지 않았다. 나 역시 눈물이 흘러내렸다.[2]

열두 살 때 집을 떠난 후, 그는 처음에 인디애나에 있는 윌슨^{Sam Wilson}씨 농장에서 일하였다. 하지만 2년이 지나자, 그는 또다시 농장일이 지겨워졌다. 그래서 도시로 나가 전차에서 검표원 생활을 하였다. 그러다 열여섯 살 때, 그는 나이를 속이고서 군대의 노역꾼으로 취직한다. 그는 몸집이 좋아서 겉보기에 스무 살은 넘어 보였기 때문에 나이를 속이는 것이 발각될 염려는 없었다. 하지만 군용 노새 수송선에서 노새들과 먹고 자면서 노새 비료 냄새로 온 몸이 범벅이 된 상태로 지내는 것은 결코 쉬운 일이 아니었다.

그 후 그는 삼촌의 소개로 대장장이 조수로 일하게 된다. 하지만 여기서도 그는 결코 고분고분하지 않았다. 조수임에도 불구하고 상관인 대장장이와 풀무질하는 요령에 대해서 계속해서 논쟁하였다. 결국 몇 달 후 그는 증기 기관차에서 재를 하역하는 일을 하게 된다. 하지만 이 일역시 그에게는 안 맞는 일이었다.

불속에서 길을 찾다

어느 날 기관차가 출발해야 할 시간이 다 되었는데도 화부^{fireman}가

안 나타났다. 그때 그는 기회를 놓치지 않고 자신이 해 보겠다고 자원하였다. 그 당시에는 화부가 수입이 좋았기 때문에 유망 직종 중 하나였다. 그는 기관차 화부 일을 하면서 커다란 만족감을 느꼈으며 생활도 안정되어 갔다.

그는 체격이 좋아서 화부 일에 잘 맞았을 뿐만 아니라, 개인적으로도 화부 일을 무척 좋아하였다. 내면의 세계가 분노감으로 불타오르는 사람은 실제로 불을 볼 때 묘한 매력을 느끼게 된다. 그 역시 강렬한 열기로 석탄을 태우고 있는 화로를 지켜보면서 내면의 분노감이 대리 표출되는 것 같은 느낌을 받았던 것이다. 처칠이 시가를 피웠던 것처럼, 그는 전위를 사용한 것이다. 그가 재를 하역하는 업무를 싫어했던 이유도 화끈한 것을 원하던 그에게 식어버린 재는 너무나도 썰렁한 것이었기 때문이다.

그는 화부 일을 하면서 조세핀Josephine King을 만나 결혼도 하고 자녀도 세 명이나 두게 된다. 하지만 그의 분노감이 늘 문제였다. 그는 곧잘 분노감과 정의감을 혼동하였다. 화부 일이 그에게 만족감을 주었음에도 불구하고 전위에 속하는 이유가 바로 여기에 있는 것이다. 화부 일은 그가 내면의 분노감을 일시적으로 달래는 데 도움을 주기는 했지만 문제를 근원적으로 해결해 주는 데까지는 나아가지 못했던 것이다.

어느 날 그는 회사가 직원을 해고하는 과정에서 우연히 실수를 한 것을 알게 되었다. 그는 발끈해서 그 직원이 복직될 수 있도록 회사에 압력을 넣었다. 결국 그의 주장대로 그 직원은 복직되었다. 하지만 문제는 그 일을 처리하는 과정이 매끄럽지 않았다. 그가 하는 말의 대부분은 욕설이었던 것이다. 상대방에 대해서 욕을 많이 하는 것도 소극적-공격성의 전형적인 행동패턴 중 하나이다. 따라서 그가 회사에서 동료의 복직 운동에 주도적으로 나섰던 것은 회사의 실수라는 명분을 무기로 그의 소극적-공격성이 재등장했기 때문인 것으로 보인다.

그 일이 계기가 되어 그는 회사 간부에게 밉보이게 되었다. 그는 자서전에서 이렇게 된 이유가 자신이 회사가 원치 않는 노조활동을 했기 때문이라고 적었지만, 그 간부는 노조 전체를 미워했던 것이 아니라 유독 그를 극도로 증오하게 되었다. 바로 이것이 정의감이 발현되는 것과 소극적-공격성이 표출되는 것 간의 차이에 해당된다. 그에게 이를 갈고 있던 회사 간부의 보복은 곧바로 시작되었다.

어느 날 그는 너무나도 몸이 아팠기 때문에 근무시간에 동료에게 일을 맡아 달라고 부탁하고는 눈을 붙였다. 하지만 그는 자신을 주시하는 눈이 있었다는 사실을 깨닫지 못하였다. 당장 그 간부가 그를 불러 호통을 쳤다. 그는 너무나 아팠고 다른 동료한테 자리를 맡아 달라고 부탁을 했다며 항변하였다. 하지만 그는 근무태만으로 그 자리에서 해고당했다.

결혼 생활로부터도 퇴출 당하다

실의에 빠져 집으로 돌아왔을 때, 그는 아내가 직장에서 해고 당하는 무능한 남편과는 더 이상 살 수 없다고 선언하고는 집을 나가버렸다는 것을 알게 되었다. 그의 부인은 집과 가재도구를 정리한 다음에 아이들을 데리고 친정으로 가 버렸다. 또다시 그에게는 아무것도 남지 않게 되었다. 그는 무슨 역마살이라도 낀 것처럼 한자리에 붙어 있지 못하였다.

그는 또 다른 회사를 찾아가 화부 일을 계속할 수 있었다. 그는 회사

삶에 단비가 필요하다면

를 옮기느라 가족들과 떨어져 지내야 했기 때문에 무척 외로웠다. 그리고 자신의 처량한 신세 때문에 화가 나 있었다. 그래서 그는 기술자와 형제애 문제와 관련해서 격한 논쟁을 벌이다가 대판 싸우고 말았다. 그는 또 실직하게 되었다.

그는 이번에는 보험 회사에서 세일즈맨 생활을 하게 되었다. 그는 유능한 세일즈맨이었지만 원칙에 따르지 않고 편법을 많이 사용하였다. 그 결과 그는 고객 서류에 자신이 직접 사인한 것이 감독위원회에 의해 발각되어 회사를 그만두게 된다. 그가 계속해서 여러 직장을 전전하자 조세핀은 그러한 생활이 주는 불안정감을 더 이상 견딜 수 없었다. 결국 그는 조세핀의 강력한 요구에 의해 그녀와 이혼하게 된다.

차가운 휘발유가 폭발력이 강하다

그는 여러 직장을 두루 섭렵한 끝에, 타인의 감독을 받는 일이 아니라 자신이 직접 결정하고 선택할 수 있는 일을 해야겠다고 결심한다. 이처럼 그가 상관과 같이 일해야 하는 일 대신 자기 혼자서 알아서 할 수 있는 일을 선택하게 되자, 그의 소극적-공격성이 더 이상 그의 앞길을 가로막지 않게 되었다. 그때부터 그는 자신의 에너지를 불필요하게 낭비하는 일 없이, 오로지 생산적인 활동에만 전념할 수 있게 되었다. 그 후로 그는 정말 정열적으로 일하였다.

우연한 계기에 그는 스탠더드 오일 컴퍼니Standard Oil Company의 주유소들 중에서 실적이 좋지 않은 곳을 직접 맡아서 운영해 볼 수 있는 기회를 얻게 된다. 시키는 일을 제대로 하지 않았기 때문에 계속해서 실직해야 했던 그는 이번에는 누가 시키지도 않은 일들을 하기 시작했다.

그는 당시의 주유소 사정으로서는 파격적이었던 고객 서비스를 실시한다. 그는 주유소를 찾은 고객들에게 무료로 타이어 체크와 유리창 청소를 해 주는 등 친절한 서비스를 제공하였다. 특히 그는 시골길에서는 차체에 진흙이 많이 묻었기 때문에 그것을 깨끗하게 털어내는 일에 심혈을 기울였다. 또 그는 다른 주유소보다 두 시간 일찍 문을 열었을 뿐만 아니라 새벽 한두 시가 될 때까지 부지런히 일하였다. 그의 주유소는 다른 주유소가 하루 종일 일해서 올리는 매상을 새벽 5시에서 7시까지의 단 두 시간 동안 벌어들였다. 이러한 것을 예상anticipation이라고 한다.

사람들은 누구나 "일찍 일어나는 새가 벌레를 잡는다"는 사실을 잘 알고 있다. 하지만 문제는 머릿속으로는 잘 아는 내용을 몸이 못 따라준다는 것이다. 심리학적으로 예상이란 누구나 알지만 그 중요성을 정서적으로 실감나게 이해하지 못하기 때문에 실천하지 못하는 것을 실행에 옮기는 것을 말한다. 이러한 예상은 성숙한 자아의 연금술에 해당된다. 그는 수많은 실패를 겪는 과정에서 예상의 진정한 가치를 터득하게 된 것이다.

그의 주유소 사업은 예상과 승화가 절묘하게 결합된 예라고 할 수 있다. 화부 생활을 할 때와 마찬가지로 그는 폭발력 강한 휘발유를 다루는 일을 적성에 맞아 하였다. 그의 분노감은 이전에 화부 일을 할 때는 계속해서 문제를 일으켰었다. 하지만 주유소 사업을 할 때 그의 분노감은 문제를 일으키기는커녕 오히려 고객의 분노감을 잠재울 수 있는 감동적인 서비스를 제공하는 데 기여하게 된다. 이것이 바로 승화의 힘인 것이다. 그의 분노감을 잠재우기 위해서는 동반자로서 마냥 뜨겁기만

삶에 단비가 필요하다면

한 화로가 아니라 화끈한 폭발력을 가지고 있으면서도 확실하게 통제된 상태에 있는 차가운 휘발유가 필요했던 것이다.

파산과 새로운 시작

하지만 그에게 예기치 못했던 일이 발생한다. 1929년의 경제대공황이 바로 그것이다. 그는 주유소 인근 주민들에게 신용으로 기름을 많이 판매하였다. 경제대공황으로 소비가 급감한 상황에서 극심한 가뭄마저 들어 농사를 망치게 되자 인근 주민들 대부분이 파산을 하게 된다. 그러자 덩달아서 그 역시 파산을 할 수밖에 없었다.

그는 몹시 실망스러웠지만 이전부터 워낙 실패를 몸에 달고서 살아왔기에 좌절하지는 않았다. 그는 마흔 살이 되던 해에, 켄터키 주의 코빈Corbin에서 또다시 작은 주유소를 운영하게 되었다. 그는 여행객들이 주유소에 들렀을 때 자신의 특기를 살려 간단한 요리를 해 주기 시작했다. 보통 사람들은 자신이 식사를 할 때, 차에도 밥을 줘야 한다는 사실을 떠올리게 된다. 하지만 어려서부터 식탐이 많았던 그는 배고파하는 차를 보면서 사람도 시장하겠구나 하는 평범한 사실을 깨닫게 되었다. 지금도 주유소에는 기름 냄새 때문에 요리 음식을 안 파는 것이 관행처럼 되어 있는 점을 고려해 보면, 그의 생각은 파격적인 발상이었다.

그는 주유소에 딸린 창고를 개조해서 식당으로 만들었다. 물론 손님들이 기름 냄새 때문에 불평하지 않도록 그 어떤 식당보다도 청결한 상태를 유지했을 뿐만 아니라, 이전처럼 감동적인 서비스를 제공하였다. 이러한 서비스가 그의 탁월한 요리 솜씨와 결합되면서 여행객들 사이에서 입소문을 타게 되었다.

그는 이러한 성공에 힘입어 사업을 닭 요리를 중심으로 하는 레스토랑과 모텔이 붙어 있는 일종의 리조트 시설을 운영하는 것으로 확대하였다. 그는 오랫동안 떠도는 생활을 하면서 잠자리와 끼니를 해결하는 문제의 중요성을 깨달았던 것이다.

그의 레스토랑 사업은 성공적이었다. 그의 유명세는 점점 더 성장하여 주지사 라푼Ruby Laffoon은 그가 켄터키 주의 대표적인 요리로 닭 요리를 승화시킨 점을 기려 커넬Colonel이라는 명예로운 호칭을 수여하였다. 이는 영국에서 나라에 위대한 공을 세운 사람에게 백작이나 경의 칭호를 부여하는 것과 비슷한 제도라고 할 수 있다.

그의 모텔 역시 그의 각별한 서비스 때문에 날로 번창하였다. 그는 주유소 사업에서 터득한 예상의 비법을 모텔 사업에서도 적용하였다. 그는 다른 사람들이 소홀히 하는 일기예보를 언제나 주시하였다. 비가 올 것이 예상되면 그는 고객들을 위해 미리 대형 우산을 준비해 두었다. 그래서 고객이 룸에서 자동차까지 이동을 할 때 비를 맞지 않을 수 있도록 조치하였다. 또 일기예보가 기상이변으로 갑자기 추위가 밀어닥칠 것을 알리면, 아침에 여행객들이 출발할 때 자동차 유리가 얼어 고생하지 않도록 고객들의 자동차에 일일이 커버를 씌우도록 하였다. 그의 모텔의 이러한 특별한 서비스는 우연히 전미호텔연합회의 관계자가 그의 모텔에 묵게 되면서 미 전역에 알려지게 되었다. 그 관계자는 규모나 시설 면에서는 크게 부족했음에도 불구하고 그의 모텔을 고급 모텔로 인정해 주었다. 자연스럽게 그의 레스토랑과 모텔은 켄터키 주의 명소로 자리 잡게 되었다.

또다시 빗나간 선택

하지만 운명은 그다지 협조적이지 않았다. 1939년에 그의 모텔에는 화재가 발생한다. 이때도 그는 좌절하지 않았다. 오히려 그는 진정으로 자신이 가야할 길을 깨닫게 되었다. 그것은 바로 요리였던 것이다. 은행의 지원을 받아 건물을 신축하는 과정에서는 그는 숙박객에게는 24시간 동안 단 한 번 잠을 재워줄 수 있을 뿐이지만 식당 고객에게는 세끼를 접대할 수 있다는 사실을 깨닫게 되었다. 이러한 사실은 그에게 마치 운명의 계시처럼 느껴졌다. 그는 레스토랑을 선택하였다.

하지만 운명의 여신은 그에게서 또 한 번 등을 돌리고 말았다. 2차 세계대전이 발발하면서 식량이 배급제로 바뀐 것이다. 그가 식당을 더 이상 운영하는 것이 불가능해졌다. 그러자 그는 지인의 권유로 개인 항공 사업체를 운영하려고 시도하였다. 하지만 얼마 안 있어 비행기가 추락하여 조종사가 사망하게 된다. 그리고 일주일 뒤에 또 다른 항공 사고로 조종사가 또 사망하게 된다. 결국 그는 3만 8천 달러의 손해를 보고서 사업체를 정리할 수밖에 없었다. 그는 또다시 쓰러진 셈이었지만 넉다운되지는 않았다.

또 한 번의 몰락

전쟁이 끝난 뒤, 그는 다시 레스토랑 사업을 재개하였다. 닭 요리에 관한 한 그는 최고였기 때문에 그의 레스토랑은 크게 번창하게 된다. 예순다섯 살이 되던 해에, 그는 미국에서 손꼽히는 유명 레스토랑을 운영하는 경영주가 되었다. 이 무렵 그는 레스토랑을 16만 4천 달러에 팔라는 제안을 받았지만 일언지하에 거절하였다. 하지만 그에게 운명은 정말로 가혹한 것이었다. 이번에는 그의 레스토랑 인근에 새로운 고속도로가 뚫리면서 상권이 그쪽으로 옮겨 가게 된 것이다. 자연히 그의 카페를 중심으로 한 옛 상권이 몰락하게 되었다. 천정부지로 치솟던 그의 레스토랑 가치는 폭락하고 이제는 그 누구도 거들떠보지 않는 천덕꾸러기 신세로 전락하였다. 결국 그는 헐값인 7만 5천 달러에 레스토랑을 매각할 수밖에 없었다. 은행 융자금과 세금을 지불하고 나니 그의 수중에는 사회보장연금으로 받은 105달러만 남아 있었다.

또다시 유랑의 길로

그는 눈물은 흘리되 좌절하지는 않았다. 또다시 그는 예순다섯 살의 노구를 이끌고 새로운 사업에 도전한다. 그는 간신히 구입한 고물 트럭에서 자신이 조리한 닭 요리로 세끼를 때우고 또 거기서 새우잠을 자며 미 전역의 레스토랑을 유랑하였다. 그의 사업계획은 단순한 것이었다. 눈에 띄는 레스토랑에 들어가서 자신의 요리를 선보인 다음에 닭 1마리당 5센트^{약 60원} 정도의 로열티를 받고 비법을 전수해 주는 것이었다. 하지만 대부분의 레스토랑 주인들은 그의 계획이 황당하다고 생각하였다. 왜냐하면 레스토랑 주인들은 허름한 고물 트럭에서 제조한 닭 요리가 고급 레스토랑의 요리보다 더 낫다는 그의 말을 듣는 것조차 싫었기 때문이다. 하지만 그는 좌절하지 않고 유랑을 계속하였다. 자신의 요리 비법을 확신하고 있었기 때문이다.

삶에 단비가 필요하다면

그가 최초로 시도한 닭 요리 비법은 양념된 닭을 단순히 기름에 튀기기만 하는 것이 아니라, 압력솥에서 강력하게 쪄내는 것이었다. 그렇게 하면 기름에 튀기는 것보다 훨씬 더 양념이 잘 스밀 뿐만 아니라, 육질도 더 부드러워진다. 과거에 그에게 고통을 주던 내면의 분노감이 이번에는 그에게 압력솥을 이용하여 닭을 육질이 녹아내릴 듯해질 때까지 고온 및 고압으로 쪄내는 창조적인 비법을 개발하는 데 기여한 것이다. 정육점 일화가 보여 주듯이, 그는 어려서부터 식탐이 아주 많았다. 따라서 그는 유년 시절에 자신을 눈물짓게 했던 식탐과 내면의 공격성을 창조적으로 요리 비법에 활용한 것이다. 이러한 그의 행동은 승화에 해당된다.

그가 개발한 부드럽고도 감미로운 인상을 주는 닭의 맛은 1964년경, 미국과 캐나다를 포함하여 600개 이상의 매장을 프랜차이즈로 만들 수 있게 하였다. 이러한 결과는 그가 노구를 이끌고 40만 킬로미터 이상을 여행한 대가로서 일구어 낸 피눈물 나는 결실이었다.

인생이란 손가락을 쪽 빨 때의 멋진 느낌과 같은 것

그는 프랜차이즈 사업이 성공한 후, 매주 고아원에 자신의 음식을 선사하는 일에 몰두하였다. 그는 어린아이들을 매우 사랑하였으며 특히 가정 파탄으로 고생하는 어린이들을 돌보는 일에 열정적이었다. 그가 어렸을 때 양부와의 불화 때문에 집을 나와야 했던 사실을 고려해 볼 때, 이러한 그의 행적은 이타주의를 반영하는 것이라고 할 수 있다.

어려서 집을 나와 객지를 떠돌며 평생을 고독하게 보냈던 그는 특히 노구를 이끌고 40만 킬로미터 이상을 자동차로 여행할 때 눈가를 적시며 잠들곤 하였다. 외로웠던 그는 나중에 자신의 실물 인형을 프랜차이즈 매장 앞에 세워둠으로써, 산타 할아버지와 같은 부드러운 인상으로 손님을 맞이하는 일을 즐겼다. 자신의 외로움마저도 비즈니스에 창조적으로 활용한 것이다. 그의 이러한 승화에 기초한 행동은 외로움을 줄여주었을 뿐만 아니라, 캐릭터가 주는 친근한 이미지 덕분에 회사의 매출이 신장하는 데도 크게 기여하였다.

1976년에 그는 전 세계에서 두 번째로 인정받는 유명인으로 조사되기도 하였다. 1986년도에 펩시는 그의 프랜차이즈 사업을 약 8억 4천만 달러^{약 9,660억 원}에 인수하였다. 현재에도 그가 개발해 낸 닭 요리는 미국뿐만 아니라 전 세계 약 82개국에서 사랑 받고 있다.

그는 자서전의 제목을 『손가락을 쪽 빨 때의 느낌만큼이나 멋진 삶 Life as I have known it has been finger lickin' good』이라고 달았다. 그에 따르면, 인생이란 닭고기를 먹고 난 뒤 손가락을 쪽 빨면서 입맛을 다실 때만큼이나 기가 막힌 것이다. 물론 그 비결은 인디언 기우제이다.

삶에 단비가 필요하다면

샌더스

아마도 그의 얼굴을 모르는 사람은 거의 없을 것이다.
하지만 그가 어떤 사람이었는지 아는 사람 또한 별로 많지 않다.
그는 세상을 떠났지만 인디언 기우제의 전설은 남았다.

소극적-공격성

소극적-공격성에서는 내면의 분노감이 간접적 또는 우회적인 방법으로 표현된다. 이러한 소극적-공격성은 사춘기 소년이 부모에게 반항할 때 주로 사용하는 방법이라고 할 수 있다. 때로는 사춘기 때 소극적-공격성에 의해 시위가 당겨지는 분노의 화살은 자신을 향하기도 한다. 담임 선생님에게 불만을 품은 학생이 백지 답안지를 내거나 두발검사에서 지적당한 학생이 다음 날 삭발을 하고 나타나는 것이 그 좋은 예가 된다. 이처럼 분노가 그 자신을 향하게 되었을 때 그러한 행동 때문에 피해를 가장 많이 보게 될 사람은 자기 자신이다. 하지만 학생의 그러한 행동은 담임 선생님의 신경을 건드릴 수 있다. 특히 삭발을 한 학생이 눈썹마저도 밀어 버리고서 등교한다면 대단히 도발적인 인상마저 줄 수 있다.

소극적-공격성은 약속을 자주 잊어버리는 것, 상습적인 지각, 불평과 불만을 일삼는 것, 늑장부리기, 파티에 가서 시무룩한 표정 짓기, 사소한 규칙 위반 등 다양한 형태를 취할 수 있다. 하지만 어떤 형태를 취하든지 간에 소극적-공격성의 결과는 동일하다. 주변 사람들을 아주 짜증나게 만든다. 이러한 소극적-공격성은 비록 사회적으로 물의를 일으키기는 하지만, 분노

의 표현 형태가 직접적이지도 않고 또 파괴적이지도 않기 때문에 행동화와
는 달리, 적어도 학교에서 퇴학을 당하지는 않도록 해 주거나 최소한의 사
회적인 관계는 유지시켜 준다.

소극적-공격성을 사용하는 사람과 더 잘 지내기

1. 만약 당신 곁에 소극적-공격성의 어느 한 가지 형태를 반복해서 나타내는
사람이 있다면, 그 사람은 틀림없이 당신한테 불만을 표시하고 있는 것이다_
하지만 그 사람에게 불만 있냐고 물으면 아마도 그 사람은 아니라고 대답
할 것이다. 만약 그 사람이 당신한테 불만이 있다고 말할 수 있는 상황이라
면 소극적-공격성을 나타낼 이유가 없을 것이다. 이러한 상황에서는 그 사
람이 하는 말보다는 그 사람의 행동에 주목할 필요가 있다. 그리고 그러한
사람을 대할 때는 논리적인 판단보다는 직감을 더 신뢰할 필요가 있다. 소
극적-공격성을 나타내는 사람들과의 관계에서는 종종 '혹시'가 나중에 '역
시'로 드러나게 되며 또 '설마'가 먼 훗날 커다란 낭패를 초래할 수 있기 때
문이다.

2. 소극적-공격성은 잔소리로는 교정되지 않는다_ 어떤 의미에서 소극적-공
격성은 잔소리를 먹고 자란다고 할 수 있다. 만약 당신이 잔소리하는 것을
통해 다른 사람의 소극적-공격성을 바꾸려고 시도한다면 나중에 가서 당
신이 하게 될 말은 시작하는 순간부터 이미 정해져 있다. 그것은 바로 "환
장하겠다"는 말이다. 반면에 소극적-공격성 행동 이면의 의미를 살펴서 그
들이 원하는 것을 최대한 수용해 주면서 타협을 시도한다면 그들은 금방

당신의 태도에 반응을 보일 수 있다. 이런 점에서 그들은 나이와 무관하게 일종의 응석받이 역할을 하는 것이라고 할 수 있다. 결국 소극적-공격성의 삐딱한 마음을 풀어줄 수 있는 것은 따뜻한 사랑과 관심뿐이다.

3. 소극적-공격성을 나타내는 사람이 당신이 원하는 대로 순순히 따라줄 것이라고 기대하지는 말자_ 이들은 누가 일을 시킬 때보다는 스스로 선택하고 결정한 일들을 더 열심히 한다. 따라서 그와 꼭 함께 일해야 하는 상황이라면, 그에게 일방적으로 지시를 내리기보다는 그의 권한과 책임의 범위를 명확하게 설정하기 위해 협의하는 과정을 거치도록 하라. 단, 이들은 때로는 내면의 갈등 때문에 백지 답안지를 내는 반항아처럼 자폭을 기도하기도 한다는 점에 유념할 필요가 있다. 따라서 소극적-공격성을 나타내는 사람과 함께 일할 때는 그 사람이 이전에 극심한 스트레스 상황에서 자포자기식으로 행동한 적이 있는지 그리고 현재 그러한 동기가 있는지 여부를 잘 살펴야 한다.

소극적-공격성을 성숙한 기제로 변화시키기

1. 스스로 소극적-공격성을 나타내는 경향이 있다고 생각된다면, 불만을 소극적-공격성의 형태로 표현하는 것은 매우 비효율적인 방법이라는 점을 명심할 필요가 있다_ 소극적-공격성에서는 분노감을 우회적으로 표현하는 관계로 상대방이 당신의 불만을 잘 이해하지 못하고 지나칠 수 있기 때문이다. 단도직입적으로 말을 한다면, 한 번에 끝날 일도 소극적-공격성으로는 여러 차례에 걸쳐서 아주 힘들게 표현해야 한다. 게다가 그렇게 공들여 표

현한다고 하더라도 상대방이 꼭 눈치채라는 법은 없다. 따라서 상대방이 둔하기 때문에 자꾸만 반복해서 우회적으로 불만을 표현해야 할 경우에는 소극적-공격성은 스스로 자신을 고문하는 것과 마찬가지가 될 수도 있다. 예컨대 상대방이 불편감을 느끼도록 만들기 위해서 계속 눈에 힘을 주고 째려보았는데, 만약 상대방이 둔한 사람이라서 당신에게 눈길 한 번 안 주게 되면 소극적-공격성을 사용하는 당신의 눈만 눈물나게 아플 뿐이다.

2. 스스로 왜 그리고 누구 때문에 화가 나는 것인지 명료하게 인식하려고 노력하자_ 이렇게 하는 것이 중요한 이유는 소극적-공격성은 의도하지 않았던 대상들까지도 화가 나도록 만들 수 있기 때문이다. 소극적-공격성은 곁에 있는 모든 사람들을 신경 쓰이게 만들 수 있다는 점을 잊어서는 안 된다. 친구의 생일파티에 참석했을 때 누군가가 마음에 안 든다고 해서 시무룩한 표정으로 있으면 당신이 마음에 안 들어 하는 그 사람의 기분만 나빠지는 것이 아니라 모든 사람들의 기분을 망치게 된다. 그러한 일이 반복되었을 때 나타날 수 있는 결과는 분명하다. 시간이 지날수록 친구들은 당신을 즐거운 자리에는 초대하지 않게 될 것이다. 그렇기 때문에 소극적-공격성을 사용하면 할수록 그 사람의 대인 관계는 위축될 수밖에 없다. 가능하다면, 대인 관계를 위축시키지 않도록 다른 사람들에 대한 불평과 불만을 억제하도록 하자.

3. 당신이 하기 싫은 일을 억지로 떠맡게 된다면 건성으로 하겠다고 대답하고서 일을 엉터리로 해치우기보다는 처음부터 거절하는 법을 연습하도록 하자_ 만약 거절하기가 너무나 어려운 상황이라면 소극적-공격성을 나타내기 보다는 되도록이면 즐겁게 일하려고 노력할 필요가 있다. 예를 들어, 설거지

나 청소와 같은 귀찮은 일을 맡게 되었다면 그 일을 하면서 음악을 듣거나 TV를 보는 것이다. 때로는 하기 싫은 일을 끝낸 것에 대해서 스스로 자신에게 상을 줄 수도 있다. 밀린 일을 끝낸 다음에는 외식을 하거나 쇼핑을 하기로 마음먹을 수도 있다. 만약 하기 싫은 일을 해야만 하는 상황이라면, 되도록 조금씩 나눠서 하려고 노력하자. 매일 조금씩 꾸준히 하게 되면 아무리 하기 싫은 일이라 할지라도 불만이 폭발하기 전에 완수할 수 있을 것이다.

05

꼭 한번은
성공의 꽃이 핀다

위기, 패배, 승리, 파멸 그리고
누구도 예상치 못했던 부활

그는 "하루해가 얼마나 찬란한 것인지를 깨닫기 위해서는
날이 저물 때까지 기다려야 한다"는 소포클레스(Sophocles)의
말을 즐겨 사용하였다.[1] 그의 삶도 마찬가지였다.
사람들은 그가 황혼의 시기에 도달했을 때
비로소 그가 어떤 사람인지를 깨달을 수 있었다.

그는 1913년에 미국 캘리포니아의 가난한 농촌 가정에서 태어났다.
그의 아버지는 레몬 과수원을 가지고 있었는데 경작이 잘 안 되자, 과
수원을 팔고서 인디애나의 휘티어Whittier로 이사하였다. 그 후 그의 과
수원에서는 석유가 발견되었고 그는 자신의 경제적 불운을 저주하며
지내야 했다.

휘티어는 퀘이커Quaker 교도들이 건립한 마을이었다. 퀘이커 교도들
은 전쟁에 반대하고 또 종교적 공동체 생활을 추구하는 기독교의 한 종
파이다. 그의 아버지는 휘티어에서 작은 식료품 가게를 운영하였다. 그
는 훗날 회상하기를, 자신의 아버지가 "성격은 급하면서도 지적으로는
우둔한 편이서 매우 논쟁적이고 호전적이었다"라고 말하였다.[2]

대대로 학대 당했던 혈통

그는 어린 시절에 아버지에게서 학대 받으며 자랐다. 그의 아버지 역시 할아버지에게서 학대 받으며 자랐다. 그의 아버지가 가죽 허리띠를 휘두를 때면 이웃집에서도 쉽게 알아차릴 수 있었다. 그와 그의 형제들이 비명을 내질렀기 때문이다. 그의 친구들은 그의 아버지를 "야수 같다"[3]고 생각했기 때문에 매우 무서워하였다. 한번은 그가 집 근처의 수로에서 수영을 하고 있을 때, 그의 아버지가 "물이 좋아? 그럼 어디 맛 좀 봐라"[4]라고 소리 지르면서 그를 물에 처박았다 끌어냈다 하는 동작을 반복하였다. 그 소식을 전해들은 그의 숙모가 부리나케 달려와 그의 아버지를 제지하고 나서야 그는 박해로부터 풀려날 수 있었다.

그는 나중에 자신의 어머니에 대해 회고하면서 "나는 자라면서 어머니한테 사랑한다는 말을 들어본 적이 없다"[5]라고 말했다. 그는 덧붙여 말하기를, "왜냐하면 그녀는 그런 말을 할 필요가 없었기 때문이다. 이 세상 그 누구도 어머니만큼 사람들에게 온화하고 다정한 느낌을 줄 수는 없었을 것이다"[6]라고 하였다. 실제로 그의 어머니는 그의 아버지와는 달리 늘 선행을 베풀었기 때문에 이웃 주민들로부터 후한 평가를 받았다.

그가 열두 살이 되던 해에, 그의 일곱 살짜리 동생 아서Arthur가 결핵으로 세상을 등진다. 결핵은 그의 가족에게 병마 그 자체였다. 그의 친할머니, 숙모, 사촌까지도 모두 결핵으로 세상을 떠났다.

나중에 그러한 병마를 불러들인 것이 바로 그의 아버지였다는 사실이 밝혀졌다. 그의 아버지는 살균 기법에 대해 비아냥거리면서 깨끗하고 순수한 우유를 먹어야 한다고 주장하였다. 그래서 그는 자신의 가족

삶에 단비가 필요하다면

들이 소에서 짜낸 우유를 원상태 그대로 먹도록 하였다. 하지만 그의 아버지가 과학을 비웃은 대가는 참혹한 것이었다. 그는 가축의 오물 때문에 브루셀라^{Brucella} 균에 감염되어 한동안 고열 증세로 고통 받아야 했다. 그리고 그의 형, 해롤드^{Harold} 역시 서서히 병마에 물들어 가기 시작하더니, 6년에 걸친 투병 생활 끝에 결국 결핵으로 사망하였다.

그의 형과 동생의 막대한 치료비는 가계의 부담을 더욱 가중시켰다. 하지만 그의 아버지는 편집증적인 경향이 있어서 자신의 인생이 실패하게 된 원인이 "미국의 정치인들이 부패했기 때문"[7]이라고 굳게 믿었다.

그가 유년 시절에 쓴 글에는 내면의 우울감과 정서적 불안의 그림자가 짙게 드리워져 있었다. 그가 열 살 때 쓴 편지에는 두 소년과 개에 관한 내용이 포함되어 있었다.[8] 그 편지에서 표면상의 필자는 두 소년이 키우던 개였다. 그 소년들은 개를 학대하였다. 그러자 이번에는 개가 소년들을 물었다. 그 후 개는 곤충들의 침에 고통스럽게 쏘이게 되고 결국 주인들이 자신에게 돌아올 것을 간절하게 호소하게 된다.

불행했던 유년 시절을 보냈음에도 불구하고 그는 집안일을 돕는 동시에 한편으로는 공부도 열심히 하여 월등한 성취를 이루어 내었다. 그는 고등학교를 우수한 성적으로 졸업했기 때문에 하버드^{Harvard} 대학교 장학생이 되었지만, 하버드까지의 여행경비와 생활비가 없었기 때문에 결국 휘티어 대학교에 다녀야 했다. 그는 대학교에서도 우수한 성적을 나타냈기 때문에 듀크 대학교의 로스쿨에 장학생으로 입학하였다.

색깔론의 전사가 되어

고향에서 변호사 생활을 하던 중에 2차 세계대전이 발발하자 그는 장교로 입대하였다. 전쟁이 끝난 이듬해에 그는 하원의원 선거에 도전하였다. '계란으로 바위치기'식의 무모한 도전이었지만, 진보적인 성향의 상대방 후보에 대한 색깔 시비를 정치쟁점화하는 데 성공함으로써 주목받는 정치 신인으로 떠오르게 된다.

어린 시절에 '보이지 않는 균' 때문에 사경을 헤맨 적이 있었던 그는 정계에 입문해서도 '보이지 않는 위험'에 과도하게 집착하는 경향을 보였다. 기묘하게도 그의 이러한 태도는 냉전시대의 정치적인 풍토와 잘 맞아떨어졌다. 1950년 상원의원 선거에서 그는 상대방 후보에 대해 "속옷까지 붉그스름하다"[9]는 유명한 발언을 함으로써 매카시즘McCarthysm의 행동대장 역할을 자처하기도 하였다. 그는 이러한 유명세에 힘입어 1952년 공화당 전당대회에서 서른일곱 살의 나이에 일약 부통령으로 지명된다. 그 후 그는 미국의 역사상 가장 인기 있는 대통령 중 한 명이었던 아이젠하워Eisenhower 정부에서 8년간 부통령으로 재직하였다.

1960년에 그는 대통령 선거에 도전하였다. 8년간 부통령을 지냈고 가톨릭에 반대하는 정서가 만연되어 있던 정치적인 상황에서 가톨릭 계열의 상대방 후보와 맞붙었음에도 불구하고 그는 고배를 마시게 되었다. 그 결정적인 원인 중 하나는 TV 토론에 대한 대비가 부족했던 것이었다. 그 이전까지 그의 컴퓨터를 방불케 하는 명석한 두뇌는 마치 스펀지처럼 정보를 빨아들인 후 냉철하게 판단하여 그의 정치적인 행보를 승리로 장식해 왔다. 하지만 TV 토론에서는 그의 명석한 두뇌보다는 사람들에게 호감을 주는 케네디John F. Kennedy의 정서적인 안정성이 훨씬 더 득표에 유리하게 작용하였다.

　사실 엄밀하게 말하자면, 1960년에 케네디가 그에게 거두게 된 승리는 그다지 명예로운 것은 아니었다. 왜냐하면 케네디가 그보다 더 많은 득표를 하게 된 것은 조직적인 부정선거와 관계가 있었기 때문이었다. 케네디 가문과 긴밀한 관계에 있던 마피아들은 시카고 지역의 투표장에서 유권자들에게 총구를 들이대고 협박을 했으며 유령 투표를 비롯한 각종 부정 선거를 자행하였다. 이 때문에 1960년 대선 직후의 미국 상황은 마치 2000년 대선에서 부시^{George W. Bush}와 고어^{Al Gore} 진영의 재검표 논쟁으로 인해 국가가 분열될 위기에 처했던 것과 유사하였다. 고어가 대법원에 항소해서 상당 시간 동안 미국을 혼란에 빠뜨렸던 것과는 달리, 그는 선거 다음 날 케네디에게 축전을 보내어 많은 미국인들에게 찬사를 받았다. 하지만 문제는 그 다음에 일어났다.

언론과의 전쟁

　2년 뒤에 그는 캘리포니아 주지사 선거에 출마하여 자신의 정치적인 공백기를 최소화하고자 하였다. 하지만 불행하게도 전국적인 지명도를 가지고 있던 그가 예상과는 달리 패배하였다. 패배의 충격을 가만히 앉아서 끌어안을 수는 없었던 그는 기자회견을 소집하여 자신의 패배는 전적으로 언론의 적대적인 기사 때문이라며 기자들을 맹공격하였다. 그는 기자회견의 마지막 부분에 가서 "당신들은 앞으로는 절대로 나를 학대하지 못할 거요. 왜냐하면 이것이 나의 마지막 기자회견이기 때문이외다"[10]라고 말했다. 그는 자신이 그 기자회견을 통해 언론을 통쾌하게 물먹였다고 믿었지만 실제로 그 기자회견 때문에 곤욕을 치른 것은 바로 그 자신이었다. 그 후로 그는 미국의 모든 언론사들과 전쟁을 벌여야 했다.

그가 선거에 패배한 책임을 언론에 전가한 것은 투사 projection 에 해당된다. 미성숙한 기제 중 하나인 투사는 자기 내부의 부정적인 감정에 대한 책임을 외부 대상에게로 전가한다. 살아가는 데 있어 가장 불쾌한 느낌을 주는 인물들, 즉 편견이 심한 사람, 비난을 많이 하는 사람, 질투심이 많은 사람, 편집증적인 의심을 보이는 사람들이 대체로 투사를 많이 사용한다. 투사를 많이 사용하는 사람들은 친구를 제대로 사귀지 못한다. 그도 마찬가지였다. 그의 삶에서는 친구가 거의 존재하지 않았다. 그는 다른 사람들을 믿지 못했기 때문이다. 그의 곁에서 일을 했던 거의 모든 사람들이 이러한 문제에 대해서 불평하였다.

그는 충격적인 기자회견을 한 다음부터 실제로 기자들과 담을 쌓고 지냈다. 기자회견을 한 후에 변호사 생활을 하면서 정계 복귀를 하게 될 날만을 꿈꾸며 지내던 그에게 드디어 기회가 주어진다. 케네디가 암살된 후에 치러진 1968년 대선에서 그가 목표를 이루게 된 것이다.

일단 백악관에 입성을 하자 그는 강력한 카리스마를 발휘하며 자신의 정적들을 제압해 나갔다. 수많은 정치적 고비들이 있었지만 그는 압도적인 표차로 재임에서도 성공을 거두게 된다. 하지만 그의 내면의 세계에 자리 잡고 있던 투사는 기어코 그를 대통령의 자리에서 끌어내리고 말았다. 1974년에 그는 워터게이트 Watergate 사건으로 미국 역사상 최초로 불명예스러운 사임을 해야 했다. 그가 민주당 인사들을 도청하는 정치적인 공작에 연루되어 있다는 결정적인 증거가 드러났기 때문이다. 도청은 다른 사람을 불신하는 경향이 있는 사람들이 각별한 관심을 갖게 되는 행동이라는 점에서 투사와 밀접한 관계가 있다고 할 수 있다.

삶에 단비가 필요하다면

갈 곳 없는 정치인

그가 워터게이트 사건으로 대통령직을 사임할 때 많은 사람들이 그의 정치 인생이 끝났다고 생각하였다. 그는 여러 가지 면에서 공화당의 전임 대통령들과 달랐다. 그는 퇴임한 후 무려 18년 간 공화당 전당대회에 한 번도 초청을 받지 못하였다. 이유는 간단하였다. 그의 이름이 나오기만 해도 표 떨어지는 소리가 들리는 듯했기 때문이다.

그는 절치부심하는 마음으로 치밀하게 미래를 준비해 나갔지만 현실은 그리 만만치만은 않았다. 1979년에 중국의 덩샤오핑鄧小平 주석이 국빈 방문했을 때 그는 백악관의 초청을 받은 적이 있었다. 하지만 그가 백악관에 도착하자 퇴임한 지 5년이 지났음에도 불구하고 수십 명의 시위대가 "당신이 있어야 할 곳은 백악관이 아니라 감옥이야!"[11]라고 적혀 있는 피켓을 들고 항의를 하였다.

퇴임한 지 10년이 지난 시점까지도 그에 대한 미국인들의 인식은 사실상 거의 바뀌지 않았다. 하지만 놀라운 것은 그럼에도 불구하고 그는 여전히 정계에 복귀하기 위한 노력을 게을리하지 않았다는 점이다. 그는 칠순의 나이에도 불구하고 아침 5시에 일어나 운동으로 하루 일과를 시작하였다. 그리고 7시에 사무실로 출근을 하였다. 그는 평일에는 하루도 거르지 않고 계속 출근하여 정계의 동향을 지속적으로 살폈다.

노병은 죽지도 사라지지도 않는다

1984년 5월 9일 드디어 사람들은 그의 변화에 주목하기 시작하였다. 그날 그는 워싱턴에서 개최된 미국 신문 편집자 협회의 연례 모임에서 미국과 소련 간 관계 개선을 위해서는 새로운 시도가 필요하다는 내용의 연설을 하였다. 연설 도중에 그는 이제 더 이상 자신은 언론을 적으로 생각하지 않으며 오히려 몇몇 친한 친구가 생기기까지 했다고 말하였다. 그리고 그 비결에 대해서 그는 "그들이 내게 호의를 베풀었을 때 나 역시 친절하게 화답했기 때문입니다"[12]라고 소개하였다. 1962년 캘리포니아 주지사 선거에서 패배한 후에 다시는 기자회견을 갖지 않겠다고 선언했던 그의 모습을 생생하게 기억하고 있던 신문사 편집인들은 그의 변화된 모습에 커다란 감동을 받았다. 그가 연설을 마쳤을 때, 그들은 기립박수로 노정객老政客의 복귀를 환호해 주었다. 그 후 「뉴욕타임즈」는 그에 대해서 다음과 같이 논평하였다.

> 워터게이트 사건이 일어난 지 10년이 지난 지금 그는 일흔한 살의 노정객으로 되돌아왔다. 그는 국내외 정치 현안들에 관한 비평가인 동시에 세계 지도자들에 대한 조언자이기도 하다. 그리고 그는 성공한 백만장자 작가이다. 또 그는 국내외에서 청중들에게 존경받는 강연자이기도 하다.[13]

같은 해에 CBS 인기 프로그램인 「60분60 Minutes」에서는 그에 관한 특집 인터뷰를 방영하였다. 인터뷰는 리포터인 개넌Frank Gannon에 의해 진행되었다. 개넌은 인터뷰 도중에 그의 아킬레스건을 건드리는 질문을 하였다. 즉, 워터게이트 사건에 대한 유도 질문을 던진 것이었다.

삶에 단비가 필요하다면

메리 튜더^{Mary Tudor} 여왕은 자신이 죽은 후에 부검의가 가슴을 열어 보면 자신의 가슴에는 프랑스에 빼앗긴 마을인 '칼레^{Calais}'라는 글자가 적혀 있을 것이라고 말한 적이 있습니다. 그렇다면, 사후에 당신의 가슴에는 어떤 글자가 적혀 있을까요?[14]

대부분의 시청자들은 이 장면에서 워터게이트의 악몽을 떠올렸지만 그는 그 누구도 예상하지 못했던 대답을 하였다. "그야 물론, '팻^{Pat}'이라고 적혀 있겠죠."

'팻'은 그의 부인의 애칭이다. 그 프로그램을 시청한 미국의 수많은 중년 여성들은 자신이 죽었을 때, 자신의 가슴속에는 부인의 이름이 새겨져 있을 것이라는 그의 말에 가슴이 뭉클해지는 느낌을 받았다. 방송이 나간 후에 CBS의 책임 프로듀서인 휴잇^{Don Hewitt}은 "이전의 그에게서 결코 찾아볼 수 없었던 것을 발견하였다"고 말하였다. 그리고 시청자들의 반응 역시 휴잇의 말에 공감하는 분위기였다. 방송이 나간 후 그에 대한 호감도는 전에 없이 급증하였다.

아침 햇살을 품은 여인

이 일화에서도 짐작할 수 있듯이, 그는 부인을 무척 사랑하였다. 특히 그는 생전에 팻을 자신의 "비밀무기"[15]라고 말하기도 하였다. 팻은 그보다 8개월 먼저 세상을 떠났다. 그녀의 장례식에서 그는 문상객들에게 다음과 같이 말하였다.

그녀는 언제나 아침 햇살을 한 아름 품에 안고서 방으로 들어왔습니다. 무엇보다도 그녀는 강했습니다. 1952년에 정치자금 위기를 타개하기 위해 TV에 출연하기 직전에 저는 "일이 잘 안 풀릴 것 같아"라고 그녀에게 말했습니다. 그러자 그녀는 제 손을 잡으며 "아니오, 당신은 할 수 있어요"라고 말했습니다. 그리고 저는 해냈습니다. 1974년에 저는 생사의 기로에 서게 된 적이 있었습니다. 병원에 입원해서 폐 수술을 받은 것입니다. 수술 후에 처음으로 눈을 떴을 때 제 눈으로 제일 먼저 들어온 것은 바로 팻이었습니다. 그때 팻은 병실에서 제 곁에 앉아 있었습니다. 저는 그녀에게 "회복하기 어려울 것 같아"라고 말했습니다. 하지만 그녀는 22년 전에 그랬던 것과 마찬가지로 제 손을 잡고서 "당신은 할 수 있어요"라고 말해 주었습니다. 그리고 저는 또 해냈습니다. 만약에 팻이 없었더라면, 저는 정치적으로나 신체적으로 다시 일어서기 힘들었을 것입니다. 그녀는 결코 포기하는 법이 없었습니다. 1976년에 그녀는 중풍으로 왼쪽 팔이 마비되었습니다. 어떤 이는 그녀가 그 팔을 결코 사용하지 못할 것이라고 말했지만, 그들은 그녀가 어떤 사람인지를 잘 몰랐습니다… 그녀는 완전히 회복되었습니다. 만약 여러분들이 생애의 마지막 순간에 그녀를 봤더라면, 그녀가 병을 앓았던 사람이라는 것을 결코 알아낼 수 없었을 것입니다.[16]

황혼이 되어서야 떠오른 영웅

「뉴욕 타임즈」는 미국과 소련을 중심으로 한 냉전시대가 막을 내리게 된 역사적인 사건에서 그가 어떠한 역할을 했는지를 다음과 같이 소개한 바 있다.

어떤 이들은 레이건^{Ronald Reagan}이 러시아가 자멸하게 될 때까지 군비경쟁을 계속하도록 했기 때문에 냉전이 종식될 수 있었다고 말한다. 그리고 또 다른 이들은 고르바초프^{Mihail Gorbachev}가 개혁에 실패했기 때문에 냉전이 끝날 수 있었다고 말한다. 하지만 만약 미국과 소련 간 대결 양상을 종결짓도록 하는 데 가장 커다란 공을 세운 사람을 한 명 선택하라고 한다면, 당연히 그를 지목하게 될 것이다.[17]

「뉴욕 타임즈」 기사는 1986년에 그가 소련을 방문하여 고르바초프와 회담을 한 다음에, 26페이지 분량의 비망록을 작성하여 레이건 대통령에게 전달함으로써 미국과 소련 간 긴장 완화를 위한 대화 분위기를 조성한 공로를 지적한 것이었다. 이처럼 냉전시대가 종언을 고하게 된 것을 계기로 그의 과거 업적에 대해서도 재평가가 이루어진다.

과거에 언론은 그가 과연 워터게이트 사건에 대해서 진실을 밝히고 사죄를 할 것인가 하는 문제에만 관심을 가지고 있었다. 하지만 점차 미국의 언론은 그가 퇴임 후에도 국제적인 분쟁 지역에서 평화적인 중재자로서 정치적 역량을 지속적으로 발휘할 수 있었던 것에 대해 찬사를 아끼지 않게 되었다. 더불어 주요 언론사들은 그가 대통령으로 재임하던 시절에 베트남전의 종전과 미국과 중국의 수교에 결정적인 역할을 했던 점도 재조명하기 시작하였다.

심리적 갈등을 창조적 에너지로

그는 삶의 대부분의 기간 동안 미성숙한 기제인 투사를 주로 사용했기 때문에 사생활에서는 늘 주변 사람들과 분쟁이 끊이지 않았다. 하지만 기묘하게도 투사를 사용하는 사람들은 때로는 자신이 소속되어 있는 집단의 구성원들보다 자신이 소속되어 있지 않은 집단의 사람들과 더 좋은 관계를 맺기도 한다.

투사가 일어나기 위해서는 투사가 일어나게 될 대상에 대한 애정이 먼저 존재해야 한다. 비록 당사자는 투사가 일어나는 대상에 대해 단순히 미워할 뿐이라고 말할지라도, 투사는 그러한 기제를 사용하는 사람이 애증의 관계를 맺도록 만드는 기제이기 때문이다. 기묘하게도 투사는 자신을 사랑해 주지 않는 대상에게 더 집요한 애정 공세를 벌이도록 만든다. 하지만 상대방은 투사를 사용하는 사람의 애정 공세가 스토킹처럼 느껴지기 때문에 더욱더 멀리하게 된다. 따라서 애증의 관계를 맺어야 할 이유가 없는 대상에 대해서는 투사가 일어나지 않는다. 그에게 베트남, 중국 그리고 소련의 시민들이 바로 그러한 대상이었다. 그는 그러한 국가들의 시민들로부터 인정받고 싶은 생각은 별로 없었다. 그는 오로지 미국 국민들로부터 사랑받기를 원했을 뿐이다.

미국 이외의 시민들에 대해서는 투사가 일어나지 않았기 때문에 아이러니컬하게도 그는 대통령 재임 시절뿐만 아니라, 퇴임 후에도 미국 시민보다 미국 이외의 시민들에게 더 후한 평가를 받았다. 1979년에 중국의 덩샤오핑 주석이 국빈으로 방문했을 때 성난 시위대의 항의를 받으면서도 카터^{Jimmy Carter} 행정부가 그를 백악관에 초청할 수밖에 없었던 것도 바로 이러한 점 때문이었다.

만약 그가 미국 시민들에게 사랑을 받고 있었더라면 융이 말하는 '그림자 투사'가 일어나 베트남이나 중국 시민들에 대해서 심각한 인종적 편견을 갖게 되었을 수도 있다. 그림자 투사란 자기 안에 있지만 인정하

삶에 단비가 필요하다면

고 싶지 않은 부정적인 특징들을 자신이 속해 있지 않은 집단의 구성원들이 가지고 있다고 믿는 것을 말한다. 하지만 그는 미국 시민들로부터 별로 인정을 받지 못했기 때문에 '그림자 투사'를 나타내지 않을 수 있었다.

그가 투사를 통해 자기 주변의 모든 관계를 애증의 형태로 탈바꿈시켰을 때 그가 얻은 것이라고는 눈물뿐이었지만, 자신의 심리적인 에너지를 투사가 일어나지 않을 영역에 창조적으로 투입하자 그는 평화적인 중재자로서 세계적인 명성을 얻게 되었다. 이처럼 승화에서는 내부의 심리적인 갈등이 외부의 생산적인 영역으로 창조적으로 전환된다.

그가 투사와 관계된 내면의 갈등을 정치에 창조적으로 활용한 승화의 또 다른 예로는 대통령 재임 시절에 베트남전과 관련해서 행한 「침묵하는 다수The Silent Majority」[18]라는 연설을 들 수 있다. 투사를 사용하는 사람은 상대방에 대한 자신의 증오를 정당화할 수 있는 증거를 찾고자 노력한다. 하지만 투사는 정당한 비판을 하는 것이 아니기 때문에 투사를 사용하는 사람들은 일반 사람들의 눈에는 잘 띄지 않는 사소한 증거들에 기초해서 꼬투리를 잡는 경향이 있다. 그 역시 대인 관계에서 투사를 주로 사용했기 때문에 일반 사람들의 눈에 잘 띄지 않는 것들에 남다르게 민감하게 반응하는 경향이 있었다. 결국 그가 가지고 있던 투사의 민감한 촉각은 정치 현안을 다루는 현장에서 눈에 띄지 않고 또 특별한 목소리를 내지도 않지만 실제로 존재할 수 있는 '침묵하는 다수'를 발견해 내었다. 그의 연설은 그가 국민들의 압도적인 신임을 바탕으로 재임에 성공하도록 하는 원동력이 되었다.

깊은 계곡에서만 정상이 얼마나 높은 줄을 안다

마침내 1992년에 그는 퇴임 후 처음으로 그토록 꿈에 그리던 공화당 전당대회에 다시 서게 된다. 특히 휴스턴 전당대회에서의 마지막 날 밤에는 그의 얼굴이 대회장 천정의 대형 스크린에 비쳐졌다.[19] 그러자 부시 George H. W. Bush 지지자들은 열렬하게 그를 환호하였다. 그날 그는 생애 최고의 밤을 보냈다.

1994년 그가 죽었을 때 「뉴욕 타임즈」는 "위기, 패배, 승리, 파멸 그리고 부활"[20]이라는 표현으로 그의 삶을 요약하였다. 「뉴욕 타임즈」는 추도기사에서 역사상 최상위의 자리를 점하고 있다가 그처럼 밑바닥으로 추락했던 사람은 없으며 더구나 나락으로 떨어진 후에 이전보다도 더 격조 높은 지위로 부활하게 된 인물은 더더욱 없다는 내용으로 그의 죽음을 애도하였다.

그는 1969년 대통령 취임식 때, "역사가 수여할 수 있는 최고의 영예는 피스메이커 Peace Maker가 되는 것이다"[21]라고 선언하였다. 그리고 그의 묘비에는 "피스메이커"라는 말이 헌정되었다.

사실, 그의 삶이 마치 한 편의 드라마처럼 반전될 수 있었던 것은 그가 1974년 퇴임하는 순간에도 좌절하지 않고 미래를 준비해 나갔기 때문이다. 그가 퇴임하던 날 그 역사적인 현상에 서 있었던 사람들과 그의 퇴임식 방송을 시청했던 사람들 중에서 그가 마지막으로 남긴 말을 진지하게 새겨들었던 사람은 거의 없었다. 하지만 과거를 거슬러 올라가 그의 퇴임식 연설을 재음미해 보면, 그의 부활이 우연한 사건이 아니라 필연적인 일이었다는 사실을 깨달을 수 있다.

그는 퇴임연설에서 루즈벨트 Theodore Roosevelt 대통령의 자서전을 꺼내

삶에 단비가 필요하다면

어 낭독하였다. 그가 대중 앞에서 읽은 구절은 루즈벨트의 첫 번째 부인이 급작스럽게 세상을 떠났을 때의 일화를 적은 부분이었다. "내 생애에서 가장 소중했던 이가 떠나갔을 때, 내 삶의 빛이 영원히 꺼진 것 같았습니다."[22] 그는 루즈벨트의 자서전에서 이 부분을 낭독한 뒤 책을 덮고서 말을 이어갔다.

하지만 그는 대통령이 되었을 뿐만 아니라, 퇴임 후에도 폭풍우와 전장 속에 있는 강한 조국 그리고 때로는 올바른 길을 가기도 하지만 또 때로는 잘못된 길을 가기도 하는 그러한 조국을 위해 헌신했습니다. 하지만 그 역시 인간이었습니다. 지금 저는 떠나가면서 우리 모두가 기억해야 할 예로서 이 말씀을 드리고 싶었습니다… 우리는 자신에게 소중한 누군가가 죽었을 때, 선거에서 패배했을 때 그리고 실패로 고통 받을 때 세상 모든 일이 끝났다고 생각합니다. 그리고 루즈벨트가 그랬던 것처럼 자신의 삶의 빛이 모두 사라져 버린 것처럼 믿게 됩니다. 하지만 그렇지 않습니다. 그러한 일은 오로지 시작일 뿐입니다. 젊은이들은 그 사실을 알아야 합니다. 그리고 나이든 어른들도 그것을 잊어서는 안 됩니다. 우리는 항상 그 사실을 가슴에 새겨 두어야 합니다. 왜냐하면, 위대한 성취는 당신의 일이 순조롭게 풀리고 있을 때 찾아오는 것이 아니기 때문입니다. 삶에서 위대한 성취는 당신이 불운을 겪을 때, 당신이 실망하게 될 때 그리고 슬픔이 찾아들 때 비로소 찾아오게 되는 것이며, 그때 당신은 진정으로 시험 받게 됩니다. 왜냐하면 깊은 계곡에 들어가 있을 때만이 자신이 오르게 될 산의 정상이 얼마나 높은지를 깨달을 수 있기 때문입니다.[23]

닉슨

그는 "하루해가 얼마나 찬란한 것인지를 깨닫기 위해서는
날이 저물 때까지 기다려야 한다"는 소포클레스(Sophocles)의
말을 즐겨 사용하였다. 그의 삶도 마찬가지였다.
사람들은 그가 황혼의 시기에 도달했을 때
비로소 그가 어떤 사람인지를 깨달을 수 있었다.

투사

투사는 자기 내면의 문제를 다른 사람에게로 전가하는 것을 말한다. 많은 심리학적인 연구들은 어린 시절에 부모로부터 사랑받으며 자랐던 사람들은 성인이 되었을 때 투사로 인한 편집증적인 문제를 나타내지 않는다는 점을 보여 준다. 이러한 결과는 투사가 나타나는 맥락에 대한 중요한 시사점을 제공해 준다.

투사는 주로 타인에게서 인정받고자 하는 욕구가 좌절되는 상황에서 나타난다. 이런 점에서 투사의 성격을 잘 보여 주는 대표적인 표현이 바로 애증이라는 말이다. 누군가를 증오하기 위해서는 그에 앞서 그 사람에 대한 애정이 먼저 존재해야 한다. 애정 없는 대상을 미워하기란 사실상 불가능하다. 왜냐하면 애정이 없는 대상에 대해서는 단순히 무관심해질 수 있을 뿐이기 때문이다.

사람들은 듣도 보도 못한 아프리카 오지의 어느 원주민이 우연히 자신의 사진을 주어 들고서 터무니없는 비난을 일삼고 있다는 소식을 전해 들어도 별로 화가 나지 않을 수 있다. 왜냐하면 자신을 비난하는 사람에 대해서 전혀 관심이 없기 때문이다. 이와는 대조적으로 자신이 애정을 기울이고 있는 대상에 대해서는 그 사람이 자신에게 정당한 지적과 조언을 해 주는 경우에도 기분이 나빠질 수 있다. 바로 투사가 일어나기 때문이다. 이처럼 투사는 자신이 관심을 기울이고 있는 대상으로부터 인정받고자 하는 욕구가 좌절될 때 그 대상과 애증의 관계를 맺도록 만든다. 이렇게 애증의 관계로 바뀌게 되면, 자신이 그 대상으로부터 사랑과 인정을 받고 싶어 했었지만 그러한 욕구가 좌절되었다는 사실을 은폐할 수 있게 된다. 투사는 바로 이러한 동기 때문에 일어나는 것이다.

투사를 사용하는 사람들의 생활은 타인에 대한 불평과 불만으로 가득 차 있다. 투사의 가장 심각한 문제는 자신에게 도움을 줄 수 있는 주변 사람들조차 도저히 믿을 수 없는 존재로 만들어 버린다는 데 있다. 따라서 투사를 사용하는 사람들은 속마음을 터놓고 지낼 수 있는 친구가 거의 존재하지 않으며 사회생활에서 소외될 수밖에 없다.

투사를 사용하는 사람과 더 잘 지내기

1. 만약 당신 곁에 투사를 사용하는 사람이 있다면 당신은 그 사람과의 관계를 분명하게 설정할 필요가 있다_ 투사를 사용하는 사람과 애매한 관계를 맺는 것은 대단히 위험하다. 투사를 사용하는 사람과 공적인 관계에 있다면 공과 사를 분명하게 하는 것이 중요하다. 사회적으로 규정되어 있는 서로의 역할에서 '선'을 넘거나 예외적인 행동을 하는 것은 나중에 문제가 생겼을 때 책임을 전가하는 빌미를 제공할 수 있기 때문이다. 만약 투사를 사용하는 사람이 당신의 삶에서 중요한 사람이 아니라면, 일정한 거리를 유지하는 것이 좋다. 한번 얽히기 시작하면 빠져나오기 힘들기 때문이다. 여기서 일정한 거리를 유지하는 것은 맺고 끊는 것을 분명하게 하라는 의미

이지 그 사람을 무시하라는 뜻은 아니다. 투사를 사용하는 사람을 절대로 무시하지 않기 바란다. 큰 코 다칠 수 있기 때문이다. 투사를 사용하는 사람에게 누군가가 자신을 무시한다는 것은 일종의 선전포고나 마찬가지가 된다.

2. 당신의 삶에서 중요한 사람이 투사를 사용하는 것처럼 보인다면, 그 사람을 있는 그대로 수용하려고 노력할 필요가 있다_ 제아무리 생산적인 비판일지라도 투사를 사용하는 사람에게 그것은 치명상을 입힐 수 있다. 설사 투사를 사용하는 사람이 당신에게 문제의 책임을 전가하더라도 시시콜콜 따지지 않는 것이 바람직하다. 투사를 사용하는 사람과의 관계에서는 맞상대하는 것보다는 한 걸음 물러나 있는 것이 상책이다. 참는 것이 억울하다는 생각이 든다면, 과거에 그 사람과 맞붙어 싸웠을 때 어떤 일이 벌어졌는지를 회상해 보라. 틀림없이 덜 억울해질 뿐만 아니라, 나중에 후회도 덜 하게 될 것이다.

3. 투사를 사용하는 사람이 어떤 사람인지를 감정적으로 판단하기보다는 냉철하게 되짚어 보기를 바란다_ 투사를 사용하는 사람은 다른 사람들로부터 관심과 사랑을 받고 싶지만 사회적인 기술이 부족하기 때문에 그것을 제대로 얻지 못하는 사람들이다. 이들은 자신이 세상으로부터 무관심하게 버려져 있는 상황을 가장 견디기 힘들어 한다. 그래서 그들은 다른 사람들을 공격하기 시작한다. 이렇게 하면 적어도 세상 사람들이 자신을 무관심하게 대하지 못하게 되기 때문이다. 투사를 사용하는 사람이 모임에 참석하면 나머지 사람들은 비난의 화살을 피하기 위해 바짝 긴장하게 된다. 보통 사람들은 다른 사람들이 이렇게 반응하는 것을 결코 환영하지 않는다.

하지만 세상을 너무나도 외롭게 살아왔고 또 타인의 호감을 끌어낼 만한 사회적인 기술이 부족한 사람들은 사람들이 무관심하게 자신을 대하는 것보다는 이러한 반응을 보이는 것을 더 선호하게 된다. 투사가 바로 이러한 맥락에서 나타나는 기제이기 때문에 투사를 사용하는 사람들은 자신에게 호감을 보이는 사람에게는 한없이 관대해지는 이중적인 면을 가지고 있기도 하다.

투사를 성숙한 기제로 변화시키기

1. 다른 사람이 당신에게 악의를 품고 있는 것처럼 느껴진다면 그 사람과의 관계 개선을 위해 시간과 정열을 투자하는 것은 그다지 효율적이지 못하다는 것을 깨닫고 있을 것이다_ 서로의 감정을 상하게 하는 싸움을 지속하기보다는 당신을 자극하지 않기 때문에 당신이 보다 편안하게 느낄 수 있는 대상을 적극적으로 찾아 나서도록 하자. 단, 반드시 그 대상은 사람이어야 한다. 애완동물을 키우는 것도 좋은 일이지만 오직 애완동물하고만 인생을 함께 할 생각이 아니라면 새로운 사람을 만나기 위해 노력해 보자. 백지 상태에서 새출발할 수 있는 누군가를 만나서 이야기를 나누다 보면, 적어도 어느 시점까지는 악의를 가지고 있지 않은 대상과 시간을 함께 보내기 위해서는 당신이 앞으로 어떤 노력을 기울여야 할지에 대해서 자연스럽게 이해할 수 있게 될 것이다.

2. 당신은 틀림없이 정확한 것을 좋아하고 빈틈이 없는 신중한 사람일 것이다_ 또 당신은 순수한 마음과 열정으로써 남들은 간과하기 쉽지만 중요한

가치를 지니고 있는 일들에 매진할 수 있는 사람일 것이다. 그렇다면, 세상에는 당신이 도전할 수 있는 일들이 무한하게 펼쳐져 있을 것이다. 예를 들면, 당신은 세상의 병균과 전쟁을 벌이기 위해 공중 보건 전문가, 의사, 간호사, 역학 전문가가 될 수도 있다. 또 당신은 환경오염을 막는 데 앞장서는 환경 전문가가 될 수도 있다. 그리고 당신은 재난이나 사고를 예방하기 위해 일하는 보안 또는 안전 관리 전문가가 될 수도 있다. 또 회사에서는 재정 및 금융 전문가로 활동할 수도 있으며 군대의 전술 전략가로 활동할 수도 있다. 그리고 정치적으로는 '침묵하는 다수'를 찾아내거나 시민들의 숨은 동기를 간파해 내는 예리한 정치적 감각을 갖춘 전문가가 될 수도 있다. 당신이 가장 매력을 느끼는 영역을 찾아서 미래를 내다보고서 도전해 보도록 하자. 단, 인생은 인디언 기우제와 같은 것이라는 점을 명심하기를 바란다.

3. 상담 및 임상 심리학자나 정신과 의사 등과 같은 정신 건강 전문가들을 만나 보도록 하라_ 물론 그러한 전문가들도 당신의 눈에는 약점이 많아 보일 것이다. 하지만 분명한 것은 적어도 일반 사람들보다는 그러한 전문가들이 당신에게 유익한 도움을 더 많이 줄 수 있다는 점이다. 전문가들도 인간이기 때문에 결코 완벽할 수 없다는 점을 먼저 인정하도록 하자. 이것만 인정할 수 있다면 당신은 생애 처음으로 신뢰할 수 있는 누군가를 발견할 수 있게 될 것이다.

06

사랑처럼 미움도
시가 되어 빛날 때

정숙하지 않은 예술에 관하여

그는 항상 자신의 그림 속에 사랑하는 사람을 담고 싶어 했다.
하지만 그는 일곱 명의 여인을 만나 사랑을 나눴지만
그 누구와도 행복하지 않았다.
그래서 그는 자신의 그림 속에 애증을 담을 수밖에 없었다.

사실상 그의 작품들은 자신에 대한 전기나 마찬가지라고 할 수 있다. 그는 후대의 사람들이 자신의 작품들을 통해 인간의 삶에 대해 보다 더 잘 이해할 수 있었으면 하는 바람에서 귀중한 유산을 남겨 두었다.

제가 왜 저의 모든 작품에 날짜를 기록해 두었다고 생각하십니까? 어느 예술가의 작품을 단순히 아는 것만으로는 충분하지 않기 때문입니다. 그가 언제, 왜, 어떻게 그리고 어떤 조건하에서 작업한 것인지를 알아야 합니다… 언젠가는 틀림없이 이러한 문제를 탐구하는 과학이 존재할 수 있을 겁니다. 창조적인 사람들에 대한 과학적인 연구를 통해 인간에 대해 더 많이 알 수 있다는 신념을 추구하는 학문 말입니다. 저는 가끔 그러한 과학에 관해 생각하게 됩니다. 저는 후손들에게 가능한 한 완전한 상태의 자료들을 남겨 주고 싶습니다. 바로 그러한 이유 때문에 저는 제가 하

그는 1881년 스페인의 말라가Malaga에서 태어났다. 매우 심각한 난산이었기 때문에, 그는 세상에 나왔을 때 숨을 쉬지 못하였다. 그래서 그의 부모는 그가 살 수 없을 것이라고 생각했다. 하지만 의사였던 그의 삼촌이 스페인의 전통적인 방법대로 시가 연기를 그의 콧구멍으로 내뿜자 그는 기적처럼 회생하였다.

부위별로 잘린 비둘기의 영혼

그의 아버지 돈 호세Ruiz Blasco Don Hosé는 화가이자 미술교사였으며 동시에 미술품 복원가로 활동하기도 하였다. 그의 아버지는 그에게 열성적인 동시에 매우 독창적인 방법으로 미술을 가르쳤다. 그의 아버지는 그에게 비둘기를 부위별로 잘라 패널에 고정시킨 후 캔버스에 정밀하게 옮겨 그리는 훈련을 지겹도록 시켰다. 그는 미술 수업의 일환으로서 이러한 작업을 반복하는 것에 대해 머리로는 이해하면서도 마음으로는 받아들이기 힘들어 하였다. 왜냐하면 그는 어려서부터 비둘기에 빠져 지냈기 때문이다.

그는 평생 비둘기를 집에서 애완용으로 키우며 함께 생활하였다. 따라서 조각난 비둘기를 그리는 훈련을 할 때의 그의 심정은 마치 애완견을 키우던 사람이 복날에 제물로 바쳐진 자신의 강아지를 바라보는 것과 같았다. 그 시기에 그는 꿈에서 사람들의 절단된 팔다리들을 보는 등 괴기스러운 악몽에 시달리게 된다.

그의 어머니는 지배적인 성향이 두드러지는 강인한 여성이었다. 그의 어머니는 병약하고 인정 많던 아버지와는 달리, 생활력이 강하고 맺고 끊는 면이 분명한 사람이었다. 그는 한편으로는 어머니의 이러한 특성을 비판하기도 했지만 동시에 자신을 지배하려 드는 사람들에 대해서 순종적인 모습을 보이기도 하는 이중적인 태도를 나타냈다.

그는 외아들로 자랐기 때문에 온 집안 식구들이 그를 떠받들었다. 그래서 그는 과보호를 받으며 버릇없이 자란 편이었다. 그가 세 살이 되던 해에 여동생이 태어난다. 그러자 그의 어머니는 죽다가 살아난 그에 대한 각별한 애정을 여동생을 돌보는 쪽으로 분산하게 된다.

여동생이 태어나기 며칠 전에 그가 살던 말라가에는 커다란 지진이 일어났다. 비상한 기억력을 가지고 있던 그의 회상에 따르면, 이때 부모님은 제정신을 못 차릴 정도로 두려움에 떨었다고 한다.

> 어머니는 손수건을 머리에 두르고 있었다. 나는 어머니가 그토록 당황해하는 모습을 본 적이 없었다. 아버지는 옷걸이를 어깨로 감싸 안은 뒤에 거기에 걸린 망토를 붙잡은 상태에서 팔로 나를 감싸 안았다.[2]

지진으로 인한 지각변동이라는 충격적인 체험을 한 상태에서 뒤이어 여동생의 출산 때문에 집안에서의 독점적인 지위가 무너져 버리게 되자, 그는 정서적인 혼란을 겪게 된다. 그는 물리적 지각변동과 심리적 지각변동을 동시에 체험한 것이다.

학교 가기를 두려워한 아이

유년 시절에 그는 심각한 분리 불안 증상을 나타냈다. 그래서 그는 부모와 떨어져 지내는 것을 힘들어 하였다. 그로 인해 그의 부모는 그를 학교에 보낼 때마다 전쟁을 치러야 했다. 등교 시간에 그가 내지르는 비명은 거리를 지나는 행인에게까지 들릴 정도였다. 이러한 등교 전쟁을 치르는 과정에서 초등학교 학생이었던 그는 방과 후에 아버지가 자신을 데리러 온다고 구두로 약속하는 것만으로는 안심이 안 되었기 때문에, 그러한 약속을 보증해 줄 만한 것을 요구하곤 하였다. 이때 그는 아버지가 애지중지하는 붓이나 집에서 키우던 비둘기에 각별한 애착을 나타냈다. 자신의 신변을 보호해 주는 존재로서의 아버지에 대한 감정이 아버지의 분신이나 다름없던 붓과 아버지가 모델로 사용하던 비둘기에게로 전위displacement된 것이다.

신경증적인 기제 중 하나인 전위는 자신의 욕구를 충족시키는 것이 어려울 경우, 목표대상을 비교적 손쉬운 대상으로 바꾸는 것을 통해 대리만족을 얻는 것을 말한다. 직장 상사에 대한 불만을 직장 상사를 닮은 인형에다가 화풀이하는 것을 통해 해소하고자 하는 것이 그 한 가지 예이다. 전위는 도저히 견뎌 내기 힘든 것을 일시적으로 참아낼 수 있도록 해 준다는 점에서는 적응적인 기능을 하기도 한다. 하지만 근본적인 해결책을 마련해 주지는 않는다는 점에서 한계를 지니고 있기도 하다.

그가 내면의 분리 불안에 맞서는 방법으로 채택한 전위는 오히려 그의 불편감을 더욱 가중시키는 결과를 낳았다. 그가 지각한 상태에서 교실로 들어갈 때면 친구들은 웃음을 터뜨렸다. 왜냐하면 그는 비둘기를 품은 채로 아버지가 혹시라도 자신을 안 데리러 오면 어쩌나 두려워서 오들오들 떨면서 들어왔기 때문이다. 학교에서 수업을 듣는 동안에도 그는 좌불안석 상태에서 자기 자리를 떠나 돌아다니고는 하였다. 그래서 그는 학교에서 사실상 거의 배우지 못하였다. 그가 학교에서 한 것이라고는 "1시에, 1시에…"라는 혼잣말을 하면서 시계만 뚫어지게 쳐다보는 것이었다.[3]

그림은 면도날과 같다

그가 열네 살이 되던 1895년 1월에 그에게 씻을 수 없는 상처를 준 사건이 일어난다. 여덟 살밖에 안 된 그의 막내 여동생이 디프테리아diphtheria에 걸린 것이다. 그의 아버지는 자식들 중에서 유일하게 자신을 빼어 닮은 막내를 살리려고 백방으로 노력했지만 결국 수포로 돌아갔다. 둘째의 출생으로 집안에서 커다란 지각변동이 일어나는 것을 체험했던 그는 막내 여동생의 출생을 좋은 시선으로 쳐다볼 수 없었다. 그는 자신의 마음을 들키지 않으려 노력하면서 막내 여동생에 대해서 마음속으로 많은 저주를 퍼부었다. 그런 여동생이 실제로 죽음을 목전에 두게 되자, 그는 극심한 죄책감에 시달리게 된다. 그는 만약 자신의 여동생을 살려준다면 다시는 그림을 그리지 않겠다는 기도를 드리게 된다. 어린 마음에 스스로 가장 소중하게 여겼던 재능을 일종의 제물로 바치고자 했던 것이다. 하지만 결국 여동생은 그를 떠나가고 말았다.

상처받은 사춘기 소년이 된 그는 반항적으로 행동하기 시작한다. 그는 막내 여동생의 죽음으로 사실상 회복불가능한 상태의 우울증에 빠진 아버지와 자주 충돌하였다. 특히 그는 자신의 그림을 마치 무기처럼 활용하기도 하였다. 그는 "좋은 그림은 면도날처럼 곤두서 있어야 한다"라고 말한 바 있다.[4] 그는 자신의 말처럼, 그러한 면도날을 아버지에게 먼저 들이댔다.

극심한 무기력감에 빠져 있던 아버지는 미술 솜씨 면에서 이미 그의 경쟁 상대가 못 되었다. 그러자 그의 아버지는 아들에게 자신의 붓을 넘겨주고는 그 이후로 다시는 그림을 그리지 않았다. 바로 이 시기에 그는 아버지 초상화를 두 점 그렸다. 그런데 그 초상화를 본 그의 아버지는 하염없이 눈물을 흘렸다. 그 초상화 속에는 아직 마흔다섯 살도 넘지 않은 자신의 모습이 나이 들고 병든 노인 같은 인상을 주는 형상으로 그려져 있었던 것이다.[5] 불과 몇 달 전만 하더라도 그가 그린 초상화 속의 아버지 모습은 젊고 생동감 넘치는 귀족적인 풍모를 간직하고 있었다.

이름에서 아버지의 흔적을 지우다

그는 유년 시절에 그림을 그린 후에 스페인의 관례대로 자신의 이름 뒤에 아버지의 이름을 병기하였다. 하지만 아버지의 초상화를 그린 이후에는 아버지의 이름 뒤에 어머니의 이름을 추가하였다. 그리고 1901년부터 그는 아예 자신의 서명에서 아버지의 이름을 빼 버리게 된다. 그는 자신의 사인에 대해서 S자 두 개가 들어간 이름이 더 멋있어 보이기 때문이라고 둘러댔다. 이러한 것을 심리학적으로는 이지화intellectualization라고 한다. 신경증적인 기제 중 하나인 이지화에서는 내면의 감정을 뒤로 숨긴 채 논리적인 것처럼 보이는 주장만을 되풀이

삶에 단비가 필요하다면

한다. 그는 사인 문제에 관해서 얘기할 때 아버지에 대한 불만을 뒤로 한 채 궤변을 내세웠던 것이다. 그의 주장이 궤변인 이유는 S자가 두 개 들어 간 이름이 다른 이름보다 멋있을 이유는 없기 때문이다.

그는 1900년 9월에 갑작스럽게 파리로 가겠다고 선언을 해서 그의 아버지를 놀라게 한다. 그의 결정에 대해서 아버지는 침묵을 지켰지만 그의 어머니는 환영하였다. 그의 아버지는 금전적인 문제가 매우 부담스러웠기 때문에 주저하였지만 결국 아내와 아들의 성화에 못 이겨 파리행 기차의 3등급 좌석을 마련해 준다.

그가 정착한 파리의 몽마르트에서의 생활은 비참한 것이었다. 어린 시절에 부모와의 분리 불안 증상으로 고통 받았던 그는 가족과 떨어져 사는 타향살이에서 심한 고독감을 경험하였다. 또 경제적인 문제도 심각하였다. 그가 그림을 배우는 동안, 그에게는 든든한 후원자로 부유한 의사였던 삼촌이 있었다. 하지만 기대했던 것에 비해 그의 활약이 두드러지지 않자 그의 삼촌은 마지못해서 그의 병역 문제를 금전으로 해결해 준 것 이외에는 그에 대한 재정적인 지원을 사실상 중단하였다. 그 결과, 그는 추운 겨울에 몽마르트의 허름한 여관에서 두꺼운 종이에 그린 그림 몇 장을 포개서 덮은 다음에 친구와 껴안고서 자야 했다.

특히 가족을 두고서 멀리 떠나왔던 그에게 마음의 보금자리 역할을 해 주었던 친구 카사게마스^{Carles Casagemas}마저 자살하자 그는 커다란 충격을 받는다. 카사게마스는 실연의 아픔을 견디지 못하고 알코올중독 상태에서 1901년 2월 레스토랑에서 식사 도중에 친구들 앞에서 권총으로 스스로 목숨을 끊었다. 사실, 그 자신도 친구가 위험한 상태에 있다는 것을 잘 알고 있었다. 그래서 그러한 불상사를 막기 위해서 그는 화가로서 명성을 얻기 위해 말라가, 바르셀로나, 마드리드 등을 떠돌며 지닐 때 그를 함께 데리고 다녔다. 하지만 여행 도중에 카사게마스는 결국 파리로 돌아가겠다고 고집을 부렸고 진력이 났던 그가 카사게마스를 위험한 상황에 그대로 방치해 둔 동안 사고가 발생한 것이었다. 게다가 그 소식을 들은 직후에 카사게마스의 어머니마저 자살을 한다. 친구와 친구 어머니의 자살은 그에게 극심한 죄책감을 심어 주었다.

가난한 화가의 그림

비록 가난, 추위, 외로움 그리고 절망적인 사건들이 그의 영혼을 심각하게 위협했을지라도 그에게는 그림이 있었다. 배고프고 추위에 떨던 이 시기에 그는 어린아이가 큰 사발에 담긴 음식을 스푼으로 깨끗하게 비우는 그림을 그리며 배고픔을 잊으려 노력하였다.

배고플 때 음식에 관한 그림을 그리면 더욱 견디기 힘들어질 수도 있지만 예술은 그러한 한계를 극복하도록 도와줄 수 있다. 마치 실연의 아픔을 겪었던 배우가 데이트를 하는 인물에 몰입하는 것을 통해 자신의 고통을 잊을 수 있는 것처럼, 진정한 화가는 그림 속에서 자신의 분신을 창조해 내는 것을 통해 생생한 대리 만족감을 경험할 수 있다. 이런 맥락에서 그는 친구의 죽음으로 여동생에 대한 죄책감이 되살아나 혼란스럽던 그 시기에 막내 여동생 또래의 어린아이가 가슴에 마음의 평화를 상징하는 비둘기를 품고 서 있는 그림을 그리기도 하였다.

친구를 떠나보낸 뒤의 외로움 때문에 고통 받을 때, 그는 카사게마스의 장례식에 참석하지 못했음에도 불구하고 카사게마스가 관 속에 누워 있는 그림을 그리기 시작하였다. 이때부터 그의 그림들은 변하기 시

삶에 단비가 필요하다면

작한다. 그는 그림에서 대상들의 윤곽을 검은색으로 진하게 덧칠하였다. 그리고 그의 그림들에서 강렬한 색채들이 사라져 버리고 점차 파란색으로 통합되어 가더니, 나중에는 인물들의 피부색까지도 파란색으로 바뀌게 된다. 후대의 평론가들은 이 시기를 청색 시대Blue period라고 불렀다. 결과적으로 그의 그림들은 매우 어둡고 차가운 인상을 주게 된다. 자연스럽게 이 시기에는 그림 속의 등장인물들도 주로 외눈박이, 맹인, 난장이, 어릿광대, 걸인 등 사회에서 소외된 외로운 영혼들로 대치되었다. 「비극」이라는 작품은 그의 청색 시대를 상징하는 대표적인 작품 중 하나이다.

이 시기에 그가 그린 작품들에 대해서 분석심리학의 창시자 융은 정신분열 초기증상의 심리적인 상태를 반영한다고 진단 내린 바 있다. 융의 이러한 표현은 그가 실제로 정신분열병 환자였다는 점을 의미하는 것이 아니다.

따라서, '정신분열적Schizophrenic'이라는 용어는 정신과적인 진단으로서의 정신분열병을 의미하는 것이 아니다. 그보다는 단순히 어떤 극심한 심리적인 혼란을 겪을 경우 정신분열병을 초래할 수 있는 심리적인 특성 또는 체질을 지칭하는 것이다.[6]

융의 이러한 지적은 실제로 그가 정신분열 증상을 나타내지는 않았다 할지라도, 그가 이 시기에 겪은 고통이 어느 정도였는지를 짐작할 수 있도록 해 준다.

많은 비평가들이 그의 청색 시대 그림들을 우울증 환자의 특성과 연관지어 해석하였다. 그러한 가장 큰 이유는 음침한 인상마저 주는 짙은 파란색의 어두운 색조와 암울한 주제들 때문이다. 동시에 많은 비평가들이 그의 그림에서 파란색이 가난, 추위, 고독을 상징한다고 믿었다. 하지만 그는 자신이 가장 좋아했던 파란색을 "은총으로 가득한 색"이라고 표현하였다.[7] 왜냐하면 그러한 색조, 즉 회색빛을 띠는 파란색은 바로 겨울 철새인 비둘기를 상징하는 색이었기 때문이다.

그는 평생 비둘기와 함께 살았다. 그는 비둘기에 대해 "철학자들을 위한 새"라고 말하기도 하였다.[8] 집비둘기들 pigeons 은 '구구'하고 우는 데 반해 산비둘기들 turtle doves 은 실제로 웃는 것처럼 지저귀기 때문에 그가 특히 좋아하였다. 그는 자신의 인생이 고달프고 눈물날수록 항상 자신을 웃음으로 맞이하는 비둘기들을 더욱 가까이 하였다. 너무나도 슬프기 때문에 도저히 웃을 수 없었던 그를 위해서 그의 분신 같은 비둘기들이 대신 웃어 주었던 것이다.

융이 지적했던 것처럼, 그가 정신적으로 붕괴 직전의 지극히 위험한 상태에 있었음에도 불구하고 꿋꿋이 견뎌 내고서 자신의 예술적인 재능을 꽃피울 수 있었던 데는 비둘기가 커다란 역할을 하였다. 어린 시절에 그의 비둘기는 친구들의 비웃음을 샀지만 그의 작품에 반영된 비둘기의 색조는 많은 사람들에게 애틋한 감동을 주었다. 그에게 겨울 철새인 비둘기의 회색빛이 감도는 파란색은 인생의 겨울철을 보내는 소외 받은 사람들의 영혼을 따뜻하게 감싸줄 수 있는 최상의 보호색으로 생각되었던 것이다. 이로써 처음에 비둘기에게로 향하던 신경증적인 전위는 그가 성인기로 접어들면서 성숙한 형태의 승화로 옮겨 갔다고 할 수 있다.

첫 번째 여인으로의 탈출

그가 카사게마스의 죽음을 심각하게 받아들이게 된 숨겨진 이유 중

삶에 단비가 필요하다면

하나는 카사게마스와 어머니 간 공생적 관계가 보여 주는 파국적인 결말 때문이다. 성인기에 부모로부터 심리적으로 독립해야 할 과제를 안고 있던 그에게는 모순되는 욕구가 갈등 상태로 공존하고 있었다. 한편으로는 어머니의 관심과 애정에 목말라하는 반면에, 다른 한편으로는 자신이 목말라하던 어머니와의 공생적 관계가 카사게마스의 자살 사건에서처럼 불행한 결말을 낳을 수 있다는 위험성을 자각하게 되었다. 이러한 갈등이 첨예해지던 1903년에 그는 카사게마스와 그의 어머니가 등장하는 「인생」이라는 그림을 그린다.

그 그림에서 카사게마스는 이전과는 달리, 관 속에서 밖으로 나와 있다. 그의 옆에는 그가 애타게 찾던 여인이 전라 상태로 그에게 기댄 채서 있다. 그 커플과 약간 떨어진 거리에는 어머니가 과거의 아이를 안고 서 있는데 어머니를 향해서 친구가 뜻 모를 손짓을 하고 있다. 마치 카사게마스의 손짓은 그의 어머니가 카사게마스 자신과 적절한 거리를 유지해야 할 필요성을 암시해 주는 것처럼 보인다.

자신의 그림이 예고했던 것처럼, 그는 어머니로부터 독립을 시도하게 된다. 1904년에 그의 삶 속에 한 여인이 들어오게 된다. 그녀의 이름은 올리비에Fernande Olivie였다. 올리비에는 그보다 4개월 먼저 태어났다. 그녀는 나중에 그와의 에피소드를 담은 책에서 자신이 결혼에 한 번만 실패한 것으로 썼지만, 실제로 그녀는 그를 만나기 전에 두 번 결혼했었고 그에게조차 얘기하지 않았던 아들이 하나 있었다.

그녀의 부모님은 유태인이었다. 그녀의 어머니가 돌아가시자 그녀는 숙모 집에서 자랐는데 숙모의 학대를 피해서 열일곱 살 때 가출을 하였다. 이때 그녀는 가게 점원과 눈이 맞아서 아들을 낳게 된다. 그 아이가 5개월이 되었을 때 그 둘은 결혼을 한다. 하지만 결혼한 직후에 아들과 남편은 갑작스럽게 자취를 감춰 버린다. 그 이후에 올리비에는 무명 조각가와 결혼을 한다. 하지만 이번에는 남편이 얼마 안 있어 정신병에 걸리게 된다. 이러한 과거 배경 때문에 올리비에는 그와 사랑을 나눈 다음에도 결혼하자는 그의 제의를 완강하게 거절한다.

그와 올리비에는 동거생활을 하면서 무척 고생을 많이 하였다. 그녀는 신발이 없어서 무려 두 달 동안 집 밖을 나가지 못한 적도 있었다. 또 난방비가 없어서 얼음장 같은 화실의 침대에서만 두 연인이 부둥켜안고 있어야 할 때도 있었다.

하지만 이러한 어려움에도 불구하고 올리비에는 그가 자신의 삶에서 처음으로 장밋빛 환상을 꿈꿀 수 있도록 해 주었다. 그녀는 빼어난 미모를 가지고 있었을 뿐만 아니라 밝고 쾌활하며 사교적인 여성이었다. 그러한 올리비에와의 생활은 그에게 새로운 활력을 불어넣어 주었다. 실제로 올리비에를 만나면서부터 그는 작품을 쏟아 내듯이 양산해 내었다. 또한 그의 그림들에 사용된 색채에도 변화가 나타났다. 청회색이 주종을 이루던 이전과는 달리, 그의 작품에 장밋빛이 감돌기 시작하였다. 그래서 평론가들은 이 시기의 작품을 장밋빛 시대라고 불렀다.

하지만 그의 장밋빛 시대는 오래가지 않았다. 그가 동반자로 선택한 올리비에는 그의 어머니와 정반대되는 성격을 가진 여성이었다. 그의 어머니는 억척스러운 살림꾼이었으며 언제나 집안일을 돌보느라 여념이 없었다. 하지만 올리비에는 무척 게을렀다. 그리고 집안일에는 거의 관심이 없었다. 올리비에는 그와의 생활에 대해서 다음과 같이 고백하였다.

> 화실을 청소하고 장을 보는 것은 그이의 담당이었다. 나는 스스로 인정하듯이 무척 게을렀다.[9]

올리비에에게는 몇 가지 약점이 있었다. 그녀는 기분 변화가 심한 편이었고 화를 낼 때는 매우 거칠어졌다. 그리고 그녀는 낭비벽이 심해서 장식용 향수 한 병을 사는 데 거금을 날리기도 하였다. 또 그녀는 남성을 성적으로 유혹하듯이 행동하는 경향이 있어서 그를 자극하기도 하였다.

> 빵을 살 돈조차 없는 상황에서도 그녀는 고급 음식을 주문하기도 하였다. 음식을 배달하는 소년이 머리에 음식 바구니를 이고서 문 밖에 도착하면, 그녀는 유혹하는 듯한 목소리로 "문을 열어 줄 수가 없어요. 저는 지금 옷을 안 입은 상태거든요… 음식을 문 밖에 두고 가세요… 나중에 들러서 돈을 드릴게요."[10]

그는 장밋빛 시대에 특히 서커스단의 곡예사들을 많이 그렸다. 그래서 올리비에는 이 시기를 "곡예사의 시대"라고 부르기도 하였다.[11] 시간이 지날수록 그는 올리비에와의 생활이 마치 곡예하는 것과 비슷하다는 인상을 받게 된다. 그에 비해 이성에 관한 경험이 더 많고 또 그만큼 이성 관계에서 벌어지는 일들에 더 밝은 올리비에는 그를 자신의 뜻대로 움직이도록 하기 위해 그의 질투심을 자극하는 방법을 사용하였다. 올리비에의 시각에서 볼 때, 성적인 면에서 마치 어린아이 같았던 그는 질투심에 불타오르기도 하였다. 하지만 시간이 지날수록 그는 올리비에가 다른 남성들에게 성적으로 유혹적인 모습을 보이는 것을 견디기 힘들어 하였다.

미술사의 획을 그은 「아비뇽의 아가씨들」

1907년에 그는 미술사를 뒤흔들어 놓는 세기적인 작품을 완성하게 된다. 그것은 바로 「아비뇽의 아가씨들」이라는 작품이었다. 처음에 그가 그 작품에 붙인 원제는 '아비뇽의 창녀'였다. 하지만 나중에 친구 샬몬 André Salmon이 '아비뇽의 아가씨들'이라는 이름을 새롭게 붙이게 된다. 그는 미술사에서 혁명을 일으켰던 이 작품에 올리비에를 창녀들 중 하나로 등장시킨다.

그는 올리비에의 유혹적인 행동에 대한 불쾌한 감정을 자신의 작품에 그녀를 창녀로 등장시키는 것을 통해 표현하기는 했지만 여전히 올리비에를 사랑하였다. 그렇기 때문에 그는 「아비뇽의 아가씨들」이라는 작품에 분노뿐만 아니라 독특한 심리적인 장치도 함께 담았다.

「아비뇽의 아가씨들」은 다른 무엇보다도 등장인물들이 창녀임에도 불구하고 교과서에 별다른 문제를 일으키는 일 없이 등장할 정도로 외설스러운 인상을 거의 주지 않는다. 특히 그 그림은 아비뇽이 창녀촌을 지칭하는 이름이라는 사실과 등장인물들이 창녀들이었다는 사실이 알려지는 것 자체가 화제가 될 정도였다. 이런 점에서 그 그림의 가장 두드러진 특징 중 하나는 화가가 창녀를 그리면서도 보는 이가 창녀 같다는 인상을 받는 것을 최대한 피하려는 숨겨진 의도를 갖고서 그린 작품이라는 점이다.

「아비뇽의 아가씨들」의 커다란 특징 중 하나는 그가 창녀들 중 일부에게 아프리카 양식의 가면을 씌워 주었다는 점이다. 그 가면에서는 특히 코 부분이 크게 일그러져 있다. 그림 속에 포함되어 있는 가면의 의미는 오랫동안 수수께끼로 남겨져 있었다. 일부 평론가들은 가면의 일

그러진 코가 매독의 증상과 밀접한 관계가 있기 때문에 성병에 대한 경각심을 상징하는 것으로 해석하기도 하였다.

가면의 숨겨진 의미를 해독할 수 있는 방법 중 하나는 그러한 가면이 무엇 대신에 들어간 것인지를 살펴보는 것이다. 원래 그 그림에는 의학도가 등장할 예정이었다. 분명히 스케치에서는 창녀들에게 손들고 인사하는 의학도, 즉 피카소의 분신이 들어가 있었다. 하지만 최종 작품에서는 이 의학도의 모습이 빠지게 된다. 따라서 가면의 역할은 의학도의 역할을 대치하는 것일 것이다. 그는 「아비뇽의 아가씨들」을 그리기 전에 병원에서 창녀들이 성병 진료를 받는 것을 몇 주 동안 관찰한 적이 있었다. 의사 또는 의학도가 불우한 상황에 있는 창녀들을 의학적으로 돌보는 역할을 하는 존재라는 점을 감안해 볼 때 가면의 역할 역시 마찬가지 맥락에서 살펴볼 수 있을 것이다. 이러한 점을 종합해 보면 그림 속의 가면은 일종의 주술 가면으로서 매독 등과 같은 성병을 쫓는 역할을 하는 것으로 해석할 수 있다. 「아비뇽의 아가씨들」에서는 두 명의 창녀가 매독과 관계된 것으로 보이는 주술 가면을 쓴 세 명의 여인들에 의해 둘러싸여 있다는 것을 알 수 있다.

볼륨 있는 인생을 원한다는 것

화법 면에서 「아비뇽의 아가씨들」은 큐비즘Cubism의 효시가 되는 작품이라고 할 수 있다. 이는 일명 '입체파'로 알려진 그의 독특한 기법으로 먼저 3차원의 대상을 찢어서 조각낸 다음에 평면의 화폭에 통합해서 다시 새겨 넣는 것이다. 그는 "나에게 그림은 파괴의 종합이다"라고 말하였다.[12] 그의 말처럼 그의 그림은 내면의 공격성이 분출되는 것과 밀접한 관계가 있다. 하지만 예술은 단순히 공격성을 밖으로 표현하는 것 이상의 과정을 포함한다. 따라서 그의 작품도 공격성의 잣대만으로 평가하려 든다면 그의 진정한 예술적 면모를 놓칠 수 있다.

그가 몰두했던 큐비즘에서는 사물의 볼륨감을 특히 강조한다. 그가 큐비즘에 입각하여 그린 대상들은 한결같이 금방이라도 캔버스 밖으로 튀어나오기라도 할 것처럼 도드라져 보인다. 유년 시절에 주관적으로 어머니의 애정을 충분히 받지 못했다고 느끼는 남성은 이에 대한 보상적인 시도로서 성인기에 볼륨감이 있는 풍만한 여성을 선호하는 경향이 있다. 이러한 점은 그도 마찬가지였다. 그가 자신의 유년 시절을 회고하면서 그린 그림들에서는 어머니는 항상 아기와 함께 있는 것으로 등장한다. 반면에 어머니가 소년과 함께 있는 그림에서는 서로가 시선을 외면하고 있는 모습으로 등장한다. 이러한 점은 그의 어머니가 그를 애지중지하지 않았기 때문이라기보다는 여동생의 출산으로 제왕의 자리에서 내려와야 했던 그가 느낀 상대적인 박탈감을 반영하는 것으로 보인다. 그가 사랑했던 여성들은 성격적인 측면에서 자신의 어머니를 쏙 빼닮았거나 그가 어머니로부터 기대했지만 스스로 받지 못했다고 느끼는 것을 충족 시켜 줄 수 있는 여인들이었다. 이런 점에서 그가 남달리 사물이 주는 입체감에 몰입했던 이유 중 하나는 볼륨감에 대한 그 자신의 무의식적인 심리적 욕구와 밀접한 관계가 있는 것으로 보인다.

그가 큐비즘에서 대상의 뒷면에 있기 때문에 가려서 안 보이는 것을 전면에 내세우는 식으로 사물들을 재배치하게 된 것은 볼륨감을 강조하는 심리적인 욕구 외에도 어린 시절에 지진을 체험했던 것도 영향을 준 것으로 보인다. 지진이 일으키는 지각변동은 땅속에 가려져 있던 것을 지표면 밖으로 돌출하도록 만든다. 일반인에게 땅속에 묻혀 있는 것들은 밖으로 솟을 염려가 없는 것들이지만, 지진의 공포를 직접 체험했던 그에게는 언제라도 다시 돌출될 수 있는 것으로 보였을 것이다. 결론적으로 세기적인 걸작 「아비뇽의 아가씨들」은 그가 내면의 갈등과 상처를 예술적으로 승화시켜 표현했던 것이라고 할 수 있다.

「아비뇽의 아가씨들」을 완성하는 데 결정적인 역할을 했던 올리비에는 그와의 관계가 점차 멀어지자 또다시 그의 질투심을 부채질하려는 시도를 하게 된다. 그러자 그는 스트레스로 인한 소화불량 증상을 지속적으로 호소하게 된다. 또 그는 의학적인 검진 결과 실제로는 병이 없는 것이 밝혀진 상태에서도 결핵에 걸릴까봐 극도로 불안해 하는 신체화 증상을 나타내었다. 시간이 지날수록 그와의 관계에서 점차 거리감을 느끼게 된 올리비에는 1912년에 젊은 이탈리아 화가와 밀월여행을 떠난다. 하지만 그녀가 기대했던 것과는 달리 여행에 싫증이 나서 되돌아왔을 때 그는 그들의 보금자리를 지키고 있지 않았다. 결국 올리비에가 오판했던 것이다.

올리비에가 도발적인 외도를 감행하자, 그는 마치 기다렸다는 듯이 올리비에의 절친한 친구이자 동료 화가의 애인이었던 에바^{Gouel Eva}와 밀월여행을 떠난다.

청순하지만 불우했던 여인

세상일에 닳고 닳은 느낌을 주는 올리비에와는 달리 에바는 청순가련형의 여인이었다. 그녀 역시 빼어난 미모를 지녔지만 성격적으로는 올리비에와는 달리 차분하고 자상하며 내조를 잘하는 타입이었다. 그는 그녀를 열렬히 사랑했기 때문에 이름을 에바라고 지어 주었다. 하지만 불행하게도 에바는 그와 동거를 시작한 지 얼마 안 되어 결핵에 걸린다. 그리고 에바의 심각한 결핵 증상은 그의 신체화 증상을 더욱 악화 시켰다. 그는 자신도 결핵에 감염될지 모른다는 생각에 사로잡힐 때면, 마음이 안정될 때까지 몇 시간을 집 밖으로 나와 있기도 하였다. 결국 에바는 장기간 병원에서 투병 생활을 하게 된다.

그는 날마다 에바의 문병을 갔다. 하지만 그는 얼마 지나지 않아 자신에게는 자신의 불행을 위로해 줄 누군가가 필요하다고 느끼게 된다. 그는 이 무렵 친구이자 든든한 후원자였던 슈타인^{Gertrude Stein}에게 "내 삶은 지옥 같다"고 쓴 편지를 보낸다.[13] 그 후 그의 하루 일과에서는 문병, 작품활동, 그리고 에바에 대한 죄책감을 의식하면서도 욕정에 이끌린 외도가 반복된다. 결국 에바는 1915년 12월에 세상을 떠나고 만다. 그 해 연말에 그는 생애에서 가장 우울한 크리스마스를 보낸다.

그는 에바를 모델로 한 많은 작품을 남겼다. 그중에서 「속옷을 입은 여인」은 초현실주의자들의 열렬한 숭배를 받은 작품으로 꼽힌다. 이 그림은 그에게도 각별한 의미를 지닌 작품이기 때문에 그는 이 그림을 1913년에 완성했으면서도 자신이 죽기 직전인 1975년에야 세상에 공개하였다.

「속옷을 입은 여인」에서는 결핵에 걸려 신음하는 에바의 모습과 그러한 모습을 곁에서 지켜봐야 하는 그의 고통이 고스란히 담겨 있다. 그녀의 가슴뼈는 앙상하게 드러나 있으며 못이 박혀 있는 가슴은 그녀의 가슴 통증을 느낄 수 있도록 해 준다. 그리고 그녀의 주변은 질병과 쇠락을 상징하는 보랏빛으로 채색되어 있다.

삶에 단비가 필요하다면

결코 평범할 수 없었던 여인

독특한 성격의 소유자였던 두 연인과의 생활이 모두 실패로 돌아가자 그는 자신의 세 번째 반려자로 지극히 평범해 보이는 여인을 선택한다. 그의 세 번째 연인인 올가^{Olga Koklova}는 평범한 발레리나였으며 보통 수준의 외모에 평균 수준의 지능 그리고 상식적인 판단력의 소유자였다.

비록 외면적으로는 평범해 보였을지라도, 그녀에게는 그의 관심을 끌만한 많은 특징들이 있었다. 그는 그녀가 러시아 출신이라는 사실에 커다란 매력을 느꼈다. 사실 그는 러시아와 관계된 것이라면 무엇이든 좋아할 정도로 러시아에 매료되어 있었다. 정치적인 지각변동이라고 할수 있는 러시아혁명이 그의 작품 활동에 각별한 영감을 불어넣어 주었기 때문이기도 하지만 동시에 러시아는 겨울 철새들의 영원한 고향이었기 때문이다. 올가의 이러한 특징들 중에서도 특히 그의 눈길을 사로잡았던 것은 그녀가 '글래머'였다는 점이다.

그는 1918년에 올가와 결혼을 한다. 처음에 그는 올가를 지극히 평범하게 그렸다. 그가 올가를 만나 연애를 하던 시절에 그린 올가의 초상화는 「아비뇽의 아가씨들」 또는 「속옷을 입은 여인」을 그렸던 화가의 작품이라고 믿기 어려울 정도로 사실적으로 묘사되어 있다. 이러한 그림은 운명의 꼭두각시에서 벗어나 평범한 삶을 살고 싶어 했던 그의 소망이 반영된 것으로 보인다. 1921년에 올가는 그의 아들 파울로^{Paulo}를 낳는다. 그러자 그의 그림들에는 갑자기 풍만한 가슴을 가진 육감적인 여성들이 빈번하게 등장하기 시작한다.

진료 차트가 되어 버린 그림

화가로서의 명성이 드높아감에 따라 점차 정서적으로 안정되어 가던 그와는 달리, 올가는 아들을 임신하고 또 출산한 다음부터 매우 불안정한 모습을 보이기 시작하였다. 이런 점에서 1920년대에 그가 그린 그림들은 올가의 정신과적인 병력에 대한 일종의 차트나 마찬가지 역할을 한다.

겉으로 보기에는 올가가 결혼 생활에 불만족해야 할 특별한 이유는 없는 것처럼 보인다. 그는 상당한 소득을 올리고 있었으며 둘 사이에는 아들도 있었고 부인과 자식에게 매우 다정한 가장 역할을 하고 있었다. 하지만 올가는 정신분열 상태에서 마치 그를 괴롭히기 위해 태어나기라도 한 것처럼 행동하였다.

올가의 정신병적인 상태를 반영하는 대표적인 그림 중 하나는 「안락의자의 여인」이다. 올가를 모델로 한 그 그림 속의 여인은 볼썽사나운 자세로 흐느적거리 듯이 앉아 있는 모습으로 그려졌다. 그림 속 여인의 모습은 망상과 무기력감에 빠져 허우적거리는 올가를 연상시킨다. 특히 그 그림에서는 여인의 치아가 강조되어 있는데 이것은 올가의 강렬한 공격성을 상징하는 것으로 보인다.

올가의 정신분열 증상이 깊어짐에 따라, 그의 인내력도 점차 한계를 드러냈다. 올가의 편집증적인 증상을 더 이상 견딜 수 없었던 그는 어느 날 격분해서 올가의 머리채를 휘어잡아 넘어뜨리고는 바닥 위를 질질 끌고 다니기도 하였다.

올가에 대한 내면의 분노감을 붓으로만 표현하는 데 한계를 느낀 그는 1920년대 후반부터 곤잘레스 Julio Gonzaléz 에게 조각을 배우기 시작하였다. 끌과 망치를 통해 내면의 분노감을 보다 확실하게 분출하고 나서부터 그는 "다시 행복감을 맛볼 수 있게 되었다"고 말하였다.[14]

비밀의 여인

1931년 가을에 드디어 올가가 그에게 정당한 비난을 퍼부을 수 있도록 해 주는 사건이 벌어진다. 그가 마리-테레제^{Marie-Thérèse Walter}를 사귀게 된 것이다.

처음에 그가 길에서 마리-테레제를 만났을 때, 그녀는 열일곱 살 소녀였다. 그녀는 키가 크고 늘씬했으며 마치 스칸디나비아 운동선수 같은 인상을 주었다. 그녀는 밝고 상냥한 소녀였지만 지적인 재능은 다소 부족한 편이었다. 그녀는 오로지 운동에만 관심이 있었을 뿐이며 그 밖의 문화적인 활동에는 전혀 문외한이었다. 그가 그녀의 초상화를 그려 주었을 때에도 그녀는 그림이 자신을 닮지 않았다고 말하는 것이 고작이었다. 이제 막 오십 대에 진입한 그는 성격이 까다롭지 않고 세상일에 무관심하며 결코 불평하는 법이 없는 그녀에게 빠져들어 갔다. 특히 그녀는 그에게 부인으로서의 지위를 달라고 요구하지도 않았으며 올가를 자극할 수 있는 그 어떤 행동도 보이지 않았다. 그 자신도 그녀와의 관계를 비밀에 부쳤기 때문에 그의 사촌이나 친구들조차도 10여 년이 지나서야 그녀의 존재를 알게 되었다.

1935년에 마리-테레제의 임신 사실이 알려지게 된다. 그러자 그는 올가와 이혼을 하기로 결심한다. 하지만 스페인에서는 이혼이 불법이었다. 비록 그가 프랑스에서 살았다 할지라도, 그는 스페인 법을 따라야 했다.

결국 그는 변호사와 의논한 끝에 합법적인 별거를 하기로 하였다. 그 과정에서 그는 자신이 하늘처럼 떠받들던 아들에 대한 양육권을 올가에게 빼앗겼을 뿐만 아니라, 생활비를 충분하게 지급한다는 것을 보장하는 담보물로서 애지중지하던 화실의 키마저도 넘겨주어야 했다.

아이러니컬하게도 이 시기부터 올가는 거의 매일 그에게 장문의 편지를 쓴다. 물론 그 편지에 적힌 내용은 모두 그에 대한 욕으로 가득 차 있었다. 나중에 가서는 그는 올가의 편지가 제시간에 도착을 안 하면 서운해 할 정도로 올가의 독설을 즐길 수 있게 된다.

1935년 가을에 마리-테레제는 딸을 낳았다. 그리고 그는 아들 파울로와 마찬가지로 자신의 딸 마야^{Maya}를 마치 숭배하듯이 떠받들었다. 하지만 그는 마리-테레제가 웃는 것을 싫어하였다. 그는 세상 모든 일을 바보처럼 그저 웃고 넘기기만 하는 마리-테레제에게 세상을 진지하게 살라고 강력하게 요구하고는 하였다. 이처럼 그가 마리-테레제가 환하게 웃는 것을 구박하게 된 것은 그 자신의 열등감과 관계가 있다. 프랑스 문화계에서 거목으로 우뚝 선 그는 프랑스의 박학다식한 많은 문화계 인사들과 교류를 하게 된다. 하지만 그는 프랑스에서 살았을지라도 프랑스어에 능통하지 못하였다. 또 유년 시절에 학교 공포증이 있었던 그는 사람들 앞에서 자기 주장을 펴고 싶어도 회화에 대해 이론적으로 설명하는 데 어려움을 겪었다.

어느 날 그는 친구들과 프랑스 사회주의 계열의 화가 푸주롱^{André Fougeron}의 그림에 대해서 격렬한 논쟁을 벌인 적이 있었다. 그와 반대되는 견해를 갖고 있던 그의 친구 엘뤼아르드^{Paul Eluard}는 감정이 격해져서 그에게 "새대가리"라고 소리쳤다. 그는 "내가 비록 새대가리일 수는 있지만, 그래도 그림만큼은 최소한 푸주롱보다 더 잘 그린다네"라고 응

수했다. 그런 다음에 그는 애써 태연한 척 하며 "나는 새대가리라네"라며 반복해서 노래하듯이 흥얼거렸다.[15] 그러한 그의 행동은 좌중을 웃음바다로 만들었다. 그 자리에 같이 있던 친구들은 대체로 예의에 어긋나는 표현을 사용한 엘뤼아르드보다는 그의 편을 들어 주었다. 하지만 겉으로 내색은 안 했을지라도 그는 자존심에 커다란 상처를 받을 수밖에 없었다.

그의 열등감은 순진무구한 마리-테레제마저도 도저히 곁에 둘 수 없는 사람으로 만들어 버렸다. 그는 자기 내면의 지적인 열등감을 그녀에게로 투사시켰던 것이다. 그가 다른 여인들과는 달리 마리-테레제를 가까운 사람들에게조차 비밀로 했던 이유도 바로 보이지 않는 투사의 영향 때문으로 생각된다. 즉, 그는 문화계 인사들로부터 마리-테레제와 자신이 닮은꼴 같은 인상을 주게 될까봐 걱정했던 것이다.

울고 있는 여인, 피와 눈물의 도시 게르니카

마리-테레제가 딸을 출산하던 무렵에, 그는 친구 엘뤼아르드의 소개로 도라^{Dora Maar}를 만난다. 그녀는 사진작가인 동시에 화가로서 매우 전도유망했을 뿐만 아니라 빼어난 미모의 소유자였다. 특히 그녀는 대단히 총명하였다. 올가와 이혼하는 것이 불가능한 상황에서 마리-테레제와의 결혼 약속을 어기게 된 것에 대한 자책감으로부터 도망가고 싶었던 그는 그 새로운 탈출구로 도라를 선택하게 된다.

도라가 그와 사귀게 된 것은 그녀가 어리석었기 때문이 아니라, 그에게 또 다른 여자가 있다는 사실을 알지 못했기 때문이다. 그는 곧 두 여인 모두에게 자신의 이중생활을 들키게 된다. 마리-테레제는 그에게 또 다른 여인이 생겼다는 것을 깨닫게 되자 돌변하였다. 그와 함께 있을 때 도라에게서 전화가 걸려 오면 마리-테레제는 항상 흥분해서 누구냐고 따져 물었다. 그러면 그는 "아르헨티나 대사야"라며 얼버무리곤 하였다.[16] 또 그녀는 그가 도라와 함께 있는 것이 확실하다는 판단이 서면 그와 도라가 함께 살던 집으로 쳐들어가서 그가 문 뒤에 숨어 있는 상태에서 도라에게 분풀이를 하곤 하였다.

마리-테레제와 도라 모두 그의 그림에 자신이 아닌 다른 여자가 들어가 있는 것을 견디기 힘들어 하였다. 하지만 똑같은 문제에 대처하는 방식은 전혀 달랐다. 마리-테레제는 그러한 문제에 대해 감정적으로 반응하였다. 마리-테레제에게서 올가의 그림자를 발견한 그의 마음은 점차 도라에게로 기울어져 갔다. 물론 도라 자신도 마음속으로는 마리-테레제와 똑같이 행동하고 싶었지만 자존심이 높았던 그녀는 자신이 빠진 인생의 덫에서 최대한 우아하고도 의연하게 빠져나오려 안간힘을 썼다. 하지만 그녀의 기대와는 달리, 그녀는 사실상 우아하게 빠져나오는 것이 불가능한 수렁 속으로 들어가 있었다. 결국 도라는 그를 만난 후부터 우울증에 시달리게 된다.

그는 도라에 대해 다음과 같이 말하였다.

> 도라는 내게 항상 '울고 있는 여인'이었다. 언제나 그랬다. 그래서 나는 그녀를 「울고 있는 여인」으로 그릴 수 있었다.[17]

지적으로 영리했던 도라는 그에게 창조력의 원천이 되었다. 1937년 4월에 독일의 히틀러 정권이 스페인 내전 때 프랑코 정권을 돕는다는 명분으로 자신들의 공군력을 테스트하기 위해 게르니카^{Guernica}를 공습하는 사건이 벌어졌다. 무고한 1천 6백여 명의 시민이 살해되었다는 소식을 접한 그는 「게르니카」를 그리게 된다.

이때 도라는 그의 작업 동료로서 많은 조언을 했을 뿐만 아니라, 그 작업의 진행과정을 직접 필름에 담기도 하였다. 그가 즐겨 사용하던 화법, 즉 제멋대로 돌아가 버린 사람들의 두 눈 그리고 뒤틀려 있는 몸체와 따로 움직이는 사지들은 게르니카 시민들이 공습하에서 겪었을 정신적 공황 상태를 표현하는 데 적격이었다. 특히 게르니카에서 그는 독일군의 야간 공습을 주제로 했음에도 불구하고 그림 속에 비행기와 폭탄은 전혀 등장시키지 않음으로써 보이지 않는 공포를 극대화하였다. 이런 점에서 그는 「게르니카」에 자신이 어린 시절에 직접 경험했던 보이지 않는 지진의 공포 그리고 그에 따른 사람들의 정신적인 공황 상태를 상징적으로 담아낸 것으로 보인다. 그의 그림은 2차 세계대전의 포화 속에 묻혀 지나가 버릴 뻔했던 게르니카 공습을 세계 시민들이 전쟁의 야만성을 규탄하는 대표적인 역사적인 사건으로 마음속에 새기도록 하는 데 크게 기여한다.

그가 일생의 대작 「게르니카」를 작업하는 동안에도 마리-테레제와 도라 간의 신경전은 계속 되었다. 그는 그 여인들 중 그 어느 쪽도 편들수 없었다. 그래서 그는 두 여인이 대면했을 때 뒤로 숨거나 아니면 꿀먹은 벙어리 신세로 지낼 수밖에 없었다.

무관심한 괴물

1943년 5월에 도라를 포함한 친구들과 레스토랑에서 식사를 하던 그는 알고 지내던 배우를 통해 화가 지망생이었던 여대생 질로^{Frnaçoise} ^{Gilot}를 우연히 소개 받게 된다. 그보다 마흔 살 이상 차이가 나는 질로는 다소 성적으로 도발적인 데가 있었다.

질로는 그를 만나기 전에도 주로 자신보다 열 살 이상 많은 연상의 남자들과 사귀어 왔다. 질로는 권위적이고 폭력적인 아버지에 대해서 심한 반감을 가지고 있었다. 그녀는 어려서부터 불면증에 시달렸기 때문에 밤에 주로 책을 읽는 독특한 습관을 가지고 있었다.

질로는 대학에서 법학을 전공하였다. 하지만 그와의 만남 이후에 그녀는 본격적인 미술 수업을 위해서 법학을 포기하기로 결심하게 된다. 그녀가 이러한 계획을 아버지에게 말하자, 그녀의 아버지는 정신 나간 짓이라며 그녀가 생각을 바꾸도록 압력을 가하였다. 자신의 강압적인 태도에도 불구하고 딸이 자신의 뜻에 따르기는커녕 허락 없이 가출을 하자 그녀의 아버지는 그녀를 마구 때리기까지 하였다. 그래도 질로는 뜻을 굽히지 않았다. 아버지는 자신의 딸에게 문제가 있다고 믿고서는 정신 병원에 입원시키기 위해 두 명의 정신과 의사에게 정신감정을 의뢰한다. 하지만 검진 결과 병원에 강제 입원할 수준은 아닌 것으로 판명되었기 때문에, 그녀는 성인으로서 독립할 수 있게 된다. 하지만 그녀는 부모로부터 독립한 대가로 혹독한 시련을 겪어야 했다. 그녀에게는 돈이 없었던 것이다.

레스토랑에서 우연히 만난 뒤로 질로는 그에게 개인 교습을 받을 수 있게 되었다. 그의 화실을 자유롭게 드나들게 되면서 질로와 그는 점차

삶에 단비가 필요하다면

연인 사이로 발전하게 된다. 그와 질로의 관계가 각별해지자 도라는 자존심에 심각한 상처를 받게 된다. 도라에게 마리-테레제는 그의 과거 여인에 불과했다. 그는 언제나 과거보다는 현재가 우선이라고 말했기 때문에 도라는 비정상적인 연인 관계로 인해 자존심에 상처가 난 것을 간신히 봉합할 수 있었다. 하지만 이번에는 도라 그 자신이 그의 과거 여인 신세로 전락하게 되자, 그녀의 정신세계는 걷잡을 수 없이 허물어지고 만다.

자존심을 지키기 위해 몸부림치던 도라는 우울증이 극에 달하게 된다. 1945년에 그가 저녁을 함께 하기 위해 도라의 아파트에 들렀을 때, 그녀는 정신적으로 황폐화된 상태에서 그에게 "당신은 예술가로서는 특별한 사람이지만, 도덕적으로는 쓰레기 같은 사람이야"라고 고통스럽게 소리쳤다.[18] 정신적으로 통제력을 완전히 잃어버린 상태가 되어서야 비로소 그에게 자존심을 내동댕이치고서 마음속에 담아 두었던 말을 털어 놓은 것이다. 그 다음 날 도라는 친구 엘뤼아르드와 애기를 나누던 그에게 불쑥 찾아와서는 실성한 상태에서 신의 계시를 받은 사람처럼 행동하며 그와 엘뤼아르드에게 독설을 퍼부었다. 결국 그는 정신과 의사인 라캉을 호출하였고 그녀는 병원으로 후송되었다.

그는 질로와 사귀면서 마치 젊은 시절로 되돌아간 것 같다며 기뻐하였다. 하지만 첫 번째 부인인 올가는 그들의 행복을 잠자코 지켜보고 있지만은 않았다. 아침이면 올가가 찾아와 그들에게 러시아어와 프랑스어 그리고 스페인어가 뒤섞인 말로 욕설을 퍼부어 댔다. 올가의 끈질긴 방해에도 불구하고 그들은 굳건하게 연인 관계를 이어갔다. 질로는 1947년에 아들 클라우드 Claude 와 1949년에 딸 팔로마 Paloma 를 출산하게 된다.

하지만 올가의 저주대로, 그들의 관계에서 점차 불협화음이 커져 갔다. 그는 질로가 마리-테레제나 도라만큼 자신을 사랑해 주지 않는 데 상처를 받았다. 그는 질로를 "무관심한 괴물"이라며 비난하였다.[19]

처음에 그는 대단히 가학적인 장난으로 질로에 대한 불만을 표시하였다. 그는 집 뜰에 전갈 떼를 풀어 놓고는 질로를 데리고 갔다. 누군가 그 전갈들에게 물린 적이 있는데 그래도 죽지는 않았다며 악의적으로 질로를 겁주었다. 어느 날 전갈 세 마리가 질로의 머리 곁을 스쳐 지나 갔다. 당연히 질로는 소스라치게 놀랄 수밖에 없었다. 그러자 기겁을 한 질로에게 그는 짓궂은 표정으로 웃으며 "내 별자리가 바로 전갈자리지"라고 말하였다.[20] 하지만 나중에 그는 질로에 대한 불만을 이보다 더 우아하게 해소할 수 있는 방법을 모색하였다.

그는 도자기를 굽는 데서 그 해답을 찾아냈다. 그는 도자기에 질로의 초상화를 새겨 넣은 다음에 고열의 화로로 불태웠다. 도자기를 굽는 것은 악의적인 장난을 하는 것보다 그에게 더 커다란 즐거움을 주었다. 가학적인 장난은 불협화음을 더 키웠을 뿐이지만, 도자기 작품은 그의 예술적인 재능에 대한 찬사와 더불어 막대한 금전적인 이득을 가져다주었기 때문이다.

질로는 그가 도자기 작업을 하는 것을 탐탁지 않게 생각하였다. 그는 발라우리우스 Vallauris 라는 마을에서 주로 작업을 하였다. 그 마을은 작기 때문에 그와 질로의 생활이 모두 마을 사람들에게 노출되었다. 질로는 사생활이 침입 받는 것을 싫어하였기 때문에 짜증을 내곤 하였다. 그 마을 사람들은 이러한 질로를 "바보 같은 소녀"라고 불렀다.[21]

결국 1953년에 질로는 코스타스 Kostas 라는 이름을 가진 그리스 출신의 실존주의 철학자와 함께 그의 곁을 떠나기로 마음먹는다. 질로는 그

삶에 단비가 필요하다면

에게 여러모로 도움을 많이 받았지만, 그가 줄 수 없었던 도덕적인 안정 감을 선택하기로 한 것이다. 그러자 그는 그동안 자신이 질로에게 이용 당한 후 버림받았다고 느끼게 된다. 그는 질로를 설득하려 노력하지만 잘 먹히지 않자 질로에게 비난을 퍼붓고는 관계를 청산한다.

만약 어느 젊은 청년이 실연 당한 후에, 배신감에 몸서리치다 그 애인 의 사진을 홧김에 찢어 버린다면, 아마도 그러한 행동을 지켜보는 사람 들은 심정적으로 그 청년의 마음을 이해하면서도 눈살을 찌푸리게 될 것이다. 하지만 그는 똑같은 상황에서 질로의 사진을 마치 갈기갈기 찢 어 놓은 것 같은 그림을 그렸다. 그는 이러한 승화의 과정을 통해 자기 내면의 분노감을 달래 주는 동시에 예술적인 가치를 인정받는 작품을 창조해 낼 수 있었던 것이다.

진공 청소기 같은 여인

1954년에 도라는 그와 완전히 결별한다. 그리고 1955년에는 올가가 암으로 세상을 떠난다. 또 1958년에는 마리-테레제가 완전히 그의 곁 을 떠나간다. 외로움에 고통 받던 그는 1961년에 재클린 Jacqueline Roque 과 두 번째 결혼을 하게 된다.

재클린은 독점욕이 무척 강한 여자였다. 재클린은 "그의 주변을 완전 히 진공 상태로 만들어 버렸다."[22] 재클린은 그가 작업에 집중할 수 있 도록 돕는다는 명분하에 그의 아들 파울로를 비롯한 모든 사람들과의 면회를 일절 금지하였다. 하지만 사실 그녀가 정말로 원했던 것은 그의 과거를 일시에 말끔히 정리해 버리는 것이었다. 나이가 들어 기력이 쇠

약해진 그는 더 이상 방황을 할 엄두가 나지 않았기 때문에 재클린이 시키는 대로 따라갈 수밖에 없었다. 특히 그는 1965년 이후에 화가로서의 정밀한 시력을 상실했을 뿐만 아니라, 사실상 청력을 상실한 상태에 있었기 때문에, 더욱더 재클린에게 의존해야 했다.

정숙하지 못한 삶이 남긴 것

그는 1973년에 눈을 감는다. 그리고 1977년에 마리-테레제는 그가 죽은 뒤부터 극심한 우울증으로 고통 받다가 결국 자살하고 만다. 또 1986년에 재클린 역시 스스로 목숨을 끊는다.

그는 "예술은 결코 정숙한 것이 아니다"[23]라고 말하였다. 그의 말대로 그 자신의 예술 역시 결코 정숙한 것은 아니었다. 또 그의 작품들은 그 자신의 정숙하지 못했던 삶을 반영한 것이기도 하였다. 하지만 그가 자전적인 이야기들을 자신의 그림, 조각 그리고 도자기에 담아내자 사람들은 그의 정숙하지 못했던 삶조차 애정 어린 눈길로 바라볼 수 있게 되었다.

피카소

그는 항상 자신의 그림 속에 사랑하는 사람을 담고 싶어 했다.
하지만 그는 일곱 명의 여인을 만나 사랑을 나눴지만
그 누구와도 행복하지 않았다.
그래서 그는 자신의 그림 속에 애증을 담을 수밖에 없었다.

전위

전위는 정서적인 주의를 위협적이거나 불쾌감을 주는 것으로부터 상대적으로 견디기 쉬운 대상으로 옮겨 주는 역할을 한다. 연산군이 유년 시절에 아버지 성종한테 야단을 맞은 후에 성종이 애지중지하던 사슴의 배를 걷어찬 일화가 전위의 한 가지 예이다. 하지만 전위는 단순한 화풀이와는 다른 것이다.

전위에서는 한 대상에 대한 감정이 또 다른 대상으로 자유롭게 옮겨가기 때문에 사랑하는 가족을 잃은 사람이 어느 날부터 갑자기 난초를 키우는 데 적극적인 관심을 쏟게 될 수도 있다. 이런 경우 전위는 취미 생활을 하는 것과 비슷해 보이기도 한다.

예를 들어, 그랜트 스터디의 어느 한 연구 대상자는 뛰어난 미모를 지니고 있었지만 차가운 인상을 주는 여인과 결혼하였다. 그는 결혼 생활을 하던 중에 어느 날 갑자기 금화를 수집하는 데 관심을 쏟게 된 적이 있었다. 그 경우 취미로 금화를 수집하는지 아니면 전위인지 여부를 어떻게 확인할 수 있을까? 이러한 의문을 해결하기 위해서는 어느 한 시점에서 행동을 관찰하는 것만으로는 부족하고 장기간에 걸쳐 추적 조사하는 것이 필요하다. 그 연구 대상자는 나중에 아내와 이혼한 후에 새로운 동반자를 만나게 되었다. 그와 재혼한 부인은 따뜻한 사람이었고 두 번째 결혼을 통해 내면의 애정 욕구가 충족되자 그는 금화를 수집하는 일에 점차 시들해지기 시작하였다. 그 후 세월이 조금 더 지나자 그는 자신이 과거에 금화 수집 애호가였다는 사실조차도 기억하지 못하게 되었다. 만약에 그가 전위가 아니라 창조적인 승화의 형태로 취미 생활을 했더라면, 새로운 동반자를 만난 이후에도 금화 수집은 지속되었을 것이다.

전위를 사용하는 사람과 더 잘 지내기

1. 전위를 사용하는 사람이 취미 생활을 하고 있는 것처럼 보일지라도 그 사람이 오락을 즐기고 있다고 오해하지 않기를 바란다_ 누군가 전위를 사용하고 있다면 그 사람은 내면의 갈등으로 인해 남모르게 고통을 받고 있는 것이다. 신경증적인 기제인 전위는 옆에 있는 사람이 세심하게 관찰하지 않으면, 그 사람이 전위를 사용하고 있다는 사실조차 모르고 지나갈 수 있다. 하지만 유심히 관찰해 보면 특정 시점을 기준으로 뚜렷한 행동 변화가 나타나는 것을 발견할 수 있을 것이다. 당신 곁에 전위를 사용하는 사람이 있다면 웃으며 따뜻하게 말 한마디를 건네도록 하자. 당신의 말 한마디는 그 사람의 보이지 않는 상처에 커다란 힘을 보태 줄 수 있을 것이다.

2. 누군가 전위를 나타낼 경우 그 일이 생산적이지 않은 것처럼 보인다고 해서 쓸데없는 일을 한다는 식으로 비난하지는 말자_ 당신이 쓸데없는 일을 안 한다면 그것은 다른 사람도 마찬가지일 것이다. 비록 당신 눈에는 쓸모없는 것처럼 보이는 행동도 당사자에게는 매우 중요한 의미를 지닌 것일 수

있다. 아마도 미성숙한 기제인 소극적-공격성을 나타내는 것이 아니라, 전위를 사용하는 것이 맞다면 그 사람의 행동이 당신의 비위를 심하게 상하도록 만들지는 않을 것이다. 그렇다면 비록 당신은 그들의 행동을 이해할 수 없더라도 조용히 눈감아 주는 것이 오히려 사려 깊은 행동이 될 수 있다.

3. 전위는 무의식적 행동이기 때문에 그러한 행동을 하는 사람에게 왜 그렇게 행동을 하고 있냐고 물어 보면 아마도 십중팔구는 "그냥"이라고 대답할 것이다_ 비록 전위를 사용하는 사람이 자신이 처한 상황에 대해서 자세하게 털어놓지 않더라도 자꾸 캐묻기보다는 그 사람에게 힘이 될 수 있는 자그마한 일을 찾아보도록 하자. 당신이 자꾸 캐묻는 것은 그 사람이 간신히 가슴속에 묻어 둔 고통을 잔인하게 헤집어 놓는 일이 될 수도 있다. 재미로 던진 돌이 연못가 개구리에게는 치명상을 입힐 수도 있다는 점을 유념하자.

전위를 성숙한 기제로 변화시키기

1. 전위는 다른 신경증적인 기제들과는 달리 내부의 욕구와 충동이 밖으로 표출될 수 있도록 한다는 점에서 성숙한 기제에 가장 근접해 있는 기제이다_ 직장 상사에게 불만이 있는 사람이 직장 상사와 비슷한 인상을 주는 인형에다가 화풀이를 하는 경우 가슴속이 시원해지는 기분이 들 수 있다. 하지만 전위의 한계는 문제를 근원적으로 해결해 주기보다는 '감질'이 나도록 한다는 점이다. 전위의 문제를 다룰 때 중요하게 고려해야 할 요인 중 하나는 때때로 소극적-공격성이 전위로 오인되기도 한다는 점이다. 만약 당신이 현재 전위를 사용하고 있다고 생각된다면, 먼저 자신의 행동이 소극적-

공격성과 분명하게 다른 것인지를 세심하게 살펴볼 필요가 있다. 당신이 몰두하고 있는 행동을 혹시 주변 사람들이 싫어하고 있는 것은 아닌지 차분하게 살펴보도록 하자. 만약 당신이 전위라고 생각하고 있는 행동 때문에 다른 사람과 잦은 문제를 일으킨다면, 그것은 전위가 아니라 소극적-공격성의 또 다른 형태일 수 있다.

2. 전위 때문에 너무 많은 시간을 빼앗기고 있는 것은 아닌지 점검해 보도록 하자_ 전위는 고통스러운 현실을 잠시 잊을 수 있도록 해 준다는 점에서 적응적이기도 하지만 생산적이지 않은 일에 지나치게 빠져들도록 할 위험성도 내포하고 있다는 점에 유념할 필요가 있다. 직장에서 받는 스트레스로부터 주의를 분산시키기 위해서 영화를 본다면, 그것 자체는 특별히 문제가 되지 않을 수 있다. 하지만 기분 전환을 위해 감상하기 시작한 시리즈물을 밤새 본다면 다음 날 업무에 지장을 줄 수 있으며 이것은 직장에서의 스트레스를 더욱 가중시키는 악순환을 낳을 수도 있다.

3. 전위는 성숙한 기제로 나아가는 징검다리 역할을 할 수 있다_ 만약 전위를 사용하는 것이 있다면 그것이 진정한 취미 생활이 될 수 있도록 적극적인 자세를 취하는 것이 필요하다. 승화의 한 가지 형태인 취미와 전위의 차이 중 하나는 시간이 지나가면서 지식이나 기술이 꾸준히 향상되느냐 아니면 제자리를 맴도느냐 하는 것이다. 만약 기분 전환이 필요할 때 음악을 듣는 것에서 위안을 받는다면, 무작정 손에 잡히는 곡들을 듣는 데서 그칠 것이 아니라 클래식, 팝송, 재즈 또는 가요의 전문가 또는 선배의 가이드를 따라 자신이 감상하는 곡들에 대한 조예가 깊어질 수 있도록 노력하자. 취미 생활은 삶의 깊이를 반영해 주는 주요한 척도라는 점을 되새기길 바란다.

07

조각난 삶을
치료하는 방법

밤으로의 긴 여로

．　．　．　．　．

그의 삶은 '밤으로의 긴 여로' 같았다.
동시에 그의 삶은 그 자체가 가슴 저미게 하는 한 편의 드라마이기도 하였다.
그의 인생유전은 어둔 밤과 같은 삶에 희망의 빛이
어떻게 드리우게 되는지를 잘 보여 준다.

그는 생전에 세 번의 퓰리처상을 수상했으며 1936년 노벨 문학상을
수상하기도 하였다. 그리고 그는 『밤으로의 긴 여로』라는 자신의 가족
이야기를 극화한 것을 통해 사후에 네 번째 퓰리처상을 수상하게 된다.

1941년 7월 22일에 그는 결혼 12주년 기념일을 맞이하여, 아내 캐롯
타Carlotta에게 『밤으로의 긴 여로』 초고와 더불어, 짧지만 쓰기까지 오
랜 시간이 걸렸던 편지 한 장을 건냈다.

결혼 12주년 기념일에, 아내 캐롯타에게.

소중한 단 한 사람.

당신께 이 오랜 슬픔이 담긴 희곡 원본을 드립니다.

그 글은 나의 피눈물을 잉크로 해서 써 내려 간 것입니다.

오늘 같은 행복한 기념일과는 어울리지 않는,

부적절하게 슬픈 선물이지만,

당신은 이해해 주리라 믿습니다.

죽음 같은 삶에서 나를 일깨워 주고

사랑의 힘을 믿을 수 있도록 해 준

당신의 사랑과 따뜻한 손길에

이 글을 바칩니다.

당신이 곁에 있어 주었기에,

나는 연민과 이해 그리고 용서하는 마음으로

유령처럼 나를 따라다녔던

가족 이야기를 쓸 수 있었습니다.

나의 지난 삶은 '밤으로의 긴 여로'였지만,

당신과 함께 한 시간은

빛과 사랑을 향한 것이었습니다.

나의 감사하는 마음 그리고 사랑을

당신이 이해해 주길 염원하며 …[1]

유령의 그림자 같은 가족 이야기

그의 아버지 제임스James는 흥행의 보증수표 대우를 받던 미남 배우
였다. 제임스는 밖에서 사람들을 만날 때는 호탕한 척 했지만, 집에서는
전기 값이 아까워서 집 안에 불을 하나씩만 켜도록 했고 세금이 아까
워서 아예 집을 사지 않았을 정도로 노랑이였다.

그의 어머니 엘라Ella는 아편중독자였다. 꿈 많던 소녀 시절에 수녀

가 되는 것을 꿈꾸었던 엘라는 미남 배우의 청혼에 못 이겨 인생의 꿈을 접고 제임스와 결혼했다. 하지만 결혼 생활이 순탄하지만은 않았다. 제임스의 공연 때문에 집 없이 유랑하던 엘라는 남편이 없는 동안 친구 없이 호텔 방에서 외롭게 지내야 하는 생활을 견디기 힘들어 하였다. 그러던 어느 날 비극적인 사건이 발생했다. 당시 일곱 살이었던 그의 첫째 형 제이미Jamie가 한 살 반밖에 안 된 동생 에드먼드Edmund에게 홍역을 감염시켜 결국 사망하도록 만든 것이었다. 에드먼드는 그의 둘째 형이었다.

사건의 발단은 이러했다. 엘라를 보고 싶다며 성화를 부리는 제임스의 청에 못 이겨 엘라는 아이들을 친정어머니에게 대신 맡아 달라고 부탁하고는 남편의 순회공연에 합류하였다. 하지만 엘라가 남편의 요구에 따르게 된 데는 그녀의 질투심도 한몫하였다.[2] 남편 제임스의 곁에는 미녀 배우들이 항상 들끓었기 때문에 그녀는 남편을 오랫동안 혼자 생활하도록 내버려 두는 것은 너무나도 위험한 일이라고 생각했던 것이다.

남편과 합류한 지 얼마 안 되서, 엘라는 장남 제이미가 홍역에 걸렸다는 전갈을 받게 된다. 엘라는 무척 걱정되었지만 친정어머니가 돌보고 있었기 때문에 크게 걱정을 하지는 않았다. 하지만 며칠 뒤에 동생 에드먼드마저 홍역에 걸렸다는 소식을 듣게 된다. 두 살도 채 안 된 아이에게 홍역은 대단히 심각한 질병이었기 때문에 엘라는 급히 아이들에게로 되돌아왔다. 하지만 엘라가 도착하기도 전에 에드먼드는 세상을 떠났다.

이 사건은 그의 가족 모두에게 치명적인 상처를 주었다. 엘라는 밀려드는 죄책감을 도저히 견딜 수 없었기 때문에 자신이 느끼는 죄책감을 제이미에게 투사시켰다. 그녀는 에드먼드가 죽게 된 것은 전적으로 제

이미 책임이라고 믿었다. 그녀는 제이미가 일부러 동생에게 홍역을 전염시켰다고 주장하였다. 제이미가 홍역에 걸렸을 때 동생 방에 들어가서는 안 된다고 주의를 주었는데도 제이미가 동생 방에 들어갔던 것은 부모가 귀여워하는 동생을 질투했기 때문이라고 생각했다. 하지만 실제로 질투를 했던 것은 그녀 자신이었다. 그녀는 남편 주변의 여배우들을 시기했고 바로 그것 때문에 아이들을 호텔 방에 남겨 두고서 떠났지만 에드먼드의 죽음에 대한 책임을 스스로 짊어질 자신은 없었던 것이다.

그 후 엘라는 제이미를 쳐다보기조차 싫다며 집에서 내보내 버렸다. 제이미는 기숙사가 딸린 학교에 입학한 다음부터는 크리스마스 때조차 집으로 찾아오는 것을 금지 당했다. 제이미가 집에서 쫓겨난 지 3년이 지난 시점인 1888년에 그가 출생하였다.[3]

그의 어머니는 그를 낳고서 심한 출산 후유증에 시달렸다. 출산 과정이 난산이라서 그랬다기보다는 그의 아버지가 흥행 배우로서 높은 소득을 올리고 있었음에도 불구하고 경제적인 이유를 들어 호텔 방에서 싸구려 의사를 불러 출산을 돕게끔 시켰기 때문이었다. 당시에 출산을 도우러 왔던 그 의사는 입에 독한 시가를 물고서 산모 앞에 나타났다. 또 그는 손조차 씻지 않고서 곧바로 아이를 받는 작업에 들어갔다. 엘라는 남편의 이러한 처사에 대해서 심한 분노감을 느꼈다. 그 후 엘라는 산후우울증을 겪는 와중에 마약중독에 빠지게 된다.

그의 형 제이미는 미남이었던데다가 대사를 암기하는 데 천부적인 재능을 지니고 있어서 일찌감치 명배우 감으로 주목받았다. 하지만 제이미는 동생의 죽음에 대한 죄책감과 주체할 수 없는 반항기 때문에 고통 받았다. 그의 학창 시절은 술과 방황으로 얼룩진 채 마감되었다. 결국 제이미는 알코올중독 상태에서 창녀와의 섹스에 탐닉하는 폐인 생활을 하다 마흔다섯 살에 세상을 떠난다.

그는 유년 시절에 형과는 달리 매우 독실한 크리스천처럼 행동하였다. 그는 기독교 계열의 학교에서 교육을 받았기 때문에 처음에 종교에 의지해서 콩가루처럼 붕괴된 가정에서 살아야 하는 고통을 이겨내고자 노력하였다. 하지만 그러기에는 그의 유년 시절이 너무나도 고독했다.

그의 어머니는 하루 중 대부분을 "좀비"[4] 같은 상태에서 보냈다. 그리고 형은 유배를 떠나 있었기 때문에 그림자조차 찾아볼 수 없었다. 또 아버지는 여전히 유랑 배우 생활을 계속하고 있었다.

행복한 꼬마가 되기 위해

외로움을 견뎌 내기 위해서 그에게는 공상의 전지전능한 힘이 필요하였다. 그는 먼 훗날 자신이 꿈속에 빠져 지내던 시절의 이야기를 다음과 같이 소개하였다.

> 나는 어린 시절에 내가 혼자 있는 것이 아닌 상황을 꿈꾸어야 했다. 따라서 꿈에서 나는 누군가와 함께 있었다. 나는 밤에 그러한 꿈을 자주 꾸었다. 하지만 때로는 낮에도 꿈속에서 봤던 그 사람이 마치 내 곁에 있는 것처럼 느껴졌다. 그럴 때면 나는 행복한 꼬마가 될 수 있었다. 물론 꿈속에서 봤던 그 사람을 실제로 본 적은 없었다.[5]

미성숙한 기제인 공상이 견딜 수 없는 현실을 버텨 내도록 돕기는 하지만, 자라면서 어른의 세계에 가까워질수록 공상의 생동감은 점차 힘이 약해지기 마련이다. 따라서 공상에서 위안을 받던 아이들은 아동기에서 빠져나오기 전에 슬픔을 달래 줄 수 있는 유용한 대안을 발견할 수 있어야 한다. 하지만 그는 그 어떠한 대안도 발견하지 못한 채 사춘기를 맞게 되었다. 사춘기에 접어들면서 점차 유아적인 공상의 생동감이 빛을 바래가자 결국 그는 미성숙한 기제인 행동화를 선택하게 된다.

독실한 크리스천의 타락

그는 아버지가 돈을 절약하기 위해서 어머니를 그렇게 방치해 결국 마약중독에 이르게 했다는 사실 때문에 아버지에 대해서 심한 분노감을 가지고 있었다. 그리고 그는 자신의 어머니가 마약을 끊지 못하는 것에 대해서 심한 반감을 가지고 있었다. 또 그의 어머니는 은연중에 그녀의 건강이 악화된 원인을 그의 탓으로 돌리기도 하였다. 그는 자전적인 이야기에서 어머니의 이러한 태도를 다음과 같이 기술하였다.

> 나는 그 아이가 태어나기 전까지는 건강했잖아요. 제임스 당신도 알다시피 나는 예전에는 신경통을 앓지 않았어요…하지만 그 아이를 낳는 것이 마지막 출산이었죠. 그 이후로 나는 너무나 아팠어요.[6]

그의 어머니는 에드먼드의 죽음에 대한 책임을 그의 형에게 투사했을 뿐만 아니라, 그녀 자신의 건강이 악화된 원인마저도 그에게 투사하였던 것이다. 이러한 어머니의 태도가 부당하다고 생각되었던 그는 사춘기 때 격렬하게 반항하였다.

삶에 단비가 필요하다면

그가 이 시기에 주로 사용한 행동화는 독실한 크리스천이었던 그를 규칙을 위반하는 데서 기쁨을 느끼는 불량소년으로 탈바꿈 시켜 놓았다. 그는 고등학교 때 흡연을 시작했을 뿐만 아니라 한밤중에는 기숙사에서 빠져나와 술을 마시면서 유흥가를 활보하였다. 그의 화려한 비행 경력을 목격한 고등학교 교장 선생님은 그가 "전기의자 위에서 생을 마감하게 될 것"[7]이라는 예언을 남기기도 하였다. 비록 그의 학창 시절이 비행으로 도배되어 있을지라도, 그는 아버지로부터 출중한 외모뿐만 아니라 명석한 두뇌도 함께 물려받았기 때문에, 1906년에 명문 프린스턴 대학교에 입학하게 된다. 하지만, 그는 대학교에서 갖은 기행으로 소위 말하는 전설적인 인물의 대열에 합류하게 된다.

그는 한마디로 프린스턴의 무법자였다. 그는 도서관에서 책을 빌리면 반납하는 법이 없었다. 또 그는 술 취한 상태에서 자신의 방을 "그물처럼 얽어 놓은 브래지어들과 일을 치르고 난 뒤의 콘돔"[8]으로 장식해서 그의 명성을 익히 알고 있는 친구들마저도 기겁을 하게 만들었다. 또 그는 술에 취한 상태에서 한밤중에 기숙사로 돌아오다가 대학교 인근 기차역의 역장 숙소에서 개가 짖는다는 이유만으로 돌을 던져 유리창을 깨고 기물을 파괴하여 정학 처분을 받기도 했다. 결국 뛰어난 글재주를 가지고 있다는 평판에도 불구하고 그는 성적 불량으로 퇴학 당하게 된다.

알코올, 방랑 그리고 천벌

그는 프린스턴에서 퇴학 당한 후 뉴욕으로 갔다. 그는 독학을 하겠다고 선언했지만 그가 익힌 것이라고는 화류계 생활뿐이었다. 그는 뉴욕에서 캐슬린^{Kathleen}을 만나 사귀게 된다. 그녀는 활달하고 사랑스러운 여인이었다. 그는 캐슬린에 대해 아버지에게 고백하였지만 그의 아버지는 그녀가 자신의 돈을 노리고 접근했다고 믿었다. 그래서 둘이 사귀는 것을 반대하였다. 캐슬린이 임신을 하게 되자 결국 그는 가족들 몰래 결혼을 한다. 이때부터 그는 알코올에 찌든 상태에서 금광을 찾겠다는 망상에 젖어 중앙아메리카 지역을 헤매고 다녔다. 그는 결혼 전부터 광부가 되는 것에 각별한 관심을 가지고 있었다.

그는 어머니가 자신의 건강 문제를 그에게 투사시키는 것에 대해서 강렬한 반감을 느끼고 반항하며 살아왔다. 하지만 어느새 그는 누가 보더라도 어머니의 건강을 해치고도 남을 만한 불한당이 되어 있었다. 스스로를 어둠의 자식이라고 믿게 된 그는 죄책감에 시달린 나머지 자신을 유폐시킬 수 있는 공간으로 암흑의 지하 갱도를 택하게 되었다. 특히 광산에서 시도 때도 없이 터지는 다이너마이트는 그의 분노감을 달래는 데 한몫 거들어 주었다. 하지만 금광을 찾아 헤매는 일이 그에게 심리적인 위안은 다소 주었지만 금전적으로는 전혀 도움이 안 되었다.

그가 다시 뉴욕으로 되돌아왔을 때 그의 부인은 첫 아이를 출산하였다. 하지만 그는 자신의 가족을 거들떠보지도 않았다. 그는 계속 술에 취한 상태에서 창녀들과 침대에서 뒹구는 생활을 하였다.

그 후 그는 또다시 충동적으로 남미의 부에노스아이레스로 떠났다. 이때 그의 수중에는 단돈 10달러만이 남아 있었다. 그는 이내 부랑자 신세가 되어 사실상 구걸하며 지내게 된다. 그는 항구에 정박한 배에 다가가 깡통을 들고서 음식을 채워 달라고 악을 쓰기도 했으며 주로 노숙자를 위한 구호시설에서 공짜로 나눠 주는 스프와 5센트짜리 위스키로 끼니를 해결했다. 이때부터 그는 숨이 끊어지지 않은 것이 놀라울

　　　　　　　　　　　삶에 단비가 필요하다면

정도의 알코올중독 상태에서 밑바닥 생활을 한다. 결국 그는 결핵에 걸렸고 1912년에 병자가 되어 집으로 귀향하게 된다. 이때 캐슬린은 그가 유랑 생활 기간 중에 외도를 했다는 이유로 이혼소송을 제기하였고 1912년에 법정의 승인을 받는다.

그는 고통스러운 현실로부터 도피하기 위해 끝없는 방랑길을 선택했던 자신의 경험을 다음과 같이 말하였다.

> 내 목적은… 계속해서 떠도는 것이었죠. 가능한 한 수없이 떠돌아다니고 싶었어요. 나는 스물네 살이 될 때까지 방랑했죠. 나는 밤새 술을 마셨고 엄중한 경고를 받았죠. 결국 나는 천벌을 받았어요. 결핵에 걸린 거죠.[9]

그가 알코올중독 상태에서 계속 방랑자 생활을 했던 것은 신경증적인 기제 중 하나인 해리 Dissociation 와 밀접한 연관이 있다. 해리는 드라마틱한 속성을 가지고 있는 기제라고 할 수 있다. 고통스러운 상황에 직면했을 때 사람은 해리를 통해 자신의 사고와 감정 모두를 변화시켜 개인의 정체성 그 자체까지도 탈바꿈 시킬 수 있다. 해리가 지나쳐서 병적인 형태로까지 확대되면 다중인격 장애가 될 수도 있지만, 적절한 수준에서 활용되면 고통스런 상처를 잊게 해 줄 수 있다는 점에서 적응적인 면을 가지고 있기도 하다. 실연의 아픔을 잊기 위해 술을 마신다든지 골치 아픈 문제로부터 잠시 벗어나 숙면을 취하기 위해 수면제를 복용하는 것 등이 바로 해리의 예이다. 하지만 해리는 신경증적인 기제이기 때문에 문제를 근본적으로 해결해 주지 못할 뿐만 아니라 시간이 지날수록 고통이 더욱더 가중된다. 그의 삶에서 해리는 그의 몸을 만신창이로 만들고 나서야 중단되었다.

게이로드 졸업생

폐인이 되어 집으로 돌아온 그는 결핵 치료를 위해 게이로드 요양원으로 보내진다. 게이로드 요양원은 규모는 작았지만 결핵 환자의 요양을 위한 전문 병원이었다. 거기에서 그는 인생의 전기를 맞게 된다.

1912년에는 결핵을 진단하는 데 X-레이를 활용하지 못했을 뿐만 아니라, 특효약도 개발되지 않은 상태였다. 이러한 상황에서 게이로드 요양원은 결핵 환자의 치료를 위해 가정적이고 자애로운 분위기를 특히 강조하였다. 치료 과정에서도 마치 의대에서 학생을 가르치듯이 환자들이 스스로의 위생 관리를 철저히 할 수 있도록 환자 교육에 중점을 두었다. 라이먼Lyman 박사를 비롯한 치료진의 헌신적인 노력 덕분에, 그는 당시로서는 치명적이었던 결핵과 알코올중독에서 벗어날 수 있게 되었다. 6개월 후에 퇴원을 하면서 그는 라이먼 박사에게 보내는 감사 편지에서 자신을 "당신의 졸업생"[10]이라고 유머러스하게 표현하였다.

그에게 게이로드 요양원의 생활은 매우 만족스러운 것이었다. 그 병원의 치료진들과 환자들은 모두 그의 아버지에 대해서 잘 알고 있었다. 그들 중 상당수가 그의 아버지가 출연했던 「몽테 크리스토 Monte Cristo」를 관람한 적이 있었다. 따라서 그는 요양원에 도착한 직후부터 환대를 받았다. 아이러니컬하게도 그가 방황하도록 만든 것도 아버지였고 그가 방황에서 탈출할 수 있는 계기를 마련해 준 것도 그의 아버지였다.

그는 게이로드 요양원에서 누군가로부터 진정으로 보살핌을 받는다는 것이 어떤 것인지를 깨닫게 된다. 이처럼 치료 과정에서 가슴 뭉클해지는 무언가를 경험한 그는 "살면서 처음으로 자신의 삶과 과거 그리고

삶에 단비가 필요하다면

미래에 대해서 진지하게 생각해 보게 된다."[11] 지난 5년 간 그는 고통스러운 현실로부터 도피하기 위해 해리를 사용하였다. 그는 자신의 문제가 머릿속에 떠오르지 않도록 필사적으로 술을 마셨고 사실상 정신을 잃은 채로 떠돌며 살았다. 하지만 게이로드 요양원에서 그는 맨 정신으로 자신의 문제를 머릿속에 떠올리더라도 이제는 견뎌 낼 수 있다는 것을 깨달았다. 이처럼 스스로 견뎌 낼 수 있게 되자 자신의 문제를 다른 사람에게 말하는 것 역시 어렵지 않게 느껴졌다. 그 순간부터 그는 사람들에게 들려주고 싶은 그 무언가가 가슴속에서 꿈틀거리는 것을 느끼게 된다. 그래서 그는 글을 쓰기 시작했다.

고통스러운 삶의 유산들을 털어 내기 위해 10년을 넘게 몸부림치며 방황해야 했던 그는 자신의 기억들을 글 속에 담기 시작하면서 비로소 머릿속을 유령처럼 배회하던 과거의 어두운 악몽으로부터 벗어날 수 있게 되었다. 그가 이렇게 변하게 된 데는 게이로드 요양원의 간호사 클라크Clark의 공헌이 매우 컸다. 그녀는 매우 유머러스했으며 위트가 넘치는 사람이었다. 그녀 역시 결핵 환자였으며 게이로드에서 치료를 받은 후 완치가 되자 간호사로 남아 일을 하고 있었다. 그는 클라크를 "결핵이 낳은 천사"[12]라고 불렀다.

그는 1913년에 그녀의 생일을 맞이해서 축시를 지어 주기도 하였다. 「우아한 여인의 생일을 위한 발라드」[13]라는 축시에서 그는 "나는 결핵에 걸린 것이 기쁘기까지 하다네. 그렇지 않았더라면 당신을 만날 수 없었을 테니까"[14]라고 읊었다.

게이로드에서 완치가 되었다는 판정을 받았지만 여전히 그는 집에서 환영받지 못하였다. 그의 아버지 제임스는 그의 퇴원 소식을 들었을 때, 식구들에게 감염될 가능성이 없는지를 먼저 물어 보았다. 라이먼 박사가 그럴 가능성이 없다고 대답을 하고 나서야 그는 귀가하는 것을 허가 받을 수 있었다. 그때까지도 에드먼드의 죽음은 치유되지 않은 아픔으로 남아 있었던 것이다.

더이상 알코올이 필요 없어진 이유

집으로 돌아온 그는 이전과는 달리 부모님에 대해 더 이상 적개심을 드러내지 않게 되었다. 게이로드에서의 경험이 가족들에 대한 이해심을 더욱 깊어지도록 만들어 주었기 때문이다. 하지만 여성을 사귀는 데 있어서는 여전히 방황이 계속되었다.

그는 결혼에 한 번 실패한 이후로도 세 명의 여인과 사랑을 나누었으나 결혼에 성공하지는 못했다. 또 1918년에 아그네스^{Agnes}를 만나 결혼을 했지만 사실 그녀는 그가 그녀의 이름에서 기대했던 것만큼 그를 위해 헌신해 줄 수 있는 여인은 아니었다. 비록 작가로서는 명성을 얻었을지라도 그는 여전히 자신이 무엇을 원하는지를 파악해 내는 심리적인 통찰력이 부족한 상태였던 것이다.

1926년에 그는 과거의 어두운 기억 속의 여인들을 모두 떠나보내고, 세 번째 반려자로 캐롯타를 만나게 된다. 그는 캐롯타를 만난 후부터 술을 완전히 절제하게 된다. 불혹의 나이 마흔이 되어서야 알코올 대신 진정한 사랑에 의지할 수 있게 되면서 비로소 그는 내면의 고통을 억제하는 법을 배우게 된다. 성숙한 기제인 억제^{suppression}는 내부의 불편한 감정을 회피하지 않으면서도 그로 인한 부정적인 영향을 최소화하기 위해 합리적인 노력을 기울이는 것을 말한다.

삶에 단비가 필요하다면

그는 1928년에 환희에 넘쳐 친구에게 보내는 편지에 다음과 같이 적었다.

> 신이시여, 저는 지금 제가 얼마나 행복한지를 말씀드리고 싶습니다. 저는 겉모습도 그리고 속마음도 모두 다 새롭게 다시 태어났습니다. 꿈꾸는 것조차 포기해야만 했던 바로 그 꿈이 실현된 것입니다. 저는 허니문 동안 바보처럼 모든 것이 즐겁기만 하여 그저 배회만 하고 있습니다. 아마도 과거 경험, 특히 저처럼 고통스러웠던 과거 경험을 통해 행복이 무엇이고 또 행복이 얼마나 귀한 것인지 그리고 우리가 자신의 행복에 대해 얼마나 겸손해 하고 또 감사해 해야 하는지를 깨달은 후에 찾아온 것이기에 한없이 달콤하고 무아지경에 빠지도록 하는 시간이었던 것 같습니다.[15]

마음속에서 엉켜 버린 실타래 풀기

그는 진정한 사랑을 찾는 데 성공했지만 또 다른 고비가 남아 있었다. 엉망진창으로 엉켜 버린 실타래 같은 가족 이야기를 마음속으로 정리해 내는 일이다. 그는 마침내 자신의 마지막 작품으로 『밤으로의 긴 여로』를 선택한다. 그 이야기는 자신의 가족이 하룻밤 동안 겪었던 일상생활을 극화한 것이다.

캐롯타는 그가 『밤으로의 긴 여로』를 집필하는 동안 보여 준 모습을 다음과 같이 소개하였다.

> 저는 때때로 그가 미친 것 같다는 생각이 들곤 했어요… 그의 고통을 곁

에서 지켜보는 일은 끔찍한 일이었죠…[16] 그 글을 쓰는 것은 그를 죽음의 문턱까지 몰고 갔지요…하루의 목표 분량을 마친 뒤에 그는 신체적으로나 정신적으로 모두 탈진 상태였어요. 밤마다 저는 그를 제 품 안에 꼭 감싸 주어야 했어요. 그렇게 해 주어야만 그는 긴장을 풀고서 잠을 청할 수 있었어요…바로 그 글은 그렇게 쓰여진 겁니다.[17]

『밤으로의 긴 여로』에 등장하는 가족들은 미성숙한 기제의 모습을 전편에 걸쳐 다양하게 보여 준다. 몇 십 년 동안 이들은 서로 괴롭히고 또 서로 괴롭힘을 당하게 된다. 하지만 무엇보다도 비극적인 사실은 이들이 서로를 사랑하고 있으면서도 속으로만 삭히면서 살아갈 뿐 사랑하는 감정을 공개적으로는 함께 나누지 못한다는 점이다. 하지만 놀랍게도 『밤으로의 긴 여로』에 등장하는 그의 부모님은 과거에 자신이 실제로 경험했던 부모님의 모습보다 훨씬 더 사랑스러운 모습으로 등장한다. 승화의 창조적인 과정을 통해서 그는 작품 속에 가족들을 사랑하는 자신의 감정을 함께 담았기 때문이다.

『밤으로의 긴 여로』에서 마치 스크루지 같았던 그의 아버지는 내면에 따뜻함을 감추고 있는 인물로 그려지고 또 마약중독자인 그의 어머니는 약에 취한 상태에서도 "애정 어린 환한 미소"[18]를 머금고 있는 인물로 그려진다. 또 알코올중독자인 그의 형은 셰익스피어가 말한 것과 같은 운명에 희생 당한 후 고뇌에 찬 생활을 하는 인간적인 모습으로 등장한다. 아마도 『밤으로의 긴 여로』보다 마약중독자와 구두쇠 그리고 알코올중독자를 아름답게 묘사한 작품은 존재하지 않을 것이다.

삶에 단비가 필요하다면

조각난 삶을 치료하는 방법

　그의 삶은 한순간도 순탄했던 적이 없었다. 그의 사랑을 독차지했던 장남은 예일Yale 대학교의 전도유망한 고전학 교수였음에도 불구하고 알코올중독에 빠진 후 자살하게 된다. 그리고 그의 둘째 아들은 찢어지게 가난한 생활을 하다가 자식을 영양실조로 저 세상으로 떠나보낸 뒤로는 사실상 아버지와 담을 쌓고 지내게 된다. 또 그에게 사랑받던 막내딸은 열여덟 살 때 세 번의 이혼경력이 있는 쉰네 살의 찰리 채플린과 사랑에 빠져 그의 완강한 반대에도 무릅쓰고 결혼을 감행한다. 결국 그는 가장 사랑했던 장남을 알코올중독으로 떠나보냈을 뿐만 아니라, 나머지 자식들과는 의절한 상태에서 지내게 된다. 그리고 말년에 그는 알코올중독 후유증과 더불어 파킨슨병에 걸려 펜을 잡는 것 자체가 힘든 고통스러운 나날을 보낸다.

　하지만 그는 자신의 삶을 회고하면서 이렇게 말했다.

> 인간은 불구로 태어나, 조각난 삶을 기우면서 살아간다.
> 그리고 그때의 접착제는 바로 신의 은총이다.[19]

유진 오닐

그의 삶은 '밤으로의 긴 여로' 같았다.
동시에 그의 삶은 그 자체가 가슴 저미게 하는 한 편의 드라마이기도 하였다.
그의 인생유전은 어둔 밤과 같은 삶에 희망의 빛이
어떻게 드리우게 되는지를 잘 보여 준다.

해리

해리에서는 고통스러운 현실을 견뎌 내기 위해서 의식 속의 사고와 감정을 모두 바꾸게 된다. 신경을 이완 시켜 주는 기능을 하는 술이나 진정제를 복용하게 되면, 적어도 그 약효가 지속되는 동안만큼은 신체적인 고통뿐만 아니라 정신적인 고통도 둔화시킬 수 있다. 하지만 해리의 효과는 약물에 의해서만 일어나는 것은 아니다.

스피드광이 되어 질주를 할 경우에도 세상의 고통으로부터 완벽하게 해리될 수 있다. 예를 들면, 오토바이를 타고서 일정 속도 이상을 질주하게 되면 시야가 점차 축소되어 가다가 어느 순간부터는 세상의 모든 사물이 한 점으로 모이게 된다. 말 그대로 이 시점부터는 '뵈는 것이 없게 된다'. 물론 이 시점에서는 아차하는 순간에 목숨을 잃을 수 있기 때문에 극도의 긴장을 요하게 된다. 결과적으로 이러한 상태에서는 운전자의 머릿속이 마치 텅 비어 버린 것처럼 변하기 때문에 과거의 상처와 관련된 상념과 그와 관련된 고통스러운 감정 모두 지각되지 않을 수 있다.

그 밖에 거액의 판돈을 걸고 하는 도박에 중독되거나 극도로 위험한 모험이 주는 스릴에 빠져드는 것들도 해리의 또 다른 예이다. 그리고 스트레스를 받고 난 뒤부터 잠이 부쩍 늘어나게 되는 것도 해리에 해당된다.

해리의 구체적인 형태가 어떤 것이든지 간에 해리가 초래하는 결과는 동일하다. 그것을 사용하는 사람의 고통을 가중시킨다. 알코올이나 도박에 중독되는 것은 말할 것도 없고 수면이 늘어나는 경우에도 고통이 가중되기는 마찬가지다. 10시간 이상 자고 나면, 몸이 가벼워지기는커녕 등이나 신체의 일부가 저리고 아파올 뿐이다.

해리를 사용하는 사람과 더 잘 지내기

1. 당신 곁에 해리를 사용하는 사람이 있다면 그 구체적인 형태가 술을 마시는 것이든, 도박에 빠져 지내는 것이든, 위험한 수준의 스피드에 매력을 느끼는 것이든 간에 그 사람은 별로 우울해 보이지 않을 것이다_ 그렇기 때문에 당신의 눈에는 해리를 사용하는 사람들이 무슨 문제가 있어서 해리를 나타내는 것이 아니라, 해리를 사용하는 것 그 자체가 문제인 것처럼 보일 수 있다. 예를 들면, 누군가가 어느 날 갑자기 만취 상태로 술을 마시는 것을 목격하게 되면 자연스럽게 당신은 그 사람에게 무슨 일이 있나보다고 추측하게 된다. 하지만 그 사람이 해리를 사용하기 때문에 습관적으로 과음을 하게 되면, 그때부터 당신 눈에는 다른 문제가 있어서 그 사람이 술을 마시는 것이 아니라 원래부터 술을 많이 마시는 사람으로 보이게 된다. 하지만 세상에 나면서부터 술꾼으로 태어나는 사람은 없다.

2. 해리를 미성숙한 기제와 구분하는 것은 매우 중요하다_ 해리는 신경증적인 기제 중에서 미성숙한 기제와 구분하는 것이 가장 어려운 기제라고 할 수 있다. 실제로 상습적인 음주의 경우 소극적-공격성이나 행동화의 맥락

에서 나타나는 것일 수도 있다. 누군가 상습적인 음주를 하는 경우 그 사람이 건강을 해칠까봐 당신이 안타까운 마음이 든다면 그것은 해리일 수 있다. 하지만 그 사람이 만취 상태에서 술주정을 일삼기 때문에 당신이 짜증이 난다면 그것은 신경증적인 해리가 아니라 소극적-공격성에 가까운 것일 수 있다. 또 만취 상태에서 기물을 파괴한다거나 행인들과 싸움을 반복적으로 벌인다면 그것은 행동화에 해당되는 것이다. 특히 음주로 인한 행동화 문제는 사회생활에서 치명적인 오점을 남길 수 있으므로 즉각적으로 심리 치료를 권유하는 것이 필요하다. 단, 유진 오닐의 사례가 보여 주듯이 알코올을 완전하게 대체할 수 있는 것은 사랑뿐이라는 사실을 유념하기 바란다.

3. 해리는 의도적인 거짓말과는 명백히 다른 것이다_ 해리는 명백히 신경증적인 기제임에도 불구하고 다른 사람들에게 내면의 고통을 가장 적게 드러내는 기제이다. 해리는 고통스러운 사고와 감정 모두를 바꾸기 때문에 가장 드라마틱한 인상을 준다. 그래서 주변 사람들은 그가 거짓말을 하고 있다는 인상을 받기까지 한다. 예를 들어, 이성 친구와 실연을 하고 난 다음에 사귀던 사람의 얼굴을 못 알아본다고 주장하는 사람을 떠올려 보라. 그 누구라도 믿기 어려울 것이다. 하지만 소위 해리성 기억상실증은 이 불가능해 보이는 일을 실제로 가능하도록 해 준다.

해리를 성숙한 기제로 변화시키기

1. 당신이 스스로 해리를 사용하고 있다고 생각된다면, 그러한 행동이 건강을 해치고 있는 것은 아닌지 주의 깊게 살펴볼 필요가 있다_ 특히 알코올은 중

독을 일으킬 뿐만 아니라 신체의 장기들에 돌이킬 수 없는 치명상을 입힐 수 있다. 만약 이미 스스로 절제할 수 있는 선을 넘어섰다면, 즉각적으로 조치를 취할 필요가 있다. 가족과 상의해서 음주 습관을 보다 효율적으로 통제할 수 있는 방안을 강구해 보자. 또는 단주나 절주 모임에 참여하는 것도 좋은 방법이다. 이미 오랫동안 상습적인 음주를 해 왔다면, "차차 나아지겠지"하고 방심하기보다는 정신 건강 전문가와 상담해 보도록 하자.

2. 해리는 그것을 사용하는 사람의 사고와 감정 모두를 바꾸기 때문에 가장 많은 에너지를 소진시키는 기제이기도 하다_ 예를 들어, 술이나 진정제 때문에 의식을 잃고 나면 일시적으로는 고통스러운 사고와 감정 모두 지각되지 않지만 깨고 나면 머리가 묵직하고 둔해질 뿐만 아니라 몹시 피곤한 느낌을 주게 된다. 해리성 기억상실증을 포함해서 고통스러운 과거를 강제로 지워 버리는 것은 이처럼 정신적으로나 신체적으로 엄청난 노력을 요구하게 된다. 따라서 해리는 생산적인 일에 몰두할 수 있는 에너지를 빼앗아 가버린다. 술을 많이 마시는 사람이 생산적으로 행동하는 것은 사실상 거의 불가능하다. 알코올은 기본적으로 억제적인 기능을 하기 때문이다. 물론 한두 잔 정도를 즐기는 것은 기분 전환에 도움을 주기 때문에 창조적인 작업에 도움을 줄 수도 있다. 하지만 과음은 그 어떠한 경우든 생산성에 악영향을 준다.

3. 해리는 어떤 의미에서 성숙한 기제로 나가기 위해서 거쳐 가야 할 통과의례 같은 속성을 가지고 있다_ 살아가면서 청천벽력 같은 일을 겪게 되면 누구나 처음에는 도저히 그 고통을 견뎌 내는 것이 불가능할 것 같은 느낌 때문에 좌절하게 된다. 하지만 해리는 그러한 일이 얼마든지 가능할 수 있다

는 것을 손쉽게 보여 준다. 만취 상태에서 의식을 잃게 되면 대부분의 사람들은 제아무리 고통이 심하더라도 어떻게든 견딜 수 있게 된다. 이러한 체험을 해야지만 음주 이외의 방법을 통해서도 고통을 견디는 것이 가능할 수 있다는 점을 실감할 수 있다. 성숙한 기제는 어느 날 갑자기 생기는 것이 아니라 이러한 가능성을 실감한 후로도 오랜 시간을 갈고 닦아야 비로소 터득할 수 있는 것이다. 이런 점에서 해리는 성숙한 기제의 어머니라고 할 수 있다.

08

도덕적인,
너무나도 도덕적인

위대한 이타주의의 비밀

신비할 정도로 도덕적인 사람이 있었다.

그의 삶은 심리학적인 정설을 다시 한번 더 확인시켜 주었다.

그에게는 화려한 과거가 있었던 것이다.

그는 1875년 프랑스의 알자스 Alsace 에서 태어났다. 그의 아버지는 엄격한 목사였는데 수시로 병을 앓았기 때문에 집안 분위기는 늘 어두운 그늘이 드리워져 있었다. 나중에 그의 아버지는 병에서 회복되자, 칠순이 넘어서도 자신의 교구를 찾아 전쟁터를 헤매는 생활을 하였다. 그 과정에서 1916년에 그의 어머니는 길을 건너다 기마대의 말에 치어서 숨지게 된다.[1]

그는 자신의 자서전 『유년 시절의 회고록 Memoirs of Childhood and Youth』에서 대표적인 초기 기억으로 두 가지를 소개하고 있다. 그 하나는 신비주의적인 색채의 공상적 사고에 관한 것이고 또 다른 하나는 공격성에 관한 것이다.

새총 놀이를 말린 하나님

신비주의적인 색채의 공상에 관한 일화는 다음과 같다.

> 내가 세 살 혹은 네 살쯤 되었을 때, 나는 일요일마다 교회에 따라가곤 하
> 였다. 나는 평일에도 항상 그 일이 기다려졌다. 나는 아직까지도 내가 소
> 리를 지르거나 노래를 크게 부를까봐 유모가 면장갑으로 내 입을 틀어막
> 았을 때의 느낌을 생생하게 기억하고 있다. 일요일마다 나는 파이프 오르
> 간 한쪽의 빛나는 쇠기둥 위로 털북숭이 얼굴을 한 무언가가 앞뒤로 움
> 직이다가 교회를 내려다보는 것을 보았다. 그것은 오르간 연주와 함께 노
> 래를 부르기 시작하면 나타났다가 아버지가 연단에서 설교를 하면 사라
> 지고 또 연주가 시작되면 나타났다가 아버지가 설교를 하면 이내 사라져
> 버렸다. 나는 혼잣말로 속삭였다. "이것은 교회를 시찰하는 악마야, 아버
> 지가 설교를 하면 그 녀석은 빠져나가야만 할 거야."[2]

먼 훗날 그는 그 악마가 바로 자신의 아버지였다는 것을 깨닫게 된
다. 오르간 연주가가 연단에서의 예배 진행상황을 확인할 수 있도록 올
려 놓은 거울에 아버지의 모습이 비쳤던 것이다. 그가 신비주의적인 공
상에 빠지는 경향은 그 후에도 지속되었다. 그는 일고여덟 살쯤 되었을
때, 조그만 돌을 고무 밴드에 끼운 상태에서 힘껏 던져서 새를 맞추어
잡는 놀이를 하는 무리에 끼게 되었다. 그는 새를 잡는 것이 내심 꺼림
칙하기도 했지만, 친구들이 비웃을까봐 시키는 대로 따라하였다. 그는
마음속으로 빗나가길 빌면서 몇 차례 돌팔매질을 했다. 그때 멀리서 교
회의 예종 소리가 들려왔다. 나중에 그는 자서전에서 "나에게 그 소리

삶에 단비가 필요하다면

는 하늘의 목소리 같았다"라고 적었다.[3] 그 종소리를 들은 후 그는 새들을 친구들의 돌팔매질로부터 보호하기 위해 소리를 내어 쫓은 후 집으로 달려갔다. 그는 그때 종소리가 마치 "살생하지 말라!"는 십계명처럼 마음속에서 울려 퍼졌다고 하였다.

학창 시절에 그의 공상적인 기질은 학업에 커다란 걸림돌이 되었다. 그는 자서전에서 다음과 같이 적었다.

나는 그다지 좋은 학생은 아니었다. 나는 백일몽에 너무 깊숙이 빠져 지냈다. 내 성적은 엉망이었고 나의 부모님은 비탄에 잠기게 되었다. 하지만 나는 여전히 성적을 올려야겠다는 생각이 별로 들지 않았다. 나는 목사의 아들로서 받던 장학금마저 놓칠 위기에 처하게 되었다. 교장 선생님은 아버지를 소환해서는 학교에서 나가는 것이 최선일 것 같다는 충고를 넌지시 해 주었다. 아버지가 근심에 빠져있다는 사실을 나는 꿈속에서조차 몰랐다. 나는 아버지가 나를 야단치지 않아서 무척 놀랐다. 그는 매우 자상했지만 이 일을 무척 슬퍼하였다.[4]

벌침과 채찍

그의 또 다른 초기 기억은 공격성에 관한 것이다.

또 다른 초기 기억은 내가 나 자신에 대해서 최초로 수치심을 느끼게 된 순간에 대한 기억이다. 아버지가 정원에서 벌집 작업을 하느라 분주할 때, 나는 작은 스커트를 입고 조그마한 의자에 앉아 있었다. 곧 작고 귀여운 생물이 내 손 위에 앉았다. 나는 그것이 앞뒤로 기어 다니는 모습을 지켜보는 것이 재미있었다. 하지만 나는 곧 비명을 지르고 말았다. 그 조그만 생물은 바로 벌이었던 것이다. 아버지가 벌집에서 꿀을 모두 다 가져가 버렸기 때문에 그것은 정당화될 수 있는 분노로 볼 수 있었다. 그에 대한 복수로 목사 대신 작은 아들에게 침을 놓은 것이다. 내 비명 소리에 온 집안이 난리가 났다. 유모는 나를 품에 안고서 키스를 하며 나를 위로하려 하였다. 어머니는 나를 안전한 곳에 옮겨 놓지 않고 작업했다며 아버지를 책망하였다. 내가 겪은 불행한 사건은 매우 흥미로운 결과를 가져왔기 때문에 문득 나 자신이 더 이상 아프지 않은 상태에서 눈물을 흘리고 있다는 사실을 깨닫게 되었을 때에도 나는 계속해서 울었다. 내 양심은 그만 울라고 말했지만 주목받는 상황을 유지하고 싶었기 때문에 나는 계속 슬퍼했고 더 이상 필요하지 않은 위로를 오랫동안 받았다.[5]

그가 초기 기억을 기술하면서 사용한 표현들, 즉 벌, 비명, 복수 그리고 분노 등의 단어들이 시사해 주는 것처럼 공격성은 공상과 더불어 그의 어린 시절을 특징짓는 주요한 키워드라고 할 수 있다.

그가 학교에 입학하기 전에 그의 집에서는 사나운 개를 키우고 있었다. 그 개는 우편배달부 같은 낯선 사람이 방문하면 공격적으로 변했다. 한번은 경찰관을 공격한 적도 있었다. 그래서 우편배달부가 방문할 시간에 맞춰 한쪽 구석으로 개를 끌고 가서 지키는 임무가 그에게 주어졌다. 그때 그는 마치 사자처럼 사나운 맹수가 자기에게 꼼짝 못하는 모습을 보는 것이 즐거웠기 때문에 개를 구석으로 몰고 가면서 개에게 강한 펀치를 날리곤 하였다. 물론 굳이 거칠게 다루지 않더라도 그 개를 손쉽게 통제할 수 있었기 때문에 그러한 일을 한 다음에는 죄책감이 밀려

삶에 단비가 필요하다면

왔다. 특히 우편배달부가 가고 난 다음에는 그 개와 마치 친구처럼 함께 지냈기 때문에, 그는 심한 자책감을 겪었다. 하지만 이미 사나운 동물을 제압하는 쾌감에 중독되고 말았기 때문에 행동이 쉽게 고쳐지지는 않았다.

그의 이웃집에는 늙은 말이 있었다. 그 말은 힘이 없었기 때문에 쉽게 지쳐서 얼마 걷지를 못하였다. 하지만 그는 그 사실을 잘 알고 있으면서도 자신이 올라탄 상태에서 말이 계속 걷도록 하는 데 묘한 매력을 느꼈기 때문에 오랫동안 그 말을 괴롭혔다.

고등학교 시절 그는 크리스마스 휴가 때 말이 끄는 썰매를 몰았다. 그때 사나운 이웃집 개가 썰매를 보고 으르렁거리며 달려들었다. 그 개는 썰매를 보고 장난친 것처럼 보였지만, 일부러 그는 그 개에게 채찍질을 해댔다. 얼굴을 조준해서 휘두른 그의 채찍은 개의 눈에 명중하였다. 그 개는 비명을 지르며 눈 위로 나뒹굴었다.

그가 살던 마을에서 얼마 안 떨어진 곳에 모쉬Mausche라는 유태인이 살고 있었다. 모쉬는 이따금씩 당나귀 수레를 끌고서 그 마을을 지나곤 하였다. 그가 살던 마을에는 유태인이 없었기 때문에 아이들에게 이것은 커다란 볼거리였다. 아이들은 그 뒤를 쫓아가면서 그를 놀려댔다.

그러한 행동이 무엇을 의미하는지 몰랐지만, 이제는 다 컸다는 것을 내세우고 싶었기 때문에 나도 그 행렬에 경쟁적으로 합류하였다. 나는 "모쉬, 모쉬"하고 외치며 그와 당나귀 수레를 쫓아갔다… 하지만 주근깨가 있고 턱수염을 기른 모쉬는 당나귀만큼이나 흔들리는 일 없이 그냥 묵묵히 가던 길을 갔다. 그저 그는 뒤를 돌아보며 당황해 하는 아이들에게 상냥한 미소를 지을 뿐이었다. 그의 미소는 나를 압도하였다. 나는 모쉬에게서

박해를 받는 상황에서 침묵을 지키는 것이 무엇을 의미하는지 처음으로 배우게 되었다.[6]

지나친 모범생

이 일이 계기가 되어 그는 고달픈 **반동형성**reaction formation의 가시밭길을 걸어가기 시작한다. 신경증적인 기제 중 하나인 반동형성은 내부의 욕구를 수용하기 힘든 상황에 처했을 때, 오히려 정반대의 행동을 나타내는 것이다. 반동형성은 외견상 사회적으로 바람직해 보이는 행동을 너무나 경직된 방식으로 그리고 지나칠 정도로 한다는 데 문제가 있는 것이다.

그의 학창시절 별명 중 하나는 '웃음보'였다. 웃는 것은 사회적으로 바람직한 것 중 하나지만 그는 지나치게 웃었던 것이다. 그는 쾌활하기보다는 수줍음이 많은 편이었기 때문에 그의 이러한 행동은 주변 사람들에게 부자연스러운 인상을 주었다. 그래서 그의 친구들은 그의 이러한 약점을 무자비하게 조롱하기도 하였다.

그의 반동형성은 점차 격렬해졌다. 그는 승부욕이 무척 강했기 때문에 게임에 열중하는 편이었다. 어느 날 여동생과 게임을 하다가 그가 전승을 거두게 되자 그는 불같이 화를 내었다. 자신이 게임에 몰입한 것만큼 여동생이 게임에 열심히 임하지 않았다고 생각한 것이다. 그는 그날 게임에 최선을 다하지 않았다며 여동생을 두들겨 패고 만다. 그때부터 그는 자신의 지나친 열정에 두려움을 느끼게 된다. 그 후로 그는 똑같은 일이 벌어질까봐 게임을 즐기는 것을 완전히 포기해 버리게 된다. 그의

삶에 단비가 필요하다면

눈에는 게임이 자신의 잠든 승부욕을 부채질하는 사악한 것으로 보였기 때문이다.

그의 삶에서 반동형성이 점차 강화되어 가자, 어렸을 때 동물 학대를 일삼던 그는 낚시용 미끼인 벌레에까지 연민의 정을 품게 된다. 그 결과, 그는 낚시를 즐기는 친구들을 도저히 가까이 할 수 없는 살육자로 느끼게 된다. 그의 눈에는 물고기의 입맛을 유혹하기 위해 낚시 바늘에 뒤틀리게 매달려 있는 벌레에 대한 처우가 너무도 부당하게 보였던 것이다.

그는 친구들과 싸우는 것을 좋아하지는 않았지만, 레슬링처럼 힘을 겨루는 운동은 매우 좋아하였다. 어느 날 그는 방과 후에 친구와 레슬링을 하였다. 그 친구는 그보다 키도 크고 강했지만, 시합은 그의 승리로 끝이 났다. 그러자 그 친구는 분에 못 이겨 "빌어먹을, 나도 너처럼 일주일에 두 번씩 고깃국을 먹었다면 너만큼 강했을 거야"[7]라고 말했다. 이 일이 있은 후로 그는 고깃국을 혐오하게 되었다. 그리고 그는 언제나 친구와 똑같은 조건에서 생활하려고 노력하게 된다. 그가 친구와 똑같이 생활하는 데 지나치게 집착했기 때문에 그는 부모와 계속해서 충돌하게 된다.

어느 날 그의 부모가 값비싼 오버코트를 사 주었다. 주일날 부모가 그 옷을 입히려 하자 그는 한사코 입기를 거부하였다. 그 때문에 아버지는 화가 나서 그의 따귀를 때리기까지 하였다. 하지만 소용없었다. 결국 그는 그날 겉옷을 걸치지 않은 채 교회에 갔다. 그 후로도 겨울 내내 일요일마다 같은 상황이 반복되었다. 그는 숱하게 얻어맞았지만, 끝내 코트를 입지 않은 채 추위에 벌벌 떨면서 교회로 갔다.

그가 어렸을 때 그의 아버지는 연말이면 크리스마스 선물을 준 친척 어른들에게 감사 편지를 쓰도록 시켰다. 그리고 편지를 다 쓴 후에는 오류를 교정 받기 위해 제출해야 했다. 그의 반동형성은 언제나 완벽한 감사 편지를 쓰도록 요구했기 때문에 결국 그는 고민만 거듭하다가 끝내 편지를 제대로 완성하지 못하기 일쑤였다.[8] 그래서 남들에게는 축복의 시간인 크리스마스 시즌이 그에게는 고문을 받는 기간이나 마찬가지였다.

그의 반동형성은 내면의 분노감이 밖으로 분출되는 것을 결코 용납할 수 없었다. 그리고 이를 완벽하게 달성할 수 있는 방법은 내면의 모든 감정을 원천봉쇄하는 것이었기 때문에 그는 내면의 부정적인 감정뿐만 아니라 모든 감정을 스스로 차단해 버리게 된다. 결국 그는 마치 감정이 메말라 버린 사람처럼 생활하였다. 음악을 연주할 때도 마찬가지였다. 그는 처음에 오르간을 배울 때 연주가의 감정이 모두 빠져버린 기계적인 연주를 해서 음악 선생님과 자주 충돌하였다. 이때 그에게 음악적인 감수성을 전수하려고 분투하던 음악 선생님은 마침내 백기를 들면서 그를 가르치는 일이 자신에게는 "고문같다"[9]고 토로하였다.

문제아가 되다

반동형성은 어린 그에게 너무나도 가혹한 가시밭길을 걸어가도록 요구했기 때문에 결국 그는 사춘기에 뒷걸음질치고 만다. 열네 살에서 열여섯 살 사이에 그는 문제아가 되었다. 얼마 전까지만 해도 반동형성의 화신처럼 행동했던 그는 갑자기 아버지를 포함해서 주변 모든 사람들로부터 눈엣가시 같은 존재로 돌변하였다.[10] 그는 사춘기 때 전통적이고 관습적인 주장의 허구성을 들춰내는 데서 삶의 보람을 느꼈다. 그래서

삶에 단비가 필요하다면

그가 참여한 모든 토론은 파국으로 끝을 맺었다. 다소 보수적이었던 그의 숙모는 그가 망나니처럼 군다며 매우 불쾌해 하였다. 사춘기 동안 그의 반동형성 자리에는 소극적-공격성이 대신 들어앉게 되었던 것이다.

어린 시절 그를 사로잡았던 공상과 반동형성 그리고 소극적-공격성은 그가 점차 성숙해지면서 승화, 이타주의, 억제 그리고 유머 등의 성숙한 기제로 대체되었다.

그는 신학과 철학의 박사 학위를 받고서 이십 대 중반에 모교에서 신학 담당 교수로 임용된다. 그때부터 그는 열정적으로 집필 활동에 몰입하였다. 이 과정에서 그는 어린 시절 자신이 빠져 지내던 신비주의적인 색채의 공상들을 종교의 신비주의적인 체험에 관한 학술적인 저작들로 승화시킨다. 그가 주창한 "실용적인 신비주의"[11]사상은 기독교 사상의 혁명적인 전환점을 마련하는 데 크게 기여하였다. 그는 오늘날에는 역사적으로 알려진 예수가 아니라, 우리의 내부에서 영적으로 일어선 예수가 진정으로 중요한 가치를 갖는다고 주장하였다.

검은 근육질 사내의 어두운 그림자

그가 살던 고향 마을의 공원에는 미국의 자유의 여신상을 조각한 거장 바르톨디Frederic Auguste Bartholdi의 조각 작품이 있었다.[12] 그 작품의 일부에는 아프리카 토인이 앉아서 생각에 잠긴 채 무언가를 응시하는 모습이 포함되어 있었다. 그는 자서전에서 "슬픈 상념에 잠긴 듯한 인상을 주는 그의 모습은 검은 대륙의 참혹한 상황을 내게 들려주는 것 같았다"[13]고 적었다. 반동형성의 화신이었던 그에게는 근육질의 역동적인 인상을 주는 아프리카 토인의 모습조차 힘없어 하는 슬픈 얼굴로 보였던 것이다.

그는 서른 살이 되던 해에, 우연히 콩고에 전도의 손길이 필요하다는 내용의 기사를 읽게 된다. 이때 바르톨디의 아프리카 토인을 떠올리게 된 그는 의술을 익혀서 아프리카로 가기로 결심한다. 그의 아버지는 위장병과 관절염 등을 비롯해서 늘 병을 달고 살았다. 그 때문에 아버지를 대신해서 숙부가 그의 교육비와 생활비를 대 주었다. 비록 그는 아버지의 병을 고치지는 못하였지만 그 대신 아프리카의 수많은 원주민들을 치료하였다. 그의 반동형성이 바로 이타주의로 전환된 것이다.

외면상 도덕적인 인상을 주는 반동형성은 이타주의와는 달리, 타인에게 유익한 도움을 주기는커녕 스스로를 신경증적인 증상의 감옥에 가두게 된다. 그는 다른 친구들을 생각해서 오버코트를 안 입겠다고 고집부렸지만 그러한 행동을 통해서 친구들이 얻은 것이라고는 아무것도 없다. 그 역시 한겨울에 겉옷도 안 입고 교회에 가야 했기 때문에 얻은 것이라고는 추위뿐이었다. 또 그는 친구들을 생각해서 고깃국을 안 먹겠다고 주장했지만, 그렇다고 친구들이 그 고깃국을 대신 먹을 수 있었던 것은 아니었다. 그가 얻은 것이라고는 오로지 배고픔뿐이었다. 하지만 이타주의는 다르다. 그의 이타주의는 아프리카의 고귀한 생명을 구하게 된다.

정글 닥터

그의 놀라운 창조성은 이타주의를 승화와 절묘하게 결합시키기도 하

삶에 단비가 필요하다면

였다. 어린 시절 마치 야수를 다루는 듯한 느낌이 주는 쾌감 때문에 집에서 키우던 개를 학대한 후 죄책감에 시달렸던 그는 일반적인 의사가 아닌, 정글을 누비는 의사가 되었다. 그는 정글에서 표범과 독사 같은 맹수들로부터 인간을 보호하기 위해서 그들을 퇴치하는 데 적극적으로 앞장섰다. 하지만 과거와는 달리 죄책감에 시달리지 않았다. 내면의 공격성이 승화된 형태로 표현되었기 때문이다.

그는 나이가 들면서 내면의 분노감을 젊었을 때보다 더 잘 참을 수 있게 되었다. 억제의 비결을 터득하게 된 것이다. 그는 자신이 과거보다 타인에게 관대해질 수 있었던 이유를 다음과 같이 설명하였다.

> 내 삶은 과오로 얼룩져 있기 때문에 나는 내게 가해지는 타인의 잘못을 용서해야 한다. 그리고 나는 사랑에 목말라 했고 증오로 인한 죄책감을 느꼈으며 또 타인을 비방하고 속였으며 거만하게 살아왔기 때문에 누군가가 내 사랑을 원하고 나를 증오하며 또 나를 비방하고 속이며 내게 거만하게 대하더라도 그에게 관용을 베풀어야 한다.[14]

이처럼 그가 분노를 잘 참아낼 수 있게 되자, 그는 더 이상 자신의 감정이 밖으로 표출되는 것을 차단하며 살 필요가 없어졌다. 특히 그는 멘델스존의 「무언가 Song without words」에서 커다란 영감을 받기 시작하였다.[15] 음악 안에 포함되어 있던 시적인 가사들은 반동형성의 검열에 의해 모두 억눌러졌지만 멘델스존의 낭만적인 「무언가」는 반동형성의 무자비한 심사를 통과할 수 있었던 것이다. 감정이 말라비틀어진 기계 같은 연주로 음악 선생님의 항복을 받아 냈던 그는 내면의 잠들어 있던 감성이 깨어나게 되자, 세계적인 오르간 연주가로 다시 태어나게 되었다.[16] 그뿐만 아니라 그는 동료와 함께 바하의 오르간 연주 전집을 집대성하는 데 평생을 바치기도 하였다.

지나친 겸손

성인기에 그의 반동형성은 크게 약화되기는 했지만 완전히 사라지지는 않았다. 그는 자신이 맡은 일을 지나치게 완벽하게 하려고 덤벼들었기 때문에 동료들과의 문제가 평생 끊어지지 않았다. 또 그는 자신의 봉사 활동이 세계 시민들에게 널리 알려지자 사람들이 그의 공로에 찬사를 보내는 것을 온전하게 수용하는 데 어려움을 겪었다. 그의 반동형성은 그가 타인의 칭송을 받아들이는 것을 마치 그가 다른 사람들에게 잘난척 하기라도 하는 것처럼 취급하였기 때문이다.

1947년에 「라이프」와 「크리스찬 레지스터」는 거의 동시에 그를 소개하면서 "세계의 위인"이라는 타이틀을 사용하였다. 그러나 이 소식을 들은 그는 기뻐하기는커녕 화가 나서 어쩔 줄 몰라 하였다.[17] 또 1948년에는 미국의 예일Yale 대학교를 포함한 여러 대학들에서 그에게 명예박사 학위를 수여하겠다는 제안을 해 왔다.[18] 하지만 그의 반동형성은 이것마저도 허용하지 않았다. 그는 지나치게 겸손하였던 것이다. 그의 이러한 행동에 대한 사람들의 반응은 두 가지였다. 사람들은 한편으로는 그의 행동에 의아해 하는 동시에 또 다른 한편으로는 안타까워했다. 왜냐하면, 미국의 많은 대학들이 명예박사 학위와 더불어 상당한 금액의 재정적인 지원을 해 줄 예정이었기 때문이다. 이 당시에 아프리카에서 그가 운영하던 병원은 심각한 경영난에 허덕이고 있었던 것이다.

삶에 단비가 필요하다면

3등칸을 좋아하는 위인

하지만 노년기에 접어들면서 그는 이전과는 달리 자신의 반동형성이 사회적인 물의를 일으키지 않도록 조절하는 능력을 터득하게 되었다. 그 능력은 바로 유머이다. 노년기에 그는 경직된 반동형성 대신 보다 융통성 있는 유머를 주로 사용하였다. 유머는 성숙한 기제로서 내면의 갈등과 고통을 숨기지 않고 드러냄으로써 자신을 포함한 주변 사람들 모두를 웃을 수 있도록 만들어 준다.

그는 어렸을 때는 반동형성의 영향으로 인해 불편한 상황에 직면하게 되면 어색한 웃음을 내보여 친구들로부터 조롱을 받았었다. 하지만 나이가 들면서 점차 유머를 통해 스스로도 진정으로 웃을 수 있게 되었을 뿐만 아니라 다른 사람들도 함께 웃을 수 있도록 만들었다.

그는 세계적인 명사가 된 후에도 여전히 검소하게 생활하였다. 그래서 그는 아프리카 병원의 운영을 위한 모금 행사에 참석하기 위해 기차 여행을 할 때면 항상 3등칸을 이용하였다. 그러면 기차역에 그를 마중 나온 지역 유지들은 초라한 그의 행차를 보면서 안타까운 마음에 "왜 세계적인 명사이신 박사님이 3등칸을 타고 오십니까?"라고 묻곤 하였다. 이때 그는 "4등칸이 없어서요"라고 짤막하게 답함으로써 어색한 분위기를 반전시켰을 뿐만 아니라 모금 행사가 성공적으로 치러지는 데 기여하기도 하였다.

그는 정글의 의사로 활동한 공적을 인정받아, 1957년 노벨 평화상을 수상하게 된다. 그 이후로 그는 자신이 사람들로부터 세계적인 명사의 대우를 받는 것을 불편해 하지 않았을 뿐만 아니라, 자신의 위치를 있는 그대로 즐길 수 있게 되었다.

그는 아인슈타인^{Albert Einstein}과 절친한 친구 사이였다. 어느 날 그가 미국에서 기차 여행을 하고 있을 때였다. 두 명의 소녀가 그에게 다가와 "아인슈타인 박사님, 사인 좀 해 주세요"라고 부탁하였다. 그들을 실망시키고 싶지 않았던 그는 이렇게 사인하였다. "앨버트 아인슈타인, 그의 친구 앨버트 슈바이처가."[19]

삶에 단비가 필요하다면

슈바이처

신비할 정도로 도덕적인 사람이 있었다.
그의 삶은 심리학적인 정설을 다시 한번 더 확인시켜 주었다.
그에게는 화려한 과거가 있었던 것이다.

반동형성

반동형성은 내부의 욕구를 수용하기 힘든 상황에 처했을 때 자신이 정말로 원하는 것과는 정반대의 행동을 나타내는 것이다. 반동형성은 '창녀가 어느 날 갑자기 수녀처럼 행동하는 것'과 같은 급작스러운 변화를 초래하기 때문에 주변 사람들을 놀라게 만들기도 한다.

담배를 골초처럼 피워 대던 사람이 금연을 결심한 다음 날부터 담배 냄새를 혐오하기 시작한다면, 분명 그는 담배 냄새를 그리워하는 사람보다 담배를 끊게 될 확률이 높은 것은 사실이다. 하지만 반동형성은 그 어떠한 선택의 여지를 남겨 두지 않기 때문에, 위험할 정도로 경직되고 또 인생의 즐거움을 크게 손상시키게 될 수도 있다.

반동형성은 청소년기 비행의 결과로서 나타나는 것인 동시에 장차 이타주의로 가는 디딤돌의 역할을 하게 된다. 이타주의는 자신이 절실하게 원하는 것을 바로 다른 사람에게 주는 것을 통해 내면의 갈등을 해결하는 것이며 그 빛나는 가치는 실제로 체험해 보기 전까지는 느낄 수 없는 것이다. 따라서 이타주의를 통해 주는 사람과 받는 사람 모두에게 신의 축복이 내려지기 위해서는, 그 가치를 알든 모르든 간에 먼저 실천에 옮기는 것이 필요하다. 반동형성은 이타주의의 기쁨을 느끼는 것도 아니면서 마치 이타주

216

의주자인 것처럼 행동하는 것을 견딜 수 있도록 해 준다.

사람들은 누구나 처음에는 반동형성의 과정을 통해 선행을 베풀기 시작하지만 점차 시간이 지나 성숙해지면서 고통을 참으면서 행하는 도덕적인 행동들은 진정한 이타주의로 발전하게 된다.

반동형성을 사용하는 사람과 더 잘 지내기

1. 당신 곁에 반동형성을 사용하는 사람이 있다면 당신은 그 사람의 융통성 없고 경직된 모습에 혀를 내두르게 될 수 있을 것이다_ 이들은 사소한 교통 위반으로 인해 범칙금 고지서를 받아 든 다음에 밀려드는 죄책감 때문에 밤잠을 못 이루기도 하고 한번 일을 떠맡게 되면 그 일이 일단락될 때까지 도무지 휴식이라고는 모르는 사람처럼 맹렬하게 일하기도 한다. 이들이 일하는 모습을 보면 그들에게는 내일 해도 되는 일이라고는 존재하지 않는 것처럼 보인다. 그들은 내일 지구가 멸망하기라도 하는 것처럼 자신의 일을 곧바로 끝마쳐야만 하는 것이다. 그들이 이렇게 행동하는 것은 자기도 모르게 무의식적으로 일어나는 일들이기 때문에 말로 이들을 설득하려 덤벼드는 것은 소용없는 일이다. 이들의 경직된 태도를 풀어주는 데 가장 효과적인 것은 유머이다. 당신이 그들과 생활하는 방식이 다르기 때문에 어색해지는 경우에는 유머를 사용해서 웃고 넘길 수 있도록 하자.

2. 당신의 파트너 또는 배우자가 반동형성을 사용한다면 그들이 경직된 것에 반비례해서 당신은 더욱더 융통성 있게 행동할 필요가 있다_ 그들은 정해진 규칙을 고지식하게 따르지 않으면 입 안에 가시가 돋는 사람들이다. 그들

과 언쟁을 하고 충돌을 하기보다는 그의 의견대로 행동하는 것이 다소 답답하기는 해도 당신이 보다 유연한 태도를 취하는 것이 바람직하다. 그렇게 할 경우 당신이 희생 당하는 듯한 느낌이 들 수 있을 것이다. 하지만 당신이 감수해야 하는 불편감은 반동형성의 가시밭길을 걸어가는 당신의 배우자나 파트너가 '여름날의 뜨거운 양철 지붕 위에 올라간 고양이'처럼 고통 받는 것에 비하면 약과일 것이다.

3. 반동형성을 사용하는 목석 같은 사람들에게 따뜻한 애정 표시나 칭찬을 기대하지는 말자_ 그들의 사전에는 감미롭거나 부드러운 말은 수록되어 있지 않다. 그들에게 낭만적인 분위기를 지나치게 기대하다가는 당신만 상처받을 수 있다. 하지만 그들이 무뚝뚝하다고 해서 당신에게 애정이 없다고 오해하지는 말자. 그들은 자신의 애정을 책임감을 짊어지는 것을 통해 표현하는 사람이다. 그리고 당신이 그들에게 애정 표현을 했을 때 무감각하게 받아들인다고 해서 좌절하지는 말자. 그들은 단지 애정 표현보다는 자신이 모범적이고 도덕적이라는 말을 듣는 것을 더 좋아할 뿐이다. 따라서 이왕 당신의 관심을 전하고 싶을 때는 그들이 듣기를 원하는 말을 해 주도록 하자.

반동형성을 성숙한 기제로 변화시키기

1. 당신이 스스로 반동형성을 사용하고 있다고 생각된다면 당신의 삶에서 아마 직장 일은 별로 문제가 안 될 것이다_ 당신의 삶에서 문제가 되는 것은 아마도 남들과는 달리 여가 생활을 즐기기가 어렵다는 점일 것이다. 아마

도 당신은 직장에서 술자리나 파티에 참석하면 즐기기 위해서라기보다는 의무감에 참여하는 경향이 있을 것이다. 때로는 직장 내 술자리에서 분위기를 띄워야 한다는 의무감에 스스로 망가진 모습을 보일 때가 있을지도 모른다. 만약 그렇다면 당신은 슬픈 피에로의 비애를 간직하고 있는 것은 아닌지 자문해 볼 필요가 있다. 슬픈 피에로의 비애라는 말이 슬프게 느껴지는 까닭은 슬픈 피에로는 아무리 남들을 웃기려고 해도 사람들이 어색한 웃음을 내보일 뿐 누구도 진정으로 웃어 주지는 않는다는 데 있다.

2. 당신은 자신이 특별히 말을 안 하더라도 가족이나 연인 그리고 친구가 당신이 그들을 사랑한다는 것을 이해해 줄 것이라고 기대하고 있을 수 있다_ 하지만 현실은 그렇지 않다. 당신이 사랑하고 있는 다른 사람들은 단순히 당신이 그 말을 한 번도 해 준 적이 없기 때문에 오해하고 있을 수 있다. 의무감에서라도 당신은 자신의 감정을 다른 사람들에게 전달할 필요가 있다. 당신의 표현이 제아무리 어색하더라도 다른 사람들은 당신의 진심을 이해해 줄 것이다. 특히 당신이 직장 상사이거나 선배라면, 부하 직원이나 후배를 만났을 때 일단 칭찬을 하고서 용건을 말하는 습관을 기르도록 하자.

3. 당신은 무엇보다 건강을 돌볼 필요가 있다_ 당신은 항상 긴장의 끈을 늦추지 않고서 살아가고 있을 것이다. 당신이 명심해야 할 것은 심리적인 긴장이 종국에는 생명을 단축시킬 수 있다는 점이다. 나이가 들수록 심장 혈관계 질환이나 고혈압을 특히 조심해야 한다. 주기적으로 그리고 의무감에서라도 반드시 건강검진을 받도록 하자. 당신이 건강을 해친다는 것은 당신의 헌신적인 노력을 통해 떠받들고 있던 조직의 기둥이 뿌리째 뽑혀 나간다는 것을 의미하는 것이다.

09

복잡하게 산다는 것의
불행과 행복

무임 승객을 위한 변명

. . . . . .

그는 무임 승객이었다. 그래서 타인이 자신을 바라볼 때면
그들의 눈길이 지옥처럼 느껴졌다.
하지만 나중에 그는 깨닫게 되었다.
어차피 인생에서 유료 승객은 처음부터 존재하지 않는다는 것을.

그는 1905년에 중상류층의 가정에서 출생하였다. 그의 아버지는 해군 관리였으며 키가 155센티미터로 무척 단신이었다. 그래서 그의 아버지는 자신의 열등감에 대한 보상적인 시도로서 남모르는 신기술들을 익히는 데 집착하는 경향이 있었다. 그의 어머니는 노벨 평화상 수상자인 슈바이처 박사의 사촌이었다. 그래서 그는 슈바이처 박사를 삼촌이라고 불렀다.

사팔뜨기 사진의 유래

그의 아버지는 그가 15개월 되었을 때 돌아가셨기 때문에 그는 사진첩에서 본 아버지의 얼굴만을 기억할 수 있을 뿐이었다. 그는 네 살 때

독감을 심하게 앓았는데 그 후에 그의 오른쪽 눈에 백반증이 생겼다. 그때부터 그는 오른쪽 눈을 거의 사용하지 못했을 뿐만 아니라 겉보기에 사시 같은 인상마저 주게 되었다. 그의 눈은 일생 동안 그를 괴롭혔다. 그는 늘 진한 안경을 착용했는데 노년기에 그는 각성제 후유증으로 사실상 실명 상태가 된다.

그는 자신의 자서전인 『말Words』에서 스스로 버릇없는 아이였다고 고백한 바 있다. 『말』에서 그는 "나는 복종이라는 것을 배워 본 적이 없었다"라고 적고 있다.[1]

그는 학교에 입학하기 전까지 자신의 외모에 대해서 심각하게 고민해 본 적이 없었다. 그는 『말』에서 다음과 같이 말했다.

> 나는 잘생겼다는 말을 들으며 자랐다. 나는 그 말을 믿었다. 나의 오른쪽 눈에는 흰 반점이 있었다. 그래서 나는 반 실명 상태가 되었다. 하지만 이것은 한눈에 알아볼 수 있을 정도로 두드러진 것은 아니었다. 내게는 십여 장의 사진이 있었는데 어머니가 오른쪽 눈 부분을 색칠하였다. 아직까지 남아 있는 그 사진들 중 하나는 색칠한 부분이 변색되어 내 눈이 핑크색과 파란색으로 변해 있었다.[2]

슬픈 피에로

하지만 학교에 입학했을 때 그는 자신의 어머니를 비롯한 가족들이 그동안 자신의 외모에 대해서 속여 왔다는 것을 깨닫게 된다. 사실 그의 얼굴은 지나치게 평평했으며 그의 사시처럼 보이는 눈은 기괴한 인

삶에 단비가 필요하다면

상마저 주었다. 그는 못생겼다는 이유로 급우들한테 두들겨 맞기까지 하였다. 때때로 그는 그의 특기인 신랄한 독설로 가해자들에게 앙갚음을 해 주기도 했지만 점차 그는 학교에서 슬픈 피에로 같은 역할을 떠맡게 되었다. 나중에 그는 자서전에서 외모의 열등감에 대한 보상적 시도로서 여성 편력을 갖게 되었다고 고백하게 된다.

그가 열한 살 때, 그의 어머니는 재혼을 하였다. 그의 양부는 조선소의 소장이었다. 그는 이 시기에 권위적인 인물에 대해 강한 반감을 갖게 된다. 그는 양부와 기질적으로 매우 달랐다. 그래서 그는 자서전에서 양부에 대해 매우 부정적으로 기술하였다. 나중에 그는 이때의 경험에 대해 매우 고독하고 우울한 시기였다고 말하였다.

이상한 행복 찾기

그는 『말』에서 자신은 아버지가 일찍 돌아가신 일을 슬퍼하지 않았다고 말했다. 오히려 그는 그러한 사건이 자신에게는 행운이었다고 평가하였다.

아버지의 죽음은 내 인생에서 커다란 사건이었다. 그 사건은 어머니를 결혼 전의 세계로 되돌아가도록 하였고 내게는 자유를 주었다. 세상에 좋은 아버지란 존재하지 않는다. 그것은 법칙이다. 남자들을 욕할 필요는 없다. 썩어 빠진 부계의 전통이 문제인 것이다. 자식을 낳는다는 것은 자식을 소유한다는 것과 마찬가지다. 이 얼마나 부정한 일인가! 나의 아버지가 살아 계셨더라면, 내 위에 올라타서 나를 억눌렀을 것이다. 다행히도 오이디푸스 콤플렉스란 남자아이는 자신의 어머니에게 연정을 품기 때문에 아버지에 대해 경쟁적인 태도를 보이게 되고 또 여자아이는 아버지에게 연정을 품기 때문에 어머니에 대해 경쟁적인 태도를 취하게 되는 현상을 말한다. 정신분석의 창안자 프로이드는 오이디푸스 콤플렉스가 성인기에 신경증적인 문제를 나타내게 되는 원인이 된다고 주장했었다.

그의 자서전은 그가 아버지의 죽음에 대해서 매우 이지적인 태도를 취하고 있는 점을 보여 준다. 그는 아버지가 돌아가신 일이 자신에게는 왜 잘된 일이었는지를 논리적으로 열심히 설명하였다. 하지만 그는 그러한 사건에 대해 기술할 때 자신의 감정적인 상태에 대한 언급은 회피하였다. 따라서 그의 자서전을 읽는 사람은 그가 과연 당시에 어떤 감정을 체험했는지 혼란스러워 할 수 있다. 왜냐하면 그의 말을 액면 그대로 받아들이기에는 너무나 충격적인 말이기 때문이다. 하지만 그는 아버지의 죽음에 대해서 직접 언급할 때가 아닌, 다른 주제에 관해 이야기하는 상황에서는 자신이 아버지의 죽음을 정서적으로 어떻게 수용하고 있었는지를 비교적 손쉽게 짐작할 수 있도록 서술하고 있다.

삶에 단비가 필요하다면

해서 헌신적으로 일해야 했다. 어머니는 성가셔 하는 내색을 하지 않고서 부모님을 위해 집을 지키는 파수꾼, 간호사 그리고 하녀의 역할을 성실하게 수행하였다…언젠가 레스토랑에서 일곱 살 된 주인의 아들이 점원에게 소리치는 것을 본 적이 있었다. "아버지가 없을 때는 내가 이 집의 주인이야!" 당찬 녀석이었다. 그 나이 또래에 나는 상전 노릇을 해 본 적이 없으며 내 소유로 된 물건조차 없었다. 외할아버지 집에 머물던 잠시 풍요로웠던 시절에도 나의 어머니는 내게 속삭였다. "조심해라, 여긴 우리 집이 아니야!" 우리는 우리 집에 머물러 본 적이 없었다. 어머니가 재혼을 했을 때도 마찬가지였다…나에 관한 꿈을 꾼 적도 있을 정도로 나와 절친했던 친구들은 어머니에게 내가 슬퍼한다고 말하기도 하였다. 어머니는 웃으며 나를 끌어안은 상태에서 이렇게 말했다. "왜 그렇게 시무룩해하니? 즐겁게 지내도록 해라. 뭐가 불만이니? 너는 원하는 걸 모두 가질 수 있잖니?"[4]

무임 승객

그는 『말』에서 아버지가 없는 상태에서 생활했던 자신의 어린 시절 경험을 무임승차에 비유하였다.

나는 인생이라는 기차에 숨어들어갔다. 그리고 잠이 들었다. 검표원이 와서 나를 흔들어 깨운 다음에 내게 표를 보여 달라고 하였다. 나는 가진 것이 아무것도 없는 현실을 인정해야 했다. 내게는 차비를 지불할 돈이 없었다. 나는 변명하기 시작하였다. 나는 신분증을 집에 두고 왔다. 나는 더 이상 내가 개찰구를 어떻게 통과했는지조차 기억나지 않았다. 하지만 숨어들어 왔다는 사실만은 시인하였다. 나는 검표원의 권위에 도전하기보다는 그의 역할을 찬양하였고 그의 결정에 순순히 따랐다. 그 수치스러운 순간에, 내가 나 자신을 구해내기 위해서는 상황을 반전시키는 것이 필요하였다…오직 표를 가지고 있는 사람만이 기품 있게 앉아 있을 수 있었다. 온갖 변론을 펼쳤지만 나는 내가 검표원을 설득했는지 알 수 없었다. 검표원은 말이 없었다. 나는 내 주장을 반복했다. 적어도 내가 떠들어 대는 동안만큼은 그가 나를 하차시키지 않으리라는 점은 확실하였다.[5]

그는 무임승차의 비유에서 자신을 자기 소유의 재화자기 집도 없고 신분증홀어미의 아들 신세도 없는 존재로 그렸다. 이 모든 것이 아버지의 죽음에서 비롯된 것이기 때문에 그는 다른 사람들과 마찬가지로 아버지의 죽음을 서러워했다. 그는 아버지의 죽음을 단순히 슬프다고 말하는 것으로는 도저히 견뎌 낼 수 없었기 때문에 오히려 슬프지 않다는 식으로 말을 하고는 그것을 둘러댈 수 있는 논리적인 근거를 찾고자 노력했다. 그는 프로이드의 오이디푸스 콤플렉스 이론을 끌어들여 합리화하고자 시도했지만, 결과는 궤변을 창조하는 것일 뿐이었다. 그의 이러한 행동은 명백히 신경증적인 이지화intellectualization 에 해당되는 것이다.

그는 프로이드가 이론화한 오이디푸스 콤플렉스의 갈등을 겪지 않아서 행복하다고 주장하였지만 논리적으로 생각해 보더라도 정상적인 발달 과정을 거치지 않은 것이 결코 자랑거리가 될 수는 없을 것 같다. 이처럼 그가 이지화를 통해 아버지의 죽음에 대처하는 것은 신경증적인 고통을 가중시킬 뿐이었기 때문에 그는 고통스러운 현실로부터 도피하기 위해 남다른 시도를 하게 된다. 무임 승객이 하차하지 않기 위해서 검표원이 듣거나 말거나 계속해서 떠들어 대는 것처럼, 그는 감당해 내기 힘든 현실을 견뎌 내기 위해 계속해서 말을 하였다. 이런 점에서 자서전 제목이 『말』인 것은 그를 가장 잘 묘사하는 단어이기도 하다.

말을 토해 내는 사나이

때때로 그는 쉴 새 없이 말하였다. 그는 심지어는 가끔 듣는 사람이 아무도 없는 경우에도 혼자서 말을 계속하기도 하였다. 영화감독 휴스턴 John Huston 의 자서전에는 그와의 일화가 소개되어 있다. 휴스턴은 그를 자동차 엔진의 실린더 같은 사람이라고 평하였다. 휴스턴에 따르면, 그의 가장 큰 특징은 쉬지 않고 계속해서 말한다는 것이다. 휴스턴은 그와 대화를 하는 것이 사실상 불가능하다고 말하였다. 왜냐하면, 그에게 말을 걸려고 해도 그가 일단 말을 내뱉기 시작하면 중단시키는 것이 사실상 불가능하기 때문이다. 때때로 휴스턴은 그가 말을 중단하지 않기 때문에 방을 나가 버릴 때가 있었다. 휴스턴이 방에서 멀리 떨어져 있어도 그가 혼잣말하는 소리는 계속 들렸다. 한참 후에 휴스턴이 방으로 되돌아왔을 때에도 그는 계속해서 혼잣말을 하고 있었다고 한다.

사람들은 타인과 관계를 맺기 위해 말하는 반면에, 그는 타인과 그리고 고통스러운 현실과 자신을 유리시키기 위한 수단으로 말을 활용하였다. "타인은 지옥이다"[6]라는 그의 유명한 명제가 보여 주는 것처럼, 그는 자신의 외모와 홀어미의 아들로 자란 열등감 때문에 항상 타인의 시선을 의식하며 살았다. 그가 혼잣말에 빠져 있는 동안 그는 자신을 고통스럽게 만드는 타인의 시선을 의식하지 않을 수 있었다는 점에서 그의 기벽은 신경증적인 해리와 연관된 것으로 보인다.

구토를 느낄 때

그는 어려서부터 책벌레로 소문이 자자하였다. 그는 학창 시절에 1년에 300권을 읽는 독서량을 자랑하였다. 그는 학문적인 명성을 원했지만 1938년에 『구토 Nausea』를 발표하기 전까지는 고등학교에서 평범한 교사 생활을 해야 했다.

그가 『구토』를 쓰기 전까지 그의 사고를 지배했던 문제의식은 왜 자신이 세상을 무임 승객으로서 살아가야 하느냐는 점이었다. 그는 이 물음을 해결하기 위해 고민에 고민을 거듭하였다. 『구토』는 비록 소설이지만 그 자신이 의식 속에서 직접 체험했던 내용들을 문학적으로 기술한 것이다. 이런 점에서 『구토』의 주인공 로캉탱 Roquentin은 사실상 그의 분신이나 마찬가지라고 할 수 있다. 따라서 로캉탱의 행동을 분석하는 것은 그를 더 잘 이해할 수 있는 실마리를 제공해 줄 수 있다. 『구토』에서 주인공 로캉탱은 자기 생각에 빠져 지낼 때의 고통스러움을 다음과 같이 적었다.

생각을 멈출 수만 있다면 훨씬 더 나을 것이다. 사고는 육중한 것이다. 육신보다 더 무겁다. 그들은 자꾸만 뻗어 나가며 그들에게 끝은 존재하지 않는다…계속되고 또 계속된다. 그들은 결코 끝나지 않는다. 이 얼마나 흉물스러운 느낌인가! 나는 생각을 풀어낸다. 서서히…내가 생각을 멈출 수만 있다면! 나는 시도하고 또 성공한다. 하지만 금방 내 머릿속은 연기로 가득 차 있는 것처럼 보인다. 그때 생각이 다시 시작된다…내 생각이 바로 나다. 그렇기 때문에 나는 생각을 멈출 수 없다. 나는 생각하기 때문에 존재한다…그리고 나는 생각을 멈출 수 없다. 이러한 순간은 몹시 두렵다. 내가 존재한다면, 그것은 내가 실존적 모습에서 공포감을 맛보기 때문이다.[7]

『구토』에서 로캉탱은 무임 승객 처지에 대한 생각과 느낌을 머릿속에서 지우려고 부단히도 애를 쓴다. 하지만 그러한 일은 결코 쉬운 일이 아니었다. 지워졌는가 싶으면 곧바로 머릿속이 뿌연 연기들로 가득 차 버렸기 때문이다. 어느 날 로캉탱이 시가지의 전철을 타고 가는데 반쯤 잊혀졌던 어떤 생각(무임 승객에 대한 생각)이 의식의 수면 위로 서서히 떠오르기 시작하였다. 그 후 더 이상 견딜 수 없는 상황에 이르게 되자, 그는 다급하게 전철에서 뛰어내린다. 그때 그는 자신도 모르게 공원으로 달려가 벤치에 앉게 된다.

밤나무의 뿌리들이 내가 앉아 있는 벤치의 발 아래쪽 땅속에 묻혀 있었다…그 밤나무는 나를 압박하였다. 녹슨 인상을 주는 이끼가 나무를 절반쯤 뒤덮고 있었다…그 순간 나는 실존과 구토 증상 그리고 내 삶의 핵심을 이해할 수 있게 되었다.[8]

로캉탱은 무임승차에 대한 생각을 떠올리지 않으려 공원으로 발걸음을 옮겼지만 거기에서 그는 발밑에서 뱀처럼 꿈틀거리며 고개를 쳐드는 밤나무 뿌리를 발견하게 된다. 그 순간 그의 머릿속은 또다시 무임

승차에 대한 생각으로 가득 차게 된다. 밤나무 뿌리를 보자 자신의 열등감에 대한 뿌리^{아버지}가 생각났던 것이다. "하필이면 밤나무 뿌리가 왜 거기에 있었을까?"라고 자문해 보았을 때, 그는 특별한 이유라는 것이 따로 존재하지 않는다는 것을 깨닫게 된다. 단지 거기에 있었을 뿐인 것이다. 그는 자신의 아버지가 일찍 돌아가시게 된 것도, 자신이 단신으로 태어난 것도, 한쪽 눈의 시력을 잃게 된 것도 그리고 자신이 사시 같은 인상을 주는 것 모두가 무슨 특별한 이유^{예컨대, 운명론적 사고}가 있어서가 아니라, 우연히 그렇게 된 것일 뿐이라는 사실을 깨닫게 된다. 이러한 통찰은 나중에 그가 집대성한 실존주의 철학의 기초가 된다.

자기 내면의 고통을 해명하기 위한 책 쓰기

1940년에 독일이 프랑스를 침공한 사건은 프랑스에게는 커다란 비극이었지만, 그 개인에게는 그를 세상에 알리는 좋은 기회가 되었다. 그는 2차 세계대전 직후에 참전하지만 곧 체포된다. 그는 수용소에서 독일군 보초에게 학대 받지만 학창 시절에서와 마찬가지로 피에로 역할을 하는 것을 통해 살아남는다. 하지만 얼마 안 있어 독일군은 그의 시력 문제 때문에 그가 징집자일 리가 없다고 판단하여 그를 풀어 준다. 물론 그의 피에로 같은 행동도 독일군이 그를 풀어 주는 데 유리하게 작용했던 것으로 보인다. 그는 풀려난 후 레지스탕스 활동에 가담하였지만 실질적으로 뚜렷한 공을 세우지는 못하였다. 그는 무명의 철학자였을 뿐만 아니라 그가 독일의 철학자 하이데거 철학을 강의했기 때문에 독일 당국의 요주의 대상자 목록에서도 빠져 있었다. 그래서 그는 전쟁 중에 안정적으로 집필 활동을 계속할 수 있었다.

이 시기에 집필한 작품이 바로 『존재와 무Being and Nothingness』이다. 『존재와 무』에서 그는 오랫동안 자신을 괴롭혀 왔던 타인의 시선에 대한 두려움을 철학적으로 분석해 들어간다. 『존재와 무』에서 타인의 시선을 의식하던 자신의 모습은 철학적으로 추상화되어 '타인을 위한 존재Being for others'라는 개념으로 대치된다. 그는 타인의 시선이라는 보이지 않는 감옥에 갇혀 지내던 존재가 자기 본래의 모습을 회복해 가는 과정을 바로 '실존'이라고 정의하였다. 또 그는 『존재와 무』에서 소유의 문제를 철학적으로 규명하기 위한 노력을 기울이기도 하였다. 그의 『존재와 무』는 철학사에서 중요한 위치를 점하는 작품일 뿐만 아니라, 그 자신이 삶에서 직접 겪은 내면의 고통과 갈등에 대한 해답을 스스로 마련하기 위한 시도로 볼 수 있다는 점에서 승화에 해당된다.

지식인을 위한 변명

자신의 무임승차 문제와 관련해서 오랫동안 자기 합리화의 수렁에 빠져 있던 그는 1965년에 일본에서 「지식인을 위한 변명」이라는 제목의 강연을 하게 된다. 그는 「지식인을 위한 변명」에서 자기 기만적인 사고의 세계에 빠져 있는 지식인의 허위의식을 통렬하게 비판한다. 그리고 타인을 지옥이라고 선언했던 그가 이제는 "현실참여"를 외치게 된다. 그는 지식인이 사변의 세계가 아닌 사회적인 실천의 세계에 눈을 떠야 한다고 역설하였다. 이러한 활동에 힘입어 그에게는 '행동하는 지성'이라는 헌사가 주어진다.

그는 "실존은 본질에 선행한다"[9]는 유명한 명제를 남겼다. 실제로 행동하는 지성으로서의 그의 '실존'적 모습은 후레자식과 열등감 많은 애꾸의 삶이 이러할 것이라고 사람들이 생각하는 내용, 즉 '본질'보다 비할 데 없이 위대한 것이었다.

사르트르

그는 무임 승객이었다. 그래서 타인이 자신을 바라볼 때면
그들의 눈길이 지옥처럼 느껴졌다.
하지만 나중에 그는 깨닫게 되었다.
어차피 인생에서 유료 승객은 처음부터 존재하지 않는다는 것을.

이지화

이지화는 의식에서 감정을 사라지도록 하는 대신 관념만을 남겨 두게 된다. 이솝우화에서 「여우의 신 포도」 이야기는 이지화라는 기제의 성격을 잘 보여 준다.

「여우의 신 포도」에서 어느 날 여우는 포도나무 위에 탐스럽게 열린 포도를 발견하게 된다. 여우는 그 포도를 따 먹기 위해 수차례 도약을 해 보았지만 도저히 포도를 따 먹을 수 없었다. 그러자 여우는 "빛깔을 보아하니 저 포도는 틀림없이 맛이 신 포도일 거야"라고 입을 다시며 뒤돌아선다.

이때 여우가 취했던 태도가 바로 이지화에 해당되는 것이다. 여우는 빛깔 운운하며 그럴 듯한 논리로 포장해서 자신이 뒤돌아설 수밖에 없는 이유를 합리화했지만 뒤돌아선 다음에도 포도를 따 먹고 싶어 하는 감정이 남아 있는 것에 대해서는 언급을 회피하였다. 그는 나중에 빛깔에 대해서 말했지만 처음에 그는 똑같은 빛깔을 보고서 분명히 포도가 맛있게 익었다고 믿었었다.

이지화는 고통스러운 상황에서 감정적인 동요를 보이지 않고 초연해질 수 있다는 점에서 적응적인 면을 가지고 있기는 하지만, 부자연스러운 삶의 논리를 가지고 살아간다는 점에서 다른 사람들의 공감을 이끌어 내지 못하는 경향이 있다. 그 때문에 이지화를 주로 사용하는 사람들은 의식에서 감정을 고립시킨 대가로서 사회적인 관계로부터도 고립되는 경향이 있다. 이들은 친밀한 관계를 희생하면서 다소 외롭게 살아가지만 자신의 그러한 모습에 대해서조차 초연해 하는 것 같은 인상을 줄 수 있다.

이지화를 사용하는 사람과 더 잘 지내기

1. 당신 곁에 이지화를 사용하는 사람이 있다면 당신은 그 사람이 하는 얘기의 요지는 이해할 수 있어도 그 사람의 견해에 공감을 표현하기는 어려울 것이다_ 하지만 여우가 힘없이 뒤돌아서면서 "저 포도는 맛이 신 포도일 거야"라고 말할 때, "아냐, 너는 아까 저 포도가 먹음직스럽게 생겼다고 말했잖아"라고 따져 봐야 골치 아픈 논쟁 속으로 빨려 들어갈 뿐이다. 이지화는 도저히 포도를 따 먹을 수 없는 상황에서 "맛있지만 아쉽게도 못 먹겠네"라고 말할 때보다 "저 포도는 맛이 없을 거야"라고 표현할 때 먹고 싶은 욕구를 더 잘 견뎌 낼 수 있기 때문에 나타나는 기제이다. 따라서 이지화를 사용하는 사람에게 그 사람의 주장에 동의할 수 없다며 따지고 들지는 말도록 하자. 이지화를 사용하는 사람은 당신이 꼭 이해해 주었으면 해서 말하는 것이 아니라 오로지 그 자신을 다독거리기 위해서 하는 말일 뿐이다.

2. 이지화를 사용하는 사람들의 본뜻을 알고자 한다면 그들이 하는 말 자체가 아닌 이면의 감정에 주목하도록 하자_ 그들은 합리화의 대가들이기 때문에 말로는 정말이지 "히틀러의 유태인 학살조차 합리화시킬 수 있다."[10] 그들이 만약 "나는 아버지가 일찍 돌아가셨기 때문에 오이디푸스 콤플렉

스를 거의 겪지 않았고 따라서 운이 좋다"라고 말한다면, "나는 아버지가 돌아가셨는데도 운이 좋다고 말해야 할 만큼 너무나도 불행하다"라는 말을 한 것으로 해석하기를 바란다. 만약 당신이 그들의 말을 이렇게 해석할 수 있는 안목만 터득하게 된다면, 그들의 진실된 감정이 무엇인지를 쉽게 읽어낼 수 있을 것이다. 때로는 펑펑 우는 아이를 지켜볼 때보다 이를 악물고 "나는 안 울어"라고 말하는 아이가 더 슬픈 인상을 주기도 한다.

3. 이지화를 사용하는 사람들을 친밀하게 대하도록 하자_ 그들은 어떤 의미에서 감정 표현이 서투르고 또 감정을 다루는 것을 어려워하기 때문에 이지화를 사용하는 것이다. 외견상 그들은 똑똑한 인상을 주기도 하지만 실제로 그들은 자신감이 부족하고 죄책감에 취약한 사람들이다. 그들은 항상 문제의 양면을 보려고 덤벼들기 때문에 늘 생각이 많고 복잡하다. 그래서 그들은 싫으면 싫고 좋으면 좋다고 단순히 말할 수 있는 것도 좋기도 하고 싫기도 하다는 식으로 매우 복잡하게 설명한다. 그들이 이런 방식으로 말할 때는 다정하게 다가가 그들이 분명하게 의사표시를 할 수 있도록 기회를 한 번 더 주는 것이 필요하다. 이때는 그들에게 설명을 요구하기보다는 "예" 또는 "아니오"로 답하도록 질문하는 것이 효과적이다.

이지화를 성숙한 기제로 변화시키기

1. 당신이 스스로 이지화를 사용하고 있다고 생각된다면 당신은 감정을 있는 그대로 드러내기보다는 논리적으로 포장해서 전달하려고 하기 때문에 다른 사람들에게 현학적인 인상을 줄 수 있다는 점을 유념할 필요가 있다_ 특히 심

한 경우에는 궤변론자 같은 인상마저 줄 수 있다. 당신은 뛰어난 지적인 잠재력으로 문제의 양면을 다 꿰뚫어 볼 수 있다. 하지만 당신이 알고 있는 문제의 양면을 모두 다른 사람들에게 전달해야 할 필요는 없다. 그중에서 상대적으로 더 중요한 것을 골라서 다른 사람들에게 전달하는 연습을 하자. 자칫 잘못하면, 당신은 어떤 의견을 피력하더라도 항상 양비론(兩非論)만을 주장하는 회색분자라는 오해를 받을 수도 있다.

2. 일상생활에서 말을 할 때는 어려운 말보다는 초등학생도 이해할 수 있는 쉬운 표현들을 사용하는 연습을 해 보도록 하자_ 당신이 만약 이지화를 많이 사용하는 사람이라면 어린아이와 함께 시간을 보내는 것이 무척 답답하게 느껴질 수 있다. 바로 말이 안 통하기 때문이다. 하지만 풀검(Robert Fulghum)이 말한 "내가 배워야 할 모든 것은 유치원에서 배웠다"[11]는 말에 대해서 생각해 보자. 언제나 진리는 단순한 데 있는 법이다.

3. 당신은 이지적인 태도 때문에 친밀감을 희생하게 될 수 있다_ 당신이 이지화를 많이 사용하고 있다면 틀림없이 당신은 이따금씩 고독감을 경험할 때가 있을 것이다. 어쩌면 당신은 이미 이러한 고독의 문제에 대해서도 "어차피 인생은 고독한 법이다"라고 합리화하고 있을 수도 있다. 하지만 분명히 말하지만 고독하지 않은 인생을 살아가는 사람들은 얼마든지 있다. 당신이 어떻게 해야 다른 사람들과 친밀하게 지낼 수 있는지를 잘 모르겠다면 이제부터 배워나가면 된다. 다른 사람과 친밀하게 지내는 노하우는 타고나는 것이 아니라 아이가 걸음마를 배워 나가듯이 조금씩 익혀 나가는 것이다. 자신이 지금까지 배운 적이 없다고 해서 세상에 그런 법은 존재하지 않는다고 단정 짓지 않기를 바란다. 당신이 다른 사람들에게 다가가기

위해서 반드시 교정해야 할 습관 중 하나는 다른 사람들에게 차갑고 냉소적인 사람이라는 인상을 주는 것이다. 당신이 다른 사람들에게 차가운 인상을 주는 이유는 간단하다. 당신은 말을 할 때 자신의 감정을 드러내는 말을 상대적으로 적게 표현하기 때문이다. 지금까지 "나는 이렇게 하는 것이 더 옳다고 생각합니다"라는 식으로 말해 왔다면 "나는 이렇게 하는 것이 더 좋은 것 같습니다"라고 말하는 연습을 하도록 하자. 세상 사람들은 당신이 무엇을 옳다고 생각하고 또 무엇을 그르다고 생각하는지보다는 당신이 무엇을 좋아하고 또 무엇을 싫어하는 사람인지에 대해 더 많은 관심을 갖는다. 이러한 사람들에게 만약 당신이 옳고 그른 것에 대해서만 얘기한다면 사실상 그들에게는 당신이 아무런 얘기도 안 하고 있는 것과 마찬가지가 된다. 그들이 듣고 있다고 다 실제로 들은 것이라고 속단하지 않기를 바란다. 사람들은 당신이 말하고 싶어 하는 것이 아니라 그들이 듣고 싶어 하는 것만을 골라서 듣는다.

10

죽어야
다시 태어날 수 있다

참회의 가면과 부활 이야기

　　　　　•　　•　　•　　•　　•　　•

　　어느 날 그는 자신의 책장에서 문득 소설책 하나를 집어 들고는
　중간 부분부터 읽기 시작하였다. 얼마 안 있어 그는 그 소설이 뿜어내는
　매력에 흠뻑 빠져들게 되었다. 소설이 너무나도 인상 깊었기 때문에
　　그는 책을 처음부터 정독을 해야겠다고 마음먹게 되었다.
　　　　책의 첫 장을 펼쳐든 순간 그는 놀라고 말았다.
　　　그 책의 저자는 다름 아닌 바로 자신이었던 것이다.

　　인간은 자기 삶의 흔적을 잊어버릴 수 있다. 때로는 스스로 쓴 책의
내용을 잊어버릴 수도 있고 또 어떤 경우에는 자신이 과거에 무슨 고민
을 하고 있었는지를 잊어버릴 수도 있다. 만약 자신이 쓴 책을 스스로
못 알아보는 것이 기억장애 때문에 일어나는 것이 아니라면, 큰일 날 염
려는 없을 것이다. 오히려 자신이 집필한 책조차도 마치 새 책을 보는 기
분으로 읽어 내려가는 즐거움을 누릴 수도 있을 것이다. 하지만 자신이
이전에 무슨 고민을 하고 있었는지를 잊어버린다면 정말로 고민스러운
상황이 벌어지게 된다. 그가 바로 그러했다.

참회를 피하기 위한 참회록

그는 쉰네 살 때 심각한 고민에 빠져 있었다. 그는 자신에게 분명히 문제가 있다는 사실은 어렴풋이 짐작하고 있었지만 도무지 그 원인을 이해할 수 없었다. 그가 이때 발표한 『참회록』에는 다음과 같은 내용이 나온다.

> 내 삶은 어느 날 갑자기 멈춰 서 버렸다. 나는 숨을 쉬는 동시에 먹고 마시며 잠을 잘 수는 있었다. 나는 정말이지 그렇게 할 수밖에 없었지만 내게 진정한 삶은 존재하지 않았다…내 나이가 채 오십도 되기 전의 일이다. 그때 내 삶은 매우 행복한 것이었다. 내게는 착하고 인정 많으며 사랑스러운 아내가 있었다. 그리고 내게는 착한 아이들과 제법 많은 재산이 있었다. 특히 별다른 어려움 없이도 내 소득은 꾸준히 증가하고 있었다. 또 나는 수많은 친구들과 지인들로부터 존경받고 있었다. 심지어 나는 내가 한번도 본 적이 없는 사람들로부터도 찬사를 받았다. 그러므로 나는 유명인사라고 불릴 만한 자격이 충분하였다. 게다가 나는 정신적으로 약하거나 문제가 있는 상태도 아니었다. 오히려 나는 정신적으로나 신체적으로 모두 매우 건강한 편이었다.[1]

이 시기에 그는 다른 사람들 눈에는 행복한 것처럼 보였지만 그 스스로는 더 이상 살기 힘들다고 여길 정도로 고통스러워 하였다. 그는 "자신이 도저히 저항할 수 없는 어떤 힘"[2]이 그를 무덤가로 몰고 가고 있다고 느꼈다. 그래서 그는 한때 자살할 생각까지도 하였다. 그는 감정적으로 매우 혼란스러웠지만 그의 의식적인 사고는 도무지 그 원인을 떠

삶에 단비가 필요하다면

올릴 수 없었다. 그의 이러한 은밀한 고백은 신경증적인 기제의 하나인 억압repression을 사용하는 사람들의 전형적인 모습을 보여 준다.

억압은 견디기 힘든 내면의 갈등을 잊어버리는 것을 말한다. 억압은 기억 속에서 고통스러운 생각들이 감정만을 남기고 사라지도록 만든다. 이러한 과정을 통해 억압은 '누구나 이해할 수 있는 고통'을 '그 누구도 이해할 수 없는 고통'으로 탈바꿈 시킨다. 그는 자살을 생각할 정도로 고통스러운 감정 그 자체는 생생하게 느낄 수 있었지만 그러한 감정을 유발하게 된 원인사고 내용은 억압해 버렸기 때문에 결코 떠올릴 수 없었다. 결국 그는 자신의 고통을 도무지 이해할 수 없는 것으로 만드는데 성공한 것이다. 이처럼 억압이 고통을 이해할 수 없는 것으로 만들어 버리는 이유는 그렇게 할 경우 적어도 일시적으로는 고통을 더 잘 견뎌 낼 수 있기 때문이다. 사람들은 사건의 전모가 백일하에 드러났을 때보다 많은 부분이 감추어졌을 때 죄책감을 덜 느끼는 법이다.

일기가 폭로한 진실

사실 그의 일기장에는 그가 고통스러워 할 수밖에 없는 원인들이 거의 빠짐없이 기록되어 있기 때문에 일기장을 찾아서 읽기만 한다면 그 누구라도 그가 왜 불행하다고 말해야 했는지를 쉽게 이해할 수 있었다. 그럼에도 불구하고 그는 과거에 자신이 일기장에 직접 기록했던 내용들을 떠올릴 수 없었을 뿐만 아니라 자신의 일기장을 들추어 보려고 시도하지도 않았다. 따라서 왜 그가 쉰한 살 때 자신이 불행해 하는 이유를 억압할 수밖에 없었는지를 이해하기 위해서는 그 자신이 직접 남겼던 기록들을 중심으로 그의 과거 생활을 거슬러 올라가서 살펴볼 필요가 있다.

그는 스물한 살 때인 1849년 5월에 자신의 형에게 도박 빚을 갚을 돈을 부쳐 달라고 요청하는 편지를 보냈다.

> 저는 특별한 이유도 없이 무작정 성 페테스부르크 St. Petersburg로 왔어요. 그리고 여기서 쓸모 있는 일이라고는 아무것도 하지 못했어요. 그 대신 저는 많은 돈을 썼고 빚만 잔뜩 짊어지게 되었어요…돈이 도착하기를 기다리는 동안 저는 당장 3천 5백 루블이 절대적으로 필요해요…형도 살다 보면 언젠가는 이처럼 어리석은 짓을 한번쯤은 할 때가 있을 거예요.[3]

그는 그 편지에서 "제게는 저를 바른 길로 인도해 줄 수 있는 부모님이 안 계셔요. 그것이 제 삶에서는 가장 치명적인 불행인 것 같아요"[4]라고 덧붙였다. 그는 어려서 부모님을 일찍 여의었기 때문에 고아처럼 자랐다. 그리고 그는 단 한 번도 어머니라는 말을 사용해 본 적이 없었기 때문에 평생 자신을 따뜻하게 감싸 줄 수 있는 모정을 사무치게 그리워하면서 살아갔다. 그는 정에 굶주린 채 살았던 것이다.

그는 자신이 고아나 다름없다는 사실을 잊을 수 있도록 해 줄 무언가가 필요했다. 결국 그는 도박에 탐닉하는 길을 선택했다. 도박은 그가 거기에 빠져 있는 순간만큼은 적어도 고단한 현실을 잠시 잊을 수 있도록 해 주었기 때문이다. 그는 젊은 시절에 고통스러운 현실로부터 도피하기 위해 주로 도박, 술, 그리고 섹스를 본업으로 삼아 방탕하게 보냈다.

술과 장미의 나날들

그는 스물세 살 때인 1851년 4월 18일 일기에 다음과 같이 적었다.

창녀촌에서 어제 나는 도저히 참을 수가 없었다. 저 멀리 예뻐 보이는 핑크빛 옷을 입은 여인이 있었다. 나는 비밀 통로로 들어갔다. 그러자 그녀도 들어왔다. 나는 그녀를 똑바로 쳐다보지 못했다.[5]

1년 뒤에 그는 자신의 형에게 보내는 편지에서 "성병은 치료되었지만 수은 치료의 후유증이 말할 수 없을 만큼 저를 고통스럽게 하고 있어요"[6]라고 적었다. 그리고 그는 그 다음 해인 스물다섯 살 때 일기장에 다음과 같이 적었다.

1853년 5월 6일
나에게는 여자가 필요하다. 성욕은 잠시도 내게 마음의 평온을 허락하지 않는다.[7]

같은 해, 6월 25일
여자들은 나를 타락하도록 만든다. 하지만 나는 가능한 한 성실한 인재가 되고자 노력할 것이다. 그리고 나는 정말이지 천박하거나 악한 행동은 앞으로 절대 안 할 것이다.[8]

같은 해, 6월 26일
저녁 식사 후에는 딱히 할 일이 없었다. 글을 쓰지는 않더라도 적어도 무

언가 쓸모 있는 생각을 할 수 있었으면 좋으련만. 매춘부들이 나를 가만 내버려 두지를 않는다.[9]

그는 스물여덟 살 때인 1856년 4월에 창녀촌에 다녀오고 나서 "생각만 해도 소름끼친다. 절대적으로 이번이 마지막이다"[10]라고 적었다. 하지만 그는 얼마 뒤에 "정말 혐오스러운 여자들이다. 우스꽝스러운 음악, 여자들, 난방장치, 담배연기 그리고 여자, 여자, 여자"[11]라고 썼다.

자신의 성욕을 만족시키면서도 동시에 성병을 피할 수 있는 방법을 고심하던 그는 유부녀였던 하녀와 관계를 갖는다. 그리고 그 하녀는 1859년에 사내아이를 낳는다.[12] 하지만 그는 당시의 상류층 귀족들이 흔히 그러하듯이, 그 아이를 자신의 아이로 인정하지 않았다. 결국 그 아이는 나중에 그의 아들의 마부가 된다. 그는 창녀들 혹은 하녀들과 관계를 갖는 것이 도덕적으로 잘못된 행동이라는 사실을 분명하게 깨닫고 있었다. 하지만 그는 끓어오르는 육욕을 참아내지 못했다.

그는 서른네 살이 되던 1862년에 결혼을 하게 된다. 그가 러시아 명망가의 후손이었던 어머니로부터 물려받은 영지와 330명의 농노를 소유하고 있는 귀족이었음에도 불구하고 결혼을 늦게 하게 된 데는 외모에 대한 열등감이 그의 사회생활을 크게 위축시켰기 때문이었다. 그는 스물여섯 살 때인 1854년 7월 7일 일기에 다음과 같이 적었다.

나는 못생겼고 어리석으며 지저분하고 사회적으로도 행실이 좋지 못하다. 그리고 나는 다른 사람들에게 쉽게 싫증나고 짜증을 잘 낸다. 또 나는 겸손하지도 않으며 참을성도 없다. 게다가 나는 사내로서 부끄러움을 많이 탈 뿐만 아니라 안하무인격으로 행동한다.[13]

노총각이었던 그가 결혼 상대자로 삼은 신부는 궁정 의사의 딸이었다. 그녀는 결혼을 할 당시에 열여덟 살이었다. 그들의 결혼 생활은 첫날부터 심상치 않았다. 결혼식을 올리는 날 아침에 신랑은 신부 집에 갑자기 쳐들어가서 결혼식을 취소 시켜 버릴 수도 있다며 으름장을 놓았다. 그러고 나서 결국 그는 결혼식에 무려 1시간씩이나 늦게 도착하였다.[14]

고아처럼 자랐던 그는 신부가 신혼여행 도중에 마차 안에서 부모님 생각에 눈물 흘리는 것을 보고 짜증을 냈다. 그녀가 자신을 진정으로 사랑한다면, 그렇게 슬퍼할 이유가 없다고 생각했기 때문이었다. 그는 신부의 감상적인 기분을 전혀 이해하지 못하였기 때문에 신혼여행을 날마다 티격태격하면서 보냈다. 하지만 그는 신혼 기간 동안에 마치 행복에 중독되기라도 한 사람처럼 다음과 같은 글을 남겼다.

> 나는 그녀가 내게 화를 낼 때조차도 그녀를 사랑한다. 그녀는 화가 날 때면 갑자기 눈이 별처럼 반짝이면서 예리한 판단력과 언변으로 무장하게 된다. "저리가세요. 지긋지긋해요." 하지만 잠시 후 그녀는 수줍은 미소로 나를 바라본다. 나는 그녀가 나를 바라봐 주지 않고 또 내 방식을 이해해 주지 못할 때조차도 그녀를 사랑한다.[15]

충격적인 고백

그는 부부가 진실한 사랑을 나누기 위해서는 서로에게 모든 것을 공개해야 한다고 믿었다. 그래서 그는 아내와 서로 일기를 바꿔 봐야 한다고 주장하였다. 결국 그는 아내에게 자신의 일기를 보여 주었고 그의 아내는 졸도할 뻔 하였다. 그의 일기에는 그의 화려했던 화류계 경력이 적나라하게 적혀 있었던 것이다. 그는 "창녀촌을 드나들었던 것, 간통, 집시들과 함께 잔 것, 고향 마을 여자들과 관계 맺은 것, 농노들을 범한 것"[16] 등을 모두 일기에 기록했었다.

그의 아내는 그 일기를 본 후의 충격을 평생 잊을 수가 없었다. 그녀는 성적으로 문란했던 남편의 사생활에 질려 버렸을 뿐만 아니라, 그가 과거에 보여 준 도덕적인 불감증에 적개심마저 느꼈다. 특히 그녀는 남편이 과거에 성병에 걸린 적이 있었고 또 완치가 되지 않은 상태였기 때문에 감염 가능성이 있는 상태에서도 상대편 여성에게 그러한 사실을 알리지 않았던 것을 혐오하였다.[17] 그리고 그녀가 가장 두려웠던 것은 그녀 자신도 성병에 감염될지 모른다는 사실이었다. 그 후로 그들의 결혼 생활은 사실상 '적과의 동침'이 되고 말았다. 그리고 먼 훗날 그의 아내는 소크라테스의 아내 크산티페 그리고 구세군의 종교적 아버지 웨슬리의 아내 메리와 더불어 '세계의 3대 악처'로 등재된다.

결혼 후 아내와의 신경전이 지속되자 진력이 난 그는 한때 아내와 부부 관계를 중단하기도 하였다. 그의 일기를 통해 그의 화려했던 과거를 잘 알고 있었던 그의 아내는 그가 외도를 하는 빌미를 제공해 줄 수도 있다는 생각이 들자 소모적인 싸움을 중단하기로 마음먹는다. 그 이후로 그들의 결혼 생활은 외면적으로는 평온해졌다. 하지만 불씨는 여전히 남아 있었기 때문에 그들의 평화는 마치 폭풍 전야 같은 인상을 주었다. 이 무렵에 그의 아내는 크게 상심하여 일기에 다음과 같이 적었다.

내게는 오직 이 치욕스러운 사랑과 나쁜 성격만 남게 되었다. 그리고 이 두 가지가 바로 내 불운의 원인이었다. 왜냐하면 내 나쁜 성격은 나의 사랑과 뒤섞여 있었기 때문이다. 나는 단지 그의 사랑과 동감을 원했을 뿐이지만 그는 그것을 내게 주려 하지 않았다. 내 자존심은 철저히 짓밟히고 말았다. 나는 가련하게 짓뭉겨진 벌레에 지나지 않는다. 나는 누구도 원하지 않고, 누구도 사랑하지 않으며 병들고 뱃살에 기름만 낀 쓸모없는 존재가 되어 버렸다.[18]

전쟁 같은 사랑

그는 쉰네 살 때 "착하고 인정 많으며 사랑스러운 아내"라는 표현을 사용했지만, 그의 아내는 마치 언제 폭발할지 모르는 휴화산 같은 상태에 있었다. 물론 그가 거짓말을 한 것은 아니다. 왜냐하면 그의 아내는 적어도 겉으로는 20년간 도박꾼에 파렴치한 호색가였으며 안하무인처럼 행동하는 남편을 참고 견뎌 냈기 때문이다. 이처럼 억압은 문제 상황에서 일면만을 인식하도록 함으로써 가장 치명적인 사건을 은폐하고자 시도한다.

사람들이 견디기 힘들어 하는 아킬레스건은 개인마다 다르다. 어떤 사람들은 외모 콤플렉스를 특히 힘들어 하는 반면 또 다른 이들은 도덕적인 비판을 특히 못 견디기도 한다. 이처럼 고통에 대한 지각과 대응은 개인의 주관적인 세계에서 일어나는 현상이기 때문에 상식적인 시각으로는 이해하기 어려운 면을 많이 포함하고 있다. 그는 『참회록』에서 다음과 같이 고백하였다.

거짓말, 약탈, 모든 종류의 간음, 술주정, 폭행, 살인. 나는 이 모든 악행을

저질렀다. 그럼에도 불구하고 나는 비교적 도덕적인 사람이라는 평을 받아 왔다.[19]

그의 이러한 고백은 그가 젊은 시절에 행동화를 사용했었다는 점을 명확히 보여 준다. 하지만 그는 과거에 행동화를 사용하는 과정에서 보여 준 악행들 때문에 쉰네 살 때까지도 자살할 정도로 고통 받았던 것은 아니었다. 왜냐하면 그 자신은 그러한 범죄행위들을 고백하고 나서도 여전히 자신이 왜 고통 받아야 하는지 이해할 수가 없다고 말했기 때문이다. 그가 『참회록』에서 예시한 그의 범죄들은 어떤 의미에서는 극적인 효과를 위해서 과대 포장된 면이 있었다. 예를 들면, 그가 언급한 살인은 전쟁터에서 일어났던 일을 지칭하는 것이었다. 이런 점에서 그는 스스로 어느 정도는 정당화할 수 있었던 과거의 악행들만을 고백한 것이라고 할 수 있다.

그는 『참회록』을 쓸 때, 자신의 아내가 폭발 직전의 다이너마이트 상태에 있다는 점은 고백하지 못하였다. 오히려 그는 "착하고 인정 많으며 사랑스러운 아내"라는 표현을 사용하였다. 놀랍게도 그는 간음과 약탈 그리고 살인을 고백하는 것보다 자신이 부인과 불화 상태에 있다고 고백하는 것을 더 힘들어 했던 것이다. 왜냐하면 그러한 악행들은 이미 지나간 과거의 사건들이었지만 부인과의 불화는 현재 자신을 가장 괴롭히는 문제 중 하나였기 때문이다. 어려서 정을 받지 못하고서 자라난 그의 가장 심각한 결함 중 하나는 다른 사람을 온전히 사랑할 줄 모른다는 것이었다. 그는 자신이 사랑하는 사람과 애증의 관계를 맺으면서 살아갔고 이것이 바로 그가 한평생 풀어야 했던 업에 해당되는 것이었다.

사람들이 그를 미워한 이유와 좋아한 이유

그는 『참회록』에서 친구와의 관계도 정직하게 고백할 수 없었다. 그는 『참회록』에서 "수많은 친구들과 지인들로부터 존경받고 있었다"라고 적었지만 사실은 그 글을 쓰기 오래전부터 친구들과의 관계 때문에 번민의 나날을 보내야 했다. 그는 자신의 아내뿐만 아니라 수많은 친구들도 자신의 무례한 행실에 대해서 비난의 눈초리로 쳐다보는 것을 감지하고 있었다. 그는 스물다섯 살 때인 1853년 6월 18일 일기에 다음과 같이 적었다.

> 왜 아무도 나를 좋아하지 않는 것일까? 나는 바보도 아니고 기형도 아니며 나쁜 사람도 아닐 뿐만 아니라 무식하지도 않다.[20]

그는 친구들과의 관계에서도 정서적으로 심한 불편감을 경험했지만 그 원인은 알지 못하였다. 억압했기 때문이다. 그에게 친구 이상의 의미가 있었던 투르게네프 Ivan S. Turgenev에게 취했던 태도는 그의 사교 생활이 어떠했을지를 충분히 짐작할 수 있도록 해 준다.

『아버지와 아들』이라는 작품을 통해 '허무주의자'를 최초로 개념화한 러시아의 소설가 투르게네프는 매우 겸손하고 점잖은 사람이었다. 그는 불행하게도 친구의 아내였던 프랑스의 여가수 폴리나 Pauline V. Garcia를 무척 사랑했기 때문에 그 자신은 결혼하지 않고 평생 친구 부부와 돈독한 관계를 유지하며 지냈다. 그는 자신의 집에서 일하던 하녀와 관계를 맺어 딸 폴리네 Paulinette를 얻는다. 물론 이때 그의 딸 이름은 폴리나에게서 따온 것이다. 그 후 투르게네프는 딸의 양육을 자신이 사랑했던 폴리나에게 맡긴다.

그가 서른네 살 때인 1862년에 그는 투르게네프와 시인이었던 친구 펫 Afanasy. A. Fet과 함께 저녁 식사를 하게 되었다. 그때 마침 투르게네프의 딸 폴리네가 러시아가 아닌 프랑스에서 생활하고 있는 얘기가 화제로 등장하였다. 이날 그는 투르게네프가 딸을 폴리나에게 맡긴 것을 냉소적으로 조롱하는 말을 내뱉었다.

그	글쎄요, 내 눈에는 누더기 속옷을 입고 있는 작은 소녀가 그럴듯한 드레스를 입고서 위선적인 광대극을 공연하고 있는 것처럼 보이는군요.
투르게네프	(극도로 화가 치밀어 올라) 그런 식으로 말한다면 그냥 참고만 있지는 않겠네.
그	왜 내가 내 생각조차 말할 수 없다는 거죠?
투르게네프	자네는 내가 내 딸아이를 잘못 키우고 있다는 건가?
그	나는 단지 내 생각을 말하고 있을 뿐이에요.[21]

사실 농노와 관계해서 얻은 자신의 혈육을 제대로 양육하지 않고 있는 것은 투르게네프가 아니라 명백히 그 자신이었다. 그가 투르게네프를 지나치게 비난한 이유는 투르게네프가 잘못했기 때문이 아니라 그가 자신의 죄책감을 투르게네프에게 투사했기 때문이다.

그가 일기에 썼던 것처럼, 친구들이 그를 좋아하지 않았던 이유는 그가 미성숙하게 행동했기 때문이었다. 그는 친구들과 함께 있을 때 화가 났지만 친구들을 직접 공격하는 것이 어려울 경우에는 우회적인 방법을 사용하였다. 예를 들면, 그는 화가 났을 때 절친한 친구 중 하나인 드루치닌Alexander Druzhinin 앞에서 셰익스피어가 "쓰레기 같은 글을 양산하는 사람"[22]이라고 험담하기도 하였다. 드루치닌은 러시아에서 공인된 셰익스피어 번역가였다. 그는 이때 소극적-공격성을 나타낸 것이다.

어떤 의미에서 그가 『참회록』에 적었던 글, "심지어 나는 내가 한 번도 본 적이 없는 사람들로부터도 찬사를 받았다"는 말은 사실이라고 할 수 있다. 하지만 그가 생면부지의 사람들에게 찬사를 받았던 것은 그들이 그를 한 번도 본적이 없었기 때문이었다. 그들이 『참회록』을 쓸 당시의 그를 만나 그에 대해서 깊이 알게 되었더라면 결코 찬사만을 보내지는 못했을 것이다.

번민의 나날들

그의 『참회록』에는 정말로 참회해야 할 내용은 담겨 있지 않았다. 그의 『참회록』은 그가 억압을 사용했기 때문에 사실상 참회하지 않기 위한 책이나 다름없었지만 그 책은 마치 마법과 같은 효과를 나타냈다. 사람들은 그가 자신의 추악한 과거 행적들을 솔직하게 고백했다며 그 가치를 높이 평가해 주었던 것이다.

그의 『참회록』이 진정한 참회의 내용을 담고 있지 않다고 볼 수 있는 중요한 근거 중 하나는 그가 참회록을 쓴 후에도 그의 행동이 별로 나아지지 않았다는 점이다. 반성문의 가치는 그 안에 수사학적으로 휘황찬란한 문구가 얼마나 많이 담겨 있느냐에 있는 것이 아니라, 그 글을 쓰고 난 다음에 실제로 행동상에서 의미 있는 변화가 일어나는가 하는 점에 달려 있다. 하지만 그의 미성숙한 행동은 『참회록』을 쓰고 난 뒤에 개선되기는커녕 오히려 악화되는 것처럼 보였다.

그는 노년기에 접어들었을 때도 여전히 끓어오르는 성욕 때문에 고통 받았다. 스물다섯 살 때 일기에 "여자들은 나를 타락하도록 만든다"라고 적었던 그는 일흔 살 때 다음과 같이 적었다.

> 여자들은 어리석은 동물이다. 악마는 여자가 자신을 위해 일할 때만 머리를 빌려 준다. 그러면 여자는 기적을 창조해 낼 수 있다. 여자들은 불결한 일들을 성취해 내기 위해서라면 사고, 미래를 내다보는 혜안 그리고 지조 면에서 혁명을 일궈낼 수 있다…여자가 한 남자하고만 충실한 사랑의 교감을 나누는 것은 불가능하다. 여자들은 이 일을 해낼 수 없다. 그들에게는 도덕적인 감정이란 것이 존재하지 않기 때문이다.[23]

그는 노인이 되어서도 여전히 자신이 욕정 때문에 고통 받는 원인이 여자들이 자신을 자꾸만 유혹하기 때문이라고 믿었다. 하지만 실제로 "도덕적인 감정이란 것이 존재하지 않기 때문"에 물의를 일으켰던 것은 바로 그 자신이었다. 이런 점에서 그는 투사를 사용했다고 할 수 있다.

급기야 그는 궤변을 늘어놓기에 이르렀다. 그는 매춘이 여자들에게 주어지는 몇 안 되는 명예로운 소명 중 하나라고 주장하기도 하였다. 그가 쓴 다음의 글은 자기변명을 위한 이지화의 전형적인 예에 해당된다.

> 우리가 과연 수많은 자유주의자들이 부르짖는 것처럼 남녀가 뒤섞여 혼음을 하는 것을 허용할 수 있겠는가? 그건 불가능하다. 그것은 가정을 파괴해 버리고 말 것이다. 이 어려운 문제를 차분하게 풀어 나가기 위해서는 매춘이 공인받을 수 있도록 법이 황금가교의 역할을 해 주어야 한다. 만

삶에 단비가 필요하다면

약 런던에 7만 명의 창녀가 존재하지 않았더라면 런던은 어떻게 되었겠는가? 사회의 기품과 도덕은 땅에 떨어지고 말았을 것이다. 그들이 없었더라면 가정이 어떻게 유지될 수 있었겠는가? 불미스러운 사태로 인해 아마도 순결한 여자들의 씨가 말라 버렸을 것이다. 나는 가정을 온전하게 유지하기 위해서는 반드시 매춘이 허용되어야 한다고 믿는다.[24]

『크로이처 소나타』

자신의 아내가 25년간의 결혼 생활 동안 무려 12명의 아이를 출산하도록 했던 그는 환갑에 접어들 무렵에 아내에게 갑자기 앞으로는 부부 관계를 끊겠다고 선언하였다. 그리고 덧붙여 말하기를 앞으로는 부부가 아닌 "오누이"[25]처럼 살자고 주장하였다. 또 그는 아내에게 앞으로는 각방을 써야 한다고 주장하기도 하였다. 하지만 그의 아내는 오누이처럼 지내자는 그의 주장을 도저히 받아들일 수 없었다. 왜냐하면 반동형성에 기초한 그의 주장은 누가 보더라도 지나치게 경직된 것이었기 때문이다.

하지만 자신의 주장이 순순히 받아들여지지 않자 그는 부인이 경악하기에 충분한 소설을 쓴다. 『크로이처 소나타 Kreutzer Sonata』가 바로 그것이다. 그 소설은 정신병에 걸린 남편이 아내를 살해하게 된다는 내용을 담고 있었다. 그의 아내에게 이 소설은 거의 협박이나 마찬가지처럼 보였다.

그들은 나이가 들어갈수록 도저히 부부라고 보기 힘들 정도로 망가져 버린다. 말년에 두 사람은 애정이라고는 완전히 자취를 감춰 버리고 오로지 서로에 대한 증오만 남아 있는 것처럼 행동하였다. 이때 그는 아내에게 보여 주기 위한 일기를 적은 다음에 별도로 아내 몰래 비밀 일기를 적었다. 그리고 그 비밀 일기를 자신의 부츠 속에 몰래 숨겨 두었다. 하지만 결국 그 비밀 일기마저도 아내에게 발각되었다.

1910년 10월 28일 새벽에 그는 자신의 아내가 비밀리에 작성한 유언장을 찾기 위해 집 안을 뒤지고 있는 모습을 우연히 목격하게 된다. 그는 다음 날 아내에게 영원히 떠난다는 쪽지를 남기고 생의 마지막 여행을 떠난다. 하지만 3일 후에 그는 폐렴에 걸려 객지에서 치료를 받던 중 세상을 떠나게 된다.

속죄의 길

하지만 러시아의 대문호였던 그는 죽기 전에 자신의 작품을 통해 자신의 삶이 극적으로 부활하게 될 것이라고 예고한 바 있다. 1899년에 그는 『부활Resurrection』이라는 생애의 마지막 대작을 발표하였다. 『부활』은 그 자신의 분신이라고 할 수 있는 귀족 네플류도프Nekhlúdoff가 과거의 잘못을 속죄하고서 영혼의 깨달음을 얻어 가는 과정을 그린 소설이다.

어느 날 네플류도프는 우연히 재판의 배심원으로 참석했을 때, 살인 절도 혐의로 누명을 쓰게 된 카추샤라는 여인을 만나게 된다. 그 여인은 가난한 농노의 사생아로 태어나 그의 고모 집에서 일하던 하녀였다. 그는 과거에 그녀를 유혹하여 순결을 빼앗았다. 하지만 그는 농노의 딸과 결혼할 생각이 없었기 때문에 그녀를 버리게 된다. 얼마 후 카추샤는 임신 사실을 알게 된다. 처음에는 그의 아이를 갖게 된 것에 기뻐하

삶에 단비가 필요하다면

였으나 그가 자신을 버렸다는 사실을 알게 되자 신경이 날카로워진 상태에서 달리는 기차에 뛰어들 생각까지 하게 된다. 그녀가 실연 때문에 넋이 나간 상태에서 집안일을 제대로 못하게 되자 결국 집에서도 쫓겨나게 된다. 그 후 그녀는 여기저기를 떠돌다가 결국 자포자기 상태에서 창녀가 되었다.

그녀는 누명을 썼지만 재판 결과, 시베리아 유형에 처해진다. 그러자 네플류도프는 카추샤의 인생을 망친 것은 바로 그 자신이라는 생각이 들어 깊은 죄책감에 빠진다. 그 후 네플류도프는 그녀를 구하기 위해 헌신적인 노력을 한다. 그의 노력 덕분에 사건의 진범은 밝혀지고 결국 그녀는 구명된다. 이렇게 카추샤의 문제는 해결되었지만 그 후에도 네플류도프는 계속 고민에 고민을 거듭하게 되었다. 왜냐하면 그녀를 돕는 과정에서 사회의 부조리로 인해 고통 받고 신음하는 가련한 사람들이 도처에 산재해 있다는 사실을 깨달았기 때문이다. 마침내 그는 사회의 개혁을 위해 십자가를 매는 것이 자신이 범한 과거의 잘못을 속죄하고 자신의 영혼을 부활시킬 수 있는 방법이라는 점을 깨닫고 기뻐하게 된다.

복수는 나의 것

『부활』의 핵심적인 문제의식 중 하나는 과연 인간이 인간을 심판하고 단죄할 수 있는가 하는 점이다. 그는 『안나 카레니나 Anna Karénina』에서도 동일한 질문을 제기했었다. 『안나 카레니나』는 외형상 한 여인의 연애담을 다루는 연애소설의 형태를 취하고 있음에도 불구하고 "복수는 나의 것, 내가 이를 갚으리라"[26]라는 살벌한 문구로 시작한다. 이 말의 화자는 신이다. 그는 『안나 카레니나』와 『부활』 모두에서 인간은 그 어떠한 경우에도 또 다른 인간을 심판할 수 없다는 자신의 믿음을 불어넣었다. 그 이유는 간단하다. 인간은 불완전한 존재이기 때문이다. 누군가를 심판하기 위해서는 사건의 전모를 다 꿰뚫어 볼 수 있는 눈을 가지고 있어야 한다. 이런 맥락에서 그는 오로지 인간을 심판하고 단죄할 수 있는 것은 '신'뿐이라고 믿었다.

한 걸음 더 나아가 그는 신이라면 인간의 악덕을 용서해 주실 것이라고 믿었다. 왜냐하면 인간이 아무리 악한 행동을 저지른다 하더라도 인간이 본래 선한 존재라는 사실을 꿰뚫어 볼 수 있는 눈이 신에게는 존재할 것이기 때문이다. 그는 비록 한때 그 자신을 포함한 수많은 사람들이 여러 가지 사정 때문에 악행을 저지를 때가 있더라도 본성은 선하기 때문에 언젠가는 자신의 잘못을 진심으로 뉘우치게 될 것이라고 믿었다. 또 그렇게 회개하는 순간이 찾아오면 인간은 이전과는 달리 선한 의지를 가지고서 이타주의를 실천하며 살 수 있을 것이라고 굳게 믿었다.

『부활』의 마지막 장면은 다음과 같다.

> 그는 그날 밤 잠들지 못하였다…오래전부터 알고는 있었지만 깨우치지 못했을 뿐만 아니라 믿을 수도 없었던 것을 이제 그는 이해하고 확고하게 믿을 수 있게 되었다…그날 밤은 네플류도프가 완전히 새로 태어나는 날이 되었다. 왜냐하면 그가 새로운 조건하에서 생활하게 되었기 때문이 아니라 그날 밤 이후에 그가 했던 모든 것들이 전혀 새로운 의미를 지니게 되었기 때문이다. 그의 새로운 삶이 어떻게 끝을 맺게 될지는 오직 시간만이 밝혀줄 수 있을 것이다.[27]

삶에 단비가 필요하다면

진정한 부활

이러한 깨달음은 과거의 악행 때문에 번민 속에서 살아가던 그의 영혼을 한결 자유롭게 해 주었다. 『부활』은 그 자신의 과거 모습을 담고 있었을 뿐만 아니라 놀랍게도 그 자신의 미래의 모습까지도 비추고 있었다. 그는 부활에서 썼던 내용들을 실제 삶에서도 그대로 실천하였다. 이러한 그의 모습은 승화와 미성숙한 공상의 차이를 잘 보여 준다. 공상과는 달리 승화는 소설 그 자체를 현실로 바꾸는 신비한 힘을 가지고 있다.

『부활』에서 네플류도프가 결심했던 대로, 그는 자신의 저작료로 땅을 구입해서 농부들에게 나누어 주라는 유언을 남겼다.[28] 그리고 사후에 그의 가족들은 그의 유지를 받들어 실천하였다.

그가 『부활』을 쓸 무렵, 러시아에서는 두호보루^{Dukhobor} 사건이 일어났다. 두호보르는 러시아의 한 종교 단체로서 직접적인 신의 계시만을 믿기 때문에 기성 교회의 권위에 도전을 하였다. 결국 그들은 모진 박해를 받았고 1천여 명의 교도들이 살해되기도 하였다. 하지만 이러한 박해에도 그들의 신앙심이 변하지 않자 러시아 정부는 그들에게 추방령을 내렸다. 이때 그들이 여비가 없어 어려움을 겪자 그는 『부활』의 원고료 전액을 그들에게 지원하였다. 그는 이타주의를 실천한 것이다. 그가 러시아의 부패한 교회를 신랄하게 비판했기 때문에 러시아 정교회에서 파문 당했던 점을 고려해 보면 그의 인도주의적인 헌신은 이타주의에 해당된다고 할 수 있다.

그는 여행 도중에 병을 얻었기 때문에 임종 시 그의 곁에는 아내가 없었다. 하지만 그는 마지막 순간에 울면서 자신의 아내에게 "진정으로 연민의 정과 더불어 사랑하는 마음을 간직하고 있다"[29]는 유언을 남겼다. 그는 이전에 『참회록』을 쓸 때는 아내를 떠올리면서 울 수가 없었다. 왜냐하면 『참회록』을 쓰면서는 아내와의 갈등을 억압했었기 때문이다. 하지만 마지막 순간에는 더 이상 억압을 사용하지 않았다. 그리고 그는 진심으로 참회하였기 때문에 회한의 눈물을 쏟았다.

그가 떠난 후에 그의 딸이 어머니에게 가끔 아버지 생각을 하냐고 물었을 때 그녀는 다음과 같이 말했다.

> 나는 늘… 언제나… 그 양반 생각을 하고 있단다. 나는 네 아버지와 조금 더 사이좋게 지내지 못한 것이 너무도 마음 아프단다. 하지만 타냐야, 내가 죽기 전에 네게 할 말이 있단다. 나는 절대로 네 아버지 외에는 그 누구도 사랑한 적이 없단다.[30]

그는 『부활』에서 예고했던 대로 죽은 뒤에 그의 아내의 마음속에서 부활할 수 있었다.

삶에 단비가 필요하다면

톨스토이

어느 날 그는 자신의 책장에서 문득 소설책 하나를 집어 들고는
중간 부분부터 읽기 시작하였다. 얼마 안 있어 그는 그 소설이 뿜어내는
매력에 흠뻑 빠져들게 되었다. 소설이 너무나도 인상 깊었기 때문에
그는 책을 처음부터 정독을 해야겠다고 마음먹게 되었다.
책의 첫 장을 펼쳐든 순간 그는 놀라고 말았다.
그 책의 저자는 다름 아닌 바로 자신이었던 것이다.

억압

고통스러운 기억을 머릿속에서 지워 버리는 억압은 이지화와는 정반대되는 기제이다. 이지화는 고통스러운 사건에 대한 기억에서 감정을 제거하고 사고만 남겨 놓는다. 하지만 억압에서는 사고를 제거하고 감정만 남겨 놓는다. 그래서 억압을 사용하는 사람은 문제 상황에서 불편함을 느끼지만 그 이유는 모르게 된다.

이러한 억압은 단순한 망각과는 다른 것이다. 누군가가 억압을 통해 고통스러운 사건에 대한 기억을 떠올리지 못한다 하더라도, 망각처럼 그러한 사건에 대한 정보가 완전히 두뇌 속에서 사라져 버리는 것은 아니다. 일반적인 상식과는 달리, 어떤 일에 대한 정보가 일단 장기 기억의 형태로 저장되고 나면, 더 이상 망각은 일어나지 않는다. 흔히 사람들이 영어 단어를 암기하고는 곧 망각했다고 말하는 현상도 사실은 망각이 일어난 것이 아니라 학습이 실패했기 때문에 기억 체계에 저장이 안 된 것이다. 따라서 억압이 일어나더라도 억압된 정보는 여전히 기억 체계 내부에 보존된 상태로 남아 있게 된다.

사람들은 누구나 충격적이거나 불쾌한 경험들에 대해서는 부지불식간에 기억이 떠오르지 않도록 의식에서 몰아내려는 노력을 기울이게 된다.

그 결과 의식 속에 있던 정보가 무의식 영역으로 밀려나게 되면, 그때부터 그 사람은 모두가 알고 있는 특정한 사건이 마치 처음부터 발생하지 않았던 것처럼 행동하게 된다. 하지만 억압을 통해 의식에서 사고가 사라지더라도, 사건 때문에 경험하게 된 감정은 계속해서 의식 속에 남아서 지속적으로 행동에 영향을 주게 된다.

억압을 통해 잊어버렸던 사고 내용들은 나중에 부메랑처럼 되돌아오게 된다. 그랜트 스터디 연구 결과는 임상적 면접 자료 및 심리 평가 결과와는 모순되게, 스스로는 부모에 대해서 분노감을 조금도 가지고 있지 않다고 보고했던 대학생들이 35년이 지나자 거의 대부분 과거의 사실을 솔직하게 시인하게 되는 점을 보여 주었다.

도저히 견뎌 낼 수 없다고 느껴지는 것을 잊어버리는 것은, 적어도 잊고 지내는 동안만큼은 내면의 고통으로부터 스스로를 보호할 수 있도록 해 준다. 그런 의미에서 억압도 적응적인 기능을 지니고 있다고 할 수 있다. 하지만 억압은 날이 개고 나면 간밤에 천장에서 비가 샜었다는 사실을 잊어버릴 때와 비슷한 문제를 가지고 있다.

억압을 사용하는 사람과 더 잘 지내기

1. 당신 곁에 억압을 사용하는 사람이 있다면 그 사람이 거짓말을 하고 있는 것은 아닌가 하고 의심이 들 수도 있다_ 하지만 억압은 단순히 거짓말을 하는 것이 아니라 정말로 기억을 못하는 것이다. 당신은 믿기 어렵겠지만 억압이 극단적으로 심한 사람은 당신과 싸우고 난 다음에 뒤돌아서서 곧바로 그 기억을 잊어버리기도 한다. 이때 그 사람이 당신을 놀리고 있는 것으

로 오해하지는 말자. 그 사람은 당신을 놀리기 위해서 기억을 잊어버리는 것이 아니라 단지 당신 앞에서 그 기억을 떠올리는 것을 두려워하는 것일 뿐이다. 사람들은 언제나 안전하다고 느낄 때만 두려운 기억을 떠올릴 수 있다. 따라서 당신이 따뜻한 관심과 배려를 베푸는 것을 통해 억압을 사용하는 사람이 안전하다고 느낄 수 있게 해 주었을 때 비로소 그 사람은 자기 안에 들어 있는 기억을 온전하게 회복할 수 있다.

2. 억압을 사용하는 사람을 자극하지는 말자. 억압의 이면에는 폭발력 강한 에너지가 숨겨져 있다_ 고통스러운 기억이 의식의 수면 위로 떠오르지 않도록 하기 위해서는 강렬한 심리적인 에너지로 억누르고 있어야 한다. 만약 당신이 억압을 사용하는 사람에게 그 사람이 고통스러운 기억을 다시 떠올릴 수 있도록 억지로 관련된 증거를 들이댄다면 그 사람은 감정적으로 폭발하게 될 수도 있다. 잠자는 사자의 코털은 함부로 건드리지 않는 것이 현명한 처사다.

3. 억압을 사용하는 사람을 수수방관하고 내버려 두지는 말자_ 억압을 사용하는 사람은 야구장에서 갑작스럽게 공이 날아오자 당황한 나머지 눈을 감아 버리는 사람과 마찬가지 상태에 있다고 할 수 있다. 만약 당신이 그때 곁에 있었다면 어서 눈을 뜨라고 소리치기 전에 일단 날아오는 공을 안전하게 막아 주는 것이 급선무일 것이다. 그리고 위험한 순간에 자기도 모르게 눈을 감았다고 해서 그 사람을 도덕적으로 책망할 필요는 없다. 억압은 어디까지나 의도적으로 일어나는 것이 아니라 무의식적으로 일어나는 일이기 때문이다.

억압을 성숙한 기제로 변화시키기

1. 다른 신경증적인 기제들은 눈에 보이는 행동을 통해서 표현되는 반면에, 억압은 눈에 보이지 않게 일어나는 것이기 때문에 자신이 억압을 사용하고 있는지 그렇지 않은지를 확인하기가 무척 어려울 것이다_ 지금부터 근래에 당신이 만났던 사람들을 가만히 떠올려 보라. 혹시 그중에서 그 사람과의 만남이 껄끄럽게 느껴졌지만 그 이유가 분명하지는 않은 사람이 있는가? 만약 그런 사람이 있다면 그 사람이 누구든지 간에 억압과 관계가 있는 것이다.

2. 당신이 억압적인 사람이라면 지나온 삶을 가만히 들여다볼 경우, 당신은 계속해서 자신에게 문제가 없는 것처럼 말하고 또 행동해 왔지만 실제로는 언제나 문제가 발생했다는 점을 깨달을 수 있을 것이다_ "난 괜찮아"라는 자기암시가 때로는 고단한 현실을 견뎌 내는 데 도움을 주기도 하지만, 단순히 꾹 참기만 하면서 살아가는 것은 언젠가는 폭발하게 될 가능성이 있다. 설사 감정적으로 폭발하지 않고 평생을 참으며 살아가더라도, 두통, 위장병, 신경통 그리고 암 등과 같은 스트레스성 질환 때문에 고통 받을 수 있다. 따라서 만약 당신이 억압적인 사람이라면 당신의 큰 문제 중 하나는 다른 사람들의 눈에는 너무나도 명백해 보이는 문제의 원인을 전혀 의식하지 못하거나 또는 제일 마지막에 가서야 인식하게 된다는 것이다. 게다가 억압은 자신의 문제를 스스로 돌보지 못하게 할 뿐만 아니라 다른 사람들까지도 당신을 돕지 못하도록 만들 수 있다. 당신이 아무리 고통으로 신음하고 있어도 당신이 평상시에 늘 괜찮다고만 말해 왔기 때문에, 위기 상황에서조차 주변 사람들은 모르고서 그냥 지나칠 수 있다.

3. 성숙한 기제인 억제에 대해서 익혀 두는 것은 억압의 문제를 해결하는 데 유용할 수 있다_ 억압과는 달리 억제에서는 망각이 존재하지 않는다. 억제는 고통스러운 기억을 의식 속에 그대로 간직한 상태에서 보다 성숙된 방식으로 견뎌 내는 것이다. 보통의 경우 억제는 억압의 과정을 거친 다음에 나타나기 마련이다. 그렇기 때문에 억제가 성숙한 기제에 해당되는 것이다. 억제적인 행동이 나타나기 위해서는 억압의 과정을 통해, 먼저 상상을 통해서라도 문제가 없어졌을 때의 희망적인 상황을 맛볼 수 있어야 한다. 그래야지만 이후에 억압의 문제점을 깨닫고서 상상 속에서만 문제를 없애는 것이 아니라 현실적으로도 문제를 해결할 수 있도록 노력하는 억제로 나아갈 수 있다. 따라서 억압이 이후의 삶에서 억제로 대치될 수 있는 한, 과거에 억압적인 모습을 보였다고 해서 자책할 필요는 없을 것이다.

11

눈물로 웃음을 빚어내는
삶의 예술

방망이가 기다리는 코너로 내몰린 장님 쥐

· · · · ·
마크 트웨인은
"천국에는 유머가 존재하지 않는다"고 말했다.
그는 그 누구보다도 이 말의 의미를 잘 이해하는 사람이었다.

그는 1889년에 런던에서 태어났다. 그의 아버지는 런던의 밤무대에서 광대 역할을 하는 가수 겸 배우로 활동하였다. 그의 어머니는 결혼 전에 런던의 홍등가에서 부유한 제본업자와 사랑에 빠져 1885년에 시드니Sydney를 낳았다. 그의 어머니는 시드니를 낳은 지 얼마 안 되어 그의 아버지를 만나 결혼을 하였다. 결혼 후에 그의 어머니 역시 가수가 되었으나 재능을 인정받지는 못하였다.

1891년에 그의 아버지가 미국에 4달 간 장기 공연을 하러 간 사이에 그의 어머니는 당시의 인기 가수였던 드라이든Leo Dryden과 사귀게 된다. 그의 어머니는 드라이든에게서 그의 인기곡을 부를 수 있는 권리를 취득하게 되지만, 그와 동시에 1892년에 그의 아들인 휠러Wheeler Dryden를 낳는다. 결국 그는 아버지 없이 유년 시절을 보내야 했다. 하지만 그의 어머니와 드라이든의 관계도 오래 가지 못하였다.

빈민 수용소에서의 슬픈 생활

1893년에 그의 어머니를 찾아온 드라이든은 냉담한 표정으로 자신의 아이를 낚아채 간다. 이 시기에 그의 외할머니마저 정신분열병에 걸려 입원을 하게 되자, 그의 어머니의 삶은 말 그대로 악몽으로 변한다. 생계를 꾸려 나갈 만한 별다른 대안이 없자 그의 어머니는 세 식구 모두 빈민 수용소로 들어갈 것을 제안한다.

> 비록 우리는 빈민 수용소에 들어가는 것이 부끄러운 일이라는 것을 잘 알고 있었지만, 나는 어머니가 그 말을 했을 때 그것이 냄새나는 골방에 모여 사는 것으로부터 탈출하는 것인 동시에 일종의 모험 같은 것이라고 생각하였다. 하지만 수용소에 들어가던 그 음울했던 날에야 비로소 나는 그것이 무엇을 의미하는지 깨닫게 되었다. 문득 비참한 기분이 들었다. 왜냐하면 우리는 헤어져야 했기 때문이다. 어머니는 여자 수용소로 가고 나와 형은 아동 수용소로 보내졌기 때문이다. 나는 어머니가 첫 번째로 우리를 면회 오던 날의 슬픔을 아직도 생생하게 기억한다. 어머니가 수용소 입소자 복장을 하고서 면회실을 들어오는 모습을 보는 순간 나는 큰 충격을 받았다. 그때 어머니의 비참한 모습이란! 일주일 사이에 어머니는 훨씬 더 나이 들고 말라 보였다. 우리를 발견하고서 어머니는 표정이 환해졌지만 시드니와 내가 울기 시작하자 어머니의 뺨에서도 눈물이 흘러내렸다.[1]

나이 어린 그에게 수용소 생활은 가혹한 것이었다. 그는 아무런 잘못을 안 했는데도 누군가의 밀고로 체벌을 받기도 했으며 머리에 전염성

삶에 단비가 필요하다면

이 강한 버짐이 생겨서 강제로 삭발 당한 채로 격리 수용되어 운동장을 마냥 바라보기만 해야 하는 아픔을 맛보기도 하였다.

그의 어머니는 자신이 무대에서 갈채 받는 인기 가수가 되는 환상에 빠져 무기력하게 지내다가 결국 그의 외할머니처럼 정신분열병에 걸려 입원하게 된다. 그러자 법원은 시드니와 그에 대한 양육 책임이 아버지에게 있다는 판결을 내렸다. 하지만 그의 아버지는 알코올중독 때문에 건강이 악화되어 불과 서른일곱 살에 눈을 감는다.

나중에 그는 자서전에서 자신의 유년 시절을 회고하면서 콘래드 Joseph Conrad가 친구에게 쓴 말을 인용한다. "내 삶은 방망이가 기다리는 코너로 내몰린 장님 쥐 같다."[2]

그는 살아남기 위해 신문 배급소, 인쇄소, 장난감 공장, 유리 공장, 진료소 등 소년이 일할 수 있는 곳이라면 어디든지 가리지 않고 가서 일했다. 하지만 그 과정에서도 배우가 되겠다는 꿈은 한시도 잊은 적이 없었다. 그래서 그는 틈나는 대로 다 헤어진 의복을 최대한 손질해서 단정하게 만든 다음에 도저히 더 이상 입을 수 없을 때까지 극장 사무실을 드나들었다. 처음 사무실에 가서 값비싼 새 의상을 입고서 대기하고 있는 수많은 연기 지망생들을 봤을 때 그는 자신의 낡은 의상 때문에 부끄러워 몸 둘 바를 몰라 구석에 떨면서 서 있곤 하였다.

첫 공연에서의 망신

그는 열두 살 때, 자신의 나이를 열네 살이라고 속이고서 아역 배우로서 무대에 처음 서게 된다. 비록 단역이기는 하지만 순회 공연단의 일원으로서 자신의 역할을 무난하게 소화해 낸다. 그 후에 그는 코미디에 도전한다. 그때 영국에서는 스탠딩 코미디가 큰 인기를 끌고 있었다. 그는 미국의 유머 책에서 몇 가지를 골라 익힌 다음에 케이시^{Casey} 유랑극단을 찾아간다. 그는 자서전에서 이때의 일화를 이렇게 소개하고 있다.

> 비록 악의는 없었을지라도 나의 코미디는 유태인을 조롱하는 것이었고 구식 농담에 불과했을 뿐만 아니라 매우 수준 낮은 것이었다. 무엇보다 결정적으로 정말 재미가 없었다. 농담을 몇 차례 선보이자 객석에서 뜨거운 반응이 터져 나왔다. 관객들이 동전과 오렌지 껍질을 던지고 발을 굴렸으며 야유를 퍼붓기 시작한 것이다. 처음에 나는 무슨 일이 일어나고 있는 것인지 의식하지 못하였다. 그때 공포감이 밀려왔다. 비난과 야유 그리고 동전과 오렌지 껍질이 늘어감에 따라 내 말은 더욱 빨라졌다. 무대에서 내려왔을 때 매니저의 판결을 들어볼 필요조차 없었다. 나는 곧장 의상실로 달려가 분장을 지우고 극장을 빠져나왔다…나는 내 마음속에서 그날의 악몽을 지우려 노력했으나 내 자존심에 씻을 수 없는 상처를 남겼다. 그 소름끼치는 경험은 나의 능력을 보다 정확하게 평가할 수 있도록 해 주었다.³

나중에 알려진 사실이지만, 당시에 객석에 있는 관객들의 대부분은 유태인들이었던 것이다. 그 후로 그는 관객들에게 직접 말하는 식으로 진행되는 라이브 공연에 대한 공포증을 갖게 되었다. 나중에 그는 자신의 공포증에 대해서 이지적인 태도로 매우 우아하게 변명하려고 노력하였지만 결과적으로는 괴상한 논리를 탄생시킬 뿐이었다.

삶에 단비가 필요하다면

관객들에게 직접 말하는 것, 나는 절대로 그것만은 할 수 없어. 그런 일을 하기에는 내 연기가 너무나도 예술적이기 때문이지. 나의 예술적인 재능은 엄숙한 것이야. 정말로 아주 엄숙하지.[4]

스탠딩 코미디 공연에서 실패한 후부터 그가 하는 일들은 모두 거의 재앙 수준에 가까웠다. 하지만 그에게 기회가 찾아온다. 시드니의 강력한 추천에 힘입어 그가 당시 영국에서 최고의 인기를 누리던 프레드 카노 Fred Karno 극단에 좋은 조건으로 입단하게 된 것이다. 이때부터 본격적으로 그는 팬터마임 코미디를 시작한다. 그는 자서전에서 처음으로 팬터마임 코미디를 선보이던 날의 모습을 이렇게 적고 있다.

음악이 연주되기 시작하였다. 막이 올랐다. 무대에서는 남성 합창단의 노래가 울려 퍼지고 있었다. 마침내 그들이 물러나고 빈 무대만 남게 되었다. 내가 나갈 차례였다. 정서적으로 혼란된 상태에서 나는 앞으로 나아갔다. 위기를 수습하든지 아니면 굴복하든지 둘 중의 하나를 선택해야 했다. 일단 무대 위로 걸어 나가자, 나는 공포감에서 해방되었다. 모든 것이 명확해졌다. 나는 내 등이 객석을 향하도록 해서 걸어 나갔다. 이것은 내 아이디어였다. 뒷모습상으로는 나는 단순히 프록코트를 입고 예식용 모자를 썼으며 각반을 하고서 지팡이를 들고 있는 모습으로 보였다. 이것은 영국 에드워드 왕 시대의 전형적인 복장이었다. 그때 나는 뒤돌아서면서 내 빨간 딸기코를 보여 주었다. 객석에서 웃음이 터졌다. 그것이 관객들의 호응을 이끌어 내었다.[5]

그는 그날 단 한마디도 하지 않고서 관객들을 5분 동안이나 계속 웃게 만들 수 있었다. 대성공이었다. 그는 의사전달 효과가 제한적일 수밖에 없는 대사를 포기하는 대신 보다 강력한 의사소통 도구로서 보편적인 언어인 몸짓을 발견하게 된 것이다. 그는 자신의 아킬레스건이었던 대사 공포증을 무언의 팬터마임으로 승화시켰던 것이다.

실연의 아픔이 배인 남루한 코트가 만든 불멸의 캐릭터

1908년에 그는 켈리^{Hetty Kelly}라는 아역 배우와 사랑에 빠지게 된다. 그때 켈리의 나이는 열다섯 살이었다. 처음에는 켈리 역시 그를 마음에 두고 있었다. 하지만 그녀의 어머니는 자신의 딸이 불안정한 신분의 가난한 배우와 결혼하는 것을 반대하였다. 그러자 켈리는 냉담하게 돌아서 버렸다. 하지만 순진했던 그는 무슨 일인지 영문을 몰라 하였다. 그는 켈리를 잊을 수 없었다. 그래서 10년이 넘게 지난 후에도 그는 켈리를 못 잊고 이렇게 적었다.

> 케닝톤 게이트^{Kennington Gate}였다. 나의 추억을 간직하고 있는 곳이었다. 슬프지만 달콤한 기억들이 재빨리 되살아났다. 여기가 바로 내가 켈리와 처음 만났던 곳이었지. 나는 그날 몸에 착 달라붙는 프록코트에 모자 그리고 지팡이를 들고 근사한 모습으로 등장했었지. 4시에 켈리가 기다리는 나를 보고서 웃으며 걸어올 때까지 정신 나간 녀석처럼 길 가는 모든 차들을 주시하고 서 있었지. 나는 밖으로 나가서 케닝톤 게이트 앞에 몇 분간 서 있었다. 내가 타고 왔던 택시의 기사는 내가 미친 사람이라고 생각했다. 하지만 나는 택시 기사의 존재를 까맣게 잊고 있었다… 켈리는

갔다. 그래서 이제는 프록코트와 지팡이만 남게 되었다.⁶

켈리가 가고 난 뒤, 시간이 지나자 추억 속의 그 멋진 프록코트는 그에게는 몸을 죄는 안 맞는 코트가 되었다. 그의 첫사랑은 갔지만 이 프록코트는 그에게 불멸의 캐릭터를 창조하는 원동력이 되었다.

1914년에 그는 미국의 키스톤^{Keystone} 사와 좋은 조건으로 계약을 한다. 그리고 첫 작품에서 그는 자신의 트레이드 마크가 된 어리숙한 떠돌이 캐릭터를 창조해 내었다. 그는 자서전에서 이 캐릭터의 탄생 과정에 대해 이렇게 설명하였다.

나는 그 캐릭터에 관한 특별한 생각을 하고 있지 않았다. 하지만 그 옷을 입는 순간 의상과 화장이 마치 내가 그 사람이었던 것처럼 느끼게 하였다. 나는 그에 대해서 깨닫기 시작하였다. 내가 무대 위로 걸어갔을 때 그 인물은 완벽하게 완성되었다.⁷

그는 이 캐릭터를 보다 재미있는 인물로 만들기 위해서 철저하게 대비 효과를 주었다. 예를 들면, 꼭 끼는 코트에 풍성한 바지, 작은 예식용 모자에 큰 신발, 화장 안 한 앳된 얼굴에 나이 들어 보이는 콧수염 그리고 걸음걸이를 안정 시켜 주는 지팡이와 뒤뚱거리는 걸음걸이 등이 바로 거기에 해당된다. 그는 창조적인 노력을 통해 사랑의 아픔을 불멸의 캐릭터로 승화시켜 표현하였다.

이 캐릭터가 등장하는 그의 대표적인 작품은 「시티 라이트^{City Lights}」라고 할 수 있다. 그는 이 영화에서 자신을 인정해 주지 못한 과거의 연인 켈리를 '눈이 먼' 꽃집 소녀로 등장시킨다.

아침 산책길에서 어리숙한 떠돌이 신사는 눈 먼 소녀를 만난다. 그는 주머니의 마지막 돈을 털어서 소녀의 꽃을 사 준다. 소녀는 그가 부자인 줄 오해하지만 그는 자신이 가난한 떠돌이라는 사실을 밝히지 않는다. 그는 우연히 술에 취한 백만장자를 구해 주고서 많은 돈을 받게 된다. 그는 그 돈으로 눈 먼 소녀의 눈을 뜰 수 있게 해 준다. 하지만 그 백만장자가 술이 깬 다음에는 그를 알아보지 못했기 때문에 도둑의 누명을 쓰게 된다. 몇 달 후 그가 초라한 모습으로 지나가자 그 소녀는 걸인 차림의 그에게 돈을 쥐어 주게 된다. 소녀가 돈을 건네기 위해 그의 손을 붙잡는 순간, 그녀는 눈이 아닌 '손끝' 감각으로 그가 바로 '자신의 삶을 새롭게 눈뜨게 해 준' 그 친절한 부자라는 사실을 깨닫게 된다.

현실에서 그는 켈리를 눈뜨게 해 주지 못했지만 영화 속에서 꽃집 소녀는 눈을 뜨게 된다. 그리고 영화 속에서도 그 소녀는 마치 켈리처럼 눈으로는 그를 알아보지 못한다. 하지만 그 소녀는 눈 대신 또 다른 감각인 손끝을 통해 결국 그를 알아본다. 그가 제작한 「시티 라이트」는 그의 아픈 상처가 승화되어 표현된 대표적인 작품 중 하나이다.

코미디 같은 결혼 생활의 서막

코미디언으로서 대성공을 거두게 되자, 1918년에 그는 유나이티드 아티스트 United Artists 사를 만들기 위한 작업에 들어간다. 같은 해에 그는 열여섯 살 소녀 배우인 밀드레드 Mildred Harris 를 파티에서 만나 데이트를 하게 되었다. 그의 나이는 스물아홉이었지만, 심리적으로는 사춘기 소년의 사랑 스타일에서 빠져나오지 못한 상태였다. 그는 여전히 켈

삶에 단비가 필요하다면

리에 대한 미련을 못 버리고 있었기 때문에 밀드레드와의 결혼을 생각하지 않고 있었다. 그런데 언론에서 두 사람의 밀회설이 막 흘러나오기 시작하더니, 갑자기 열일곱 살의 밀드레드가 그의 아이를 임신했다고 선언해 버렸다. 그는 들끓는 여론과 비난의 화살을 의식해서 원치 않는 결혼을 마치 날림 공사하듯이 해치워 버린다. 당시에 할리우드에서 일등신랑으로 손꼽히던 그였기에 밀드레드의 극성스러웠던 어머니도 켈리의 어머니와는 달리 결혼을 반대하지 않았다.

비록 원치 않는 결혼이었다 할지라도 가정에 충실한 남편이 되고자 노력하던 그는 커다란 충격을 받는다. 밀드레드에게 임신에 따른 자연스러운 신체의 변화가 나타나지 않은 것이다. 하지만 말 그대로 코미디 같은 상황이 벌어졌다. 그가 배신감에 몸서리칠 무렵, 실제로 밀드레드가 임신을 한 사실이 밝혀진다. 허니문 베이비였던 것이다. 그는 자신이 걸려든 인생의 덫 앞에서 울지도 웃지도 못하는 신세가 되었다.

그는 자서전에서 밀드레드가 모나리자와 같은 미소로 자신을 대하지만 실제 그녀의 행동은 언제나 그의 뒤통수를 치는 식이었다고 밝힌 바 있다. 결혼 초에 그의 영화사와 경쟁 관계에 있는 영화사에서 밀드레드에게 거액의 개런티를 제안하였다. 그는 자신의 아내가 경쟁 회사에 출연하는 것이 마음에 걸렸기 때문에, 자신의 영화사에서 제작하는 영화에 출연하면 같은 금액을 주겠다고 제안하였다. 그의 면전에서는 웃으며 그러겠다고 약속했던 그녀는 돌아서서는 경쟁 회사와 덜컥 계약을 해 버렸다. 그 후에도 그는 경쟁 회사 관계자를 만날 생각이 없다고 엄포를 놓았지만, 그녀는 경쟁 회사 관계자를 저녁 식사에 초대해 버렸다. 그는 취소하지 않으면 저녁 식사를 엉망으로 만들어 버리겠다고 협박했지만, 막상 초인종이 울리자 온순한 토끼가 되어 손님을 맞이할 수밖에 없었다.

리틀 마우스

1919년에 밀드레드는 그의 첫아들을 출산한다. 하지만 태어난 지 3일 만에 그 아기는 세상을 떠난다. 밀드레드는 후일 "그는 그 일을 견디기 힘들어 했어요…내가 그때 그의 모습에 대해서 유일하게 기억하는 것은…그 아기가 죽었을 때 그가 울었다는 거예요"라고 회상하였다.[8]

첫아들마저 세상을 떠나가자, 그는 밀드레드와 이혼하기로 결심한다. 밀드레드 모녀는 그에게서 거액의 위자료를 받아 내려고 극성을 부렸고 법원은 위자료로 그녀에게 10만 달러와 그들의 공동재산을 분배하라는 판결을 내렸다. 사실상 그들이 정상적으로 결혼 생활을 한 것은 일주일밖에 안 되기 때문에 당시로서는 파격적인 위자료로 기록되었다.

세상을 떠난 아이에 대해 그는 극심한 죄책감을 경험하였다. 특히 밀드레드와의 불화로 인해 자신이 그 아이의 생명을 단축시키는 데 기여한 것 같다는 생각이 들어 더욱더 가슴 아파했다. 그는 첫아들의 묘비에 "리틀 마우스 The Little Mouse"라고 새겨 넣었다.[9] 앞에서 언급한 콘래드의 말을 연상시키는 비문이라고 할 수 있다. 그 아이는 세상에 태어나자마자 전혀 대비가 안 된 상태에서 방망이로 호되게 얻어맞은 셈이었다.

첫아이가 떠나간 지 10일 뒤에 그는 우울한 상태에서 기분 전환을 위해 오르페움 Orpheum 극장을 찾아간다. 거기에서 우연히 괴팍한 댄서 쿠건 Jack Coogan의 네 살배기 아들 재키 Jackie Coogan를 발견하게 된다. 무대 인사를 할 때 쿠건이 재키를 데리고 나와 함께 인사를 한 것이다. 인사를 한 후에 재키는 갑자기 관객들에게 경이적인 춤 솜씨를 선보인 후 재빠르게 퇴장하였다. 그러자 관객들이 열렬히 환호하며 앵콜을 청했기 때문에 재키는 한 번 더 나와 재공연을 가졌다.

삶에 단비가 필요하다면

일주일 후 그는 회사에서 다음 작품에 대한 아이디어 회의를 하다가 우연히 재키를 떠올리게 된다. 그 순간 갑자기 그는 운명적인 계시를 받은 것 같은 기분이 들게 된다. 그때부터 아이디어가 물밀 듯이 밀어 닥쳤고 결국 그는 「키드The Kid」라는 영화를 제작하는 일에 착수하게 된다.

웃음과 슬픔이 어우러진 이야기

「키드」라는 영화에는 그 자신의 자전적인 이야기가 많이 담겨 있다. 그 영화는 "웃음과 슬픔이 어우러진 이야기"라는 자막과 함께 시작된다. 「키드」의 첫 장면에서 그의 어머니를 연상시키는 비운의 여가수가 빈민을 위한 정신병 수용 시설에서 퇴원한다. 그 여인은 자신이 아기를 키울 방법이 없자, 젖먹이 아기를 눈물에 젖은 편지와 함께 포대기에 싼 채 운전기사가 대기하고 있는 대저택의 자가용 안에 두고서 사라진다. 그리고 "그 여인에게 죄가 있다면 어머니라는 것이다"라는 멘트가 자막으로 나간다. 이때 우연히 도둑들이 차를 훔치게 되고 아기를 발견하고는 길가에 버리고 간다. 뒤늦게 후회하고서 아기를 다시 찾으러 온 비운의 여인은 아기가 없어진 것을 알고는 충격을 받고 쓰러진다. 우연히 길을 가다 도둑들이 내버린 아기를 발견하게 된 떠돌이 신사는 경관이 아기를 버리려고 하는 파렴치한 사내로 오해하는 바람에 그 아기를 억지로 떠맡게 된다. 「키드」에서는 빈민가에서 사는 어리숙한 떠돌이 신사가 육아를 위해 눈물나는 노력을 기울이는 내용이 매우 유머러스하게 펼쳐진다.

「키드」의 중반에서는 떠돌이 신사로서는 도저히 이해할 수 없는 불가항력적인 힘에 의해 자신이 키우던 아기를 빼앗기게 된다. 이러한 점은 현실에서 그 자신이 도무지 이해할 수 없는 힘에 의해 첫아들을 빼앗겼던 것과 상응하는 구조라고 할 수 있다. 하지만 그는 「키드」에서 단순히 문제 상황을 제기하는 데서 그치는 것이 아니라, 그러한 문제에 대한 해답도 함께 제시하였다. 그것은 바로 성숙한 기제인 유머 humor 이다.

「키드」에서 떠돌이와 재키가 호흡을 맞추는 장면을 보면 웃음이 절로 나온다. 하지만 처음에 그가 자막에서 소개한 것처럼 그 영화는 눈물도 함께 머금고 있다. 「키드」는 왜 유머가 인생의 가장 고통스러운 순간에서조차 우리에게 웃을 수 있는 힘과 용기 그리고 희망을 선사해 주는지를 이해할 수 있도록 해 준다. 이런 점에서 「키드」는 단순한 슬랩스틱 코미디와 유머의 차이를 분명하게 보여 주는 최고의 영화 중 한 편이라고 할 수 있다.

그가 평생 고수한 영화 철학 가운데 하나는 희극적인 장면은 카메라를 멀리 두고서 촬영하고 비극적인 장면은 카메라를 가까이 두고서 찍는다는 것이다. 그는 멀리서 봤을 때는 웃고 있는 것처럼 보이지만 클로즈업하면 마음속으로 울고 있는 유머러스한 캐릭터를 보여 주는 것을 통해 우리 삶에서 희극이 희극 이상의 가치를 갖도록 하는 데 크게 기여하였다.

「키드」는 첫아들을 잃은 후 무기력감에 빠져 있던 그를 다시 일어설 수 있도록 해 주었다. 또한 「키드」는 그가 영화 속에서뿐만 아니라 현실에서도 실제로 아들을 얻을 수 있도록 해 주었다. 그가 새로 얻은 아들이 바로 재키였던 것이다.

그는 「키드」를 촬영하는 동안뿐만 아니라 그 후에도 재키를 마치 자신의 친아들처럼 대했다. 영화 제작에 관한 한 타의 추종을 불허하는

삶에 단비가 필요하다면

완벽주의자였던 그는 일단 영화 제작에 돌입하면 쉬는 법이 없었다. 아니, 사실은 쉴 수가 없었다. 왜냐하면 그는 다른 제작자보다 훨씬 더 많은 필름을 사용해서 촬영한 다음에 더 많은 시간을 들여서 필름을 편집하는 일을 반복했기 때문이다. 그래서 그는 항상 시간에 쫓기면서 고된 편집 작업을 해야 했다. 하지만 「키드」를 촬영하던 1919년 크리스마스에 재키가 선물 대신 샌프란시스코에 있는 할머니를 보고 싶다고 하자, 대단히 이례적으로 모든 촬영 일정을 중단하고서 일주일 동안 영화사 문을 닫았다.

악몽 같은 결혼의 연속

1924년에 영화 「황금광 시대 The Gold Rush」를 촬영하던 중에 그는 열여섯 살의 여배우 리타 Lita Grey와 결혼한다. 이때 뉴욕의 한 일간지는 "결혼 생활이 지나치게 행복해서 스크린의 어릿광대가 망가지는 비극이 일어나지 않기를 바란다"[10]는 재미있는 기사를 실었다. 하지만 그러한 염려는 기우에 불과했다. 그녀는 그에게 두 아들을 안겨 주었지만 그녀와의 결혼 생활은 최악이었다. 그는 자서전에서 장성한 두 아들들을 위해 이 악몽 같은 결혼 생활에 대한 언급을 피했다.

결혼 생활에서 그가 얻은 보상이 있다면 그가 영화에 더 매진할 수 있는 여건이 마련되었다는 정도였다. 왜냐하면 결혼한 지 몇 주 만에 리타의 극성스러운 어머니가 그의 집으로 찾아와 눌러 앉았기 때문이다. 장모에게 지극히 공손하게 대했지만 아무래도 한집에서 같이 생활하는 것을 불편해 했던 그는 사무실에서 머무는 시간이 더욱더 늘어났다.

리타와의 결혼 생활이 악몽 같았다면, 그녀와의 이혼 과정은 지옥 그 자체였다. 리타는 법정에서 위자료를 더 받기 위해 부부 관계를 포함한 그의 은밀한 부분을 숨김없이 폭로하는 서류를 제출한다. 더욱이 이 서류가 유출되어 『리타의 불만^{The complaint of Lita}』이라는 이름으로 출간된다. 이 해적판 불법 서적은 순식간에 베스트셀러가 된다. 결국 법원은 리타에게 위자료로 80만 달러를 지불하라는 판결을 내린다. 당시로서는 미국 신기록에 해당되는 천문학적인 액수였다.

그는 1936년에 기계 문명에 의해 인간의 존엄성이 상실되어 가는 것을 희화한 영화 「모던 타임즈^{Modern Times}」를 개봉한다. 개봉 전부터 언론에서는 이 영화가 사회주의 이념을 대변한다는 비판과 이념적인 영화가 아닌 예술영화라는 옹호론이 뒤섞여 들끓고 있었다. 마치 가시방석에 앉아 있는 것 같은 기분이 든 그는 탈출을 시도한다. 당시 열아홉 살이었던 고다드^{Paulette Goddard}라는 배우와 밀월여행을 떠난 것이다. 5개월 동안 하와이를 거쳐 홍콩과 일본 등지를 여행하면서 그들은 비밀 결혼을 하였다. 여행 기간 동안 말괄량이 같은 인상을 주는 고다드의 모습은 그에게 삶의 활기를 불어넣어 주었다.

하지만 고다드는 변덕스러운 데가 있었다. 여행에서 돌아와 그가 다시 일의 세계에 빠져들게 되자 둘의 관계에는 균열이 생기기 시작하였다. 어느 날 그가 새로운 시나리오 작업에 골몰하고 있을 때 그녀가 잘 차려입은 젊은 남자를 대동하고 들어왔다. 그녀는 그 남자를 자신의 새로운 매니저라고 소개하였다. 그녀의 새로운 매니저는 그에게 그녀의 출연료를 인상해 줄 것을 요구하였다. 그는 격분하여 둘 다 썩 꺼지라고 소리쳤다. 결국 1942년에 둘은 이혼을 하고 고다드는 새로운 영화에 출연하기 위해 떠나간다.

같은 해에 그는 우연히 친구의 소개로 배리Joan Barry라는 여인을 만나게 된다. 처음에 그는 배리에 대해서 호감을 가졌지만 시도 때도 없이 집요하게 쫓아다니는 그녀의 행동에 대해서 불편감을 느꼈기 때문에 나중에는 피하게 된다. 그러던 중 어느 날 갑자기 배리는 그의 집을 찾아가 자살 소동을 벌인다. 그 후 배리는 그의 아기를 가졌다며 소송을 제기한다. 이 과정에서 그는 아들들 앞에서 고개조차 들 수 없는 파렴치한 아버지로 매도 당해 극심한 고통을 받는다. 엎친 데 덮친 격으로, 혈액 검사 결과 그가 친부가 아니라는 사실이 명확히 밝혀졌음에도 불구하고 당시의 법원은 혈액 검사를 증거로 채택하지 않았기 때문에, 양육에 대한 책임을 그가 져야 한다는 판결을 내리는 촌극이 벌어진다. 재판이 끝나고 1년 뒤에 배리는 결혼을 하지만 두 아이를 낳고 이혼을 한 후 길에서 행려병자 상태로 발견된다. 결국 그녀는 정신병원으로 후송된다.

아버지 같은 젊은 남자의 유머

1943년에 그는 열일곱 살의 우나Oona O'Neill를 만난다. 그녀는 노벨 문학상 수상자였던 유진 오닐의 딸이었다.
우나는 한 인터뷰에서 자신의 남편에 대해서 이렇게 표현하였다.

저는 젊은 남자와 결혼했습니다. 사람들은 제가 아버지 같은 사람과 결혼했다고 생각합니다. 하지만 이 집에서 나이는 중요하지 않습니다. 내게 그이는 항상 젊은이처럼 보입니다. 제가 그이에게서 아버지 같다는 인상을 받은 적은 없습니다. 그이는 나를 성숙해지도록 이끌고 또 나는 그가 젊어질 수 있도록 하는 것 같습니다.[11]

우나를 만나고서 그가 젊어진 것은 사실이었다. 그는 쉰네 살의 중년 남성으로서 이미 세 번의 결혼이 실패로 돌아갔음에도 불구하고 과거의 사춘기 소년 같은 성적 환상을 변함없이 가지고 있었다. 하지만 우나는 그의 삶이 사춘기에서 빠져나올 수 있도록 도왔다. 그는 자서전에서 우나에 대해 이렇게 설명하였다.

> 내가 우나를 알게 되었을 때 나는 그녀가 놀라운 유머 감각과 인내심을 일관되게 유지하는 모습에 신선한 충격을 받았다. 그녀는 항상 다른 사람의 관점을 이해할 줄 알았다. 이러한 연유로 해서 나는 그녀에게 반하고 말았던 것이다.[12]

사실 그는 우나를 만나기 전까지 성숙한 인간으로서 아버지 역할을 하는 데 어려움을 겪고 있었다. 그는 사춘기 소년처럼 다른 사람들에 대해서 짜증을 많이 냈으며 이러한 태도는 장성한 아들을 대할 때도 마찬가지였다. 하지만 그는 우나를 만나면서부터 보다 여유를 갖게 되었다. 그는 우나에게 바치는 자서전의 마지막 장에서 이렇게 적었다.

> 쇼펜하우어는 행복이 부정적인 경험이라고 말했다. 하지만 나는 그 말에 동의하지 않는다. 왜냐하면 지난 20년 동안 나는 행복이 무엇을 의미하는지 깨달았기 때문이다. 나는 운 좋게도 정말 원더풀한 여성과 결혼을 했다.[13]

삶에 단비가 필요하다면

물론 그의 말은 지난 20년 동안 그가 마냥 행복하기만 했고 또 우나가 언제나 좋기만 했다는 의미는 아닐 것이다. 왜냐하면 그는 자서전에서 자신의 삶에 대해 이렇게 유머러스하게 표현하였기 때문이다.

나는 살면서 특별히 위기라는 것을 별로 의식하지 못하고서 살았다. 왜냐하면, 내 삶은 언제나 위기의 연속이었기 때문이다.[14]

채플린

마크 트웨인은
"천국에는 유머가 존재하지 않는다"고 말했다.
그는 그 누구보다도 이 말의 의미를 잘 이해하는 사람이었다.

유머

성숙한 기제 중 하나인 유머는 단순히 재미있는 농담을 하는 것 이상의 과정을 내포하고 있다. 유머의 커다란 특징 중 하나는 순탄하게 자란 사람이 아닌, 어린 시절부터 인생의 혹독한 시련을 겪은 사람들이 주로 사용하는 경향이 있다는 점이다. 이런 점에서 "천국에는 유머가 존재하지 않는다"는 마크 트웨인의 말은 시사해 주는 바가 크다. 그랜트 스터디에서 대학 시절에 유머 잡지의 편집인으로 일했던 4명의 연구 대상자들 모두 어린 시절에 부모와 사별했다는 점은 우연의 일치 이상의 의미를 지니고 있는 것으로 보인다.

유머는 인생이라는 판도라의 상자에서 쏟아져 나오는 재난들을 이겨낼 수 있도록 해 주는 가장 훌륭하고 우아한 삶의 지혜라고 할 수 있다. 슬픔이 극에 달했을 때 사람들은 실없이 웃을 수 있다. 하지만 자아의 연금술이 선사하는 희망에 찬 웃음, 즉 유머는 허무하거나 병리적인 실소와는 다른 것이다. 동물들도 웃을 수는 있다. 하지만 동물들에게는 유머가 존재하지 않는다. 이런 점에서 유머야말로 인간의 존엄성을 보장해 주는 최후의 보루라고 할 수 있다.

다만 유머에서 안타까운 점은 유머러스하지 않은 사람이 유머를 흉내

내는 것만큼 소름끼치는 일도 없다는 점이다. 하지만 그러한 위험에도 불구하고 잘 갈고 닦아서 적시에 활용할 경우 인생은 진정으로 풍요로워질 수 있다.

유머의 연금술사가 되기

1. 유머는 타고나는 것이 아니다_ 유머가 만약 타고나는 것이라면 유머는 선택 받은 소수의 사람만이 누릴 수 있는 것이 될 것이다. 마크 트웨인은 유머의 원천이 기쁨이나 즐거움이 아니라 슬픔에 있다고 말한 바 있다. 이처럼 유머는 슬픔을 맛본 사람만이 사용할 수 있다. 채플린의 삶을 떠올려 보라. 그의 어머니와 외할머니는 모두 정신분열병 환자였다. 특히 그의 어머니는 그가 성공한 이후에도 현실과 영화를 잘 구분하지 못하였다.

그의 어머니는 그가 출연한 떠돌이 캐릭터 영화를 볼 때면 몹시 슬퍼하였다. 왜냐하면 그의 어머니가 본 영화 속에서 그는 항상 다 떨어진 옷을 입고 있었을 뿐만 아니라 어리석은 행동을 하면서 매우 힘들게 살아가고 있었기 때문이다. 그의 어머니가 영화 속 아들의 모습을 보고난 뒤 한 말은 "저런, 우리 아들에게 옷을 지어 주어야겠구나"[15]였다. 그 말을 들은 채플린이 자신은 충분히 성공을 했기 때문에 옷이 더 이상 필요하지 않다고 아무리 설득을 하더라도 소용이 없었다.

그의 어머니는 설명을 다 들은 후에도 "영화 속의 우리 아들 얼굴이 왜 이렇게 창백하냐"[16]고 물을 뿐이었다. 그에게 이러한 어머니의 모습을 지켜보는 것은 말 그대로 고문이었다. 그가 자신과 자신의 어머니 얘기를 동시에 담았던 영화 「키드」는 삶 속에서 고통과 슬픔이 웃음을 어떻게 빚어낼 수 있는지를 잘 보여 준다. 「키드」는 왜 그가 단순히 슬랩스틱 코미디언에 머무는 것이 아니라 유머의 대가로 손꼽히게 되는지를 확연하게 드러내 주는 작품이다. 하지만 그 역시 과거에는 관객을 불쾌하게 만들었을 뿐만 아니라, 그로 인해 무대 공포증까지 얻게 되었던 사람이라는 사실을 기억하도록 하자. 그는 결코 타고난 유머의 천재는 아니었다. 그가 보여 준 유머의 비결은 끊임없는 연습뿐이었다.

2. 유머의 가장 빛나는 가치는 도저히 웃을 수 없는 고통스러운 상황에서조차 우리들이 웃을 수 있도록 만들어 준다는 데 있다_ 극한의 상황에서 유머를 통해 웃는 것은 실성했을 때의 웃음과는 다른 것이다. 실성했을 때의 웃음과는 달리, 유머의 웃음 속에는 희망이 담겨 있다. 그 옛날 아우슈비츠의 유태인들 중 생존자들은 지옥 같은 삶 속에서도 유머를 통해 웃으면서 살 수 있었기에 끝까지 희망을 잃지 않을 수 있었다.

3. 유머는 풍자에서처럼 타인을 터무니없이 비하하지 않을 뿐만 아니라 익살에서처럼 자신을 비하하지도 않는다_ 또 유머는 현실을 왜곡하지 않으면서도 내부의 감정을 감추지 않고 재미있게 표현할 수 있도록 해 준다. 그렇기 때문에 유머를 '삶의 예술'이라고 부르는 것이다. 이러한 유머의 예술은 앞서 간 사람들의 일화를 교과서 삼아 자꾸 연습해 보는 것 외에는 달리 왕도가 존재하지 않는다. 마지막으로 채플린이 미국 아동 건강 협회에서 연설을 할 때의 일화를 참고하도록 하자. 현장에서 그의 강연을 듣던 아이들과 사람들은 그가 분장을 하고 있지 않았기 때문에 진짜 떠돌이 채플린인지를 확인하기 위해 몰려들었다. 이럴 때면 그의 양복은 몰려드는 인파로 인해서 순식간에 너덜너덜해지곤 하였다. 이때 마침 자동차 왕 포드가 그

를 찾아왔다. 포드는 채플린이 북새통에 제대로 자신을 ,환대하지 못하자 심통이 나서 "나는 당신 얼굴을 보기 위해 무려 30킬로미터를 달려 온 사람이요"라고 통명스럽게 말하였다. 그러자 채플린은 웃으며 이렇게 말했다. "그건 아무것도 아닙니다. 저야말로 선생님을 뵙기 위해서 LA에서 이곳까지 비행기를 타고서 날아 온 사람입니다."[17] 그는 유머를 통해 자신의 불편한 감정을 숨기지 않고 솔직하게 표현했지만 포드를 포함해서 혼잡한 상황 때문에 짜증이 나있던 주변 사람들은 함박웃음을 터뜨렸다.

12

인내,
그것은 이미 승리이다

사막보다 더한 곳을 찾아간 사나이

사막보다 더한 곳을 찾아간 사람이 있었다.
그는 그곳이 가장 잘 어울리는 사람이었다.
그렇기에 그는 그곳에서 자신의 상처를 털어내고
새롭게 태어날 수 있었다.

어느 어린아이의 고민에 대해서 살펴보도록 하자. 열 명의 형제자매 중에서 무려 여덟 명이 누이들이었던 어느 사내아이가 있었다. 그 아이의 어머니는 미스터리한 인상을 주는 병 때문에 평생을 집 안에 따로 마련된 병실에서 혼자 지내야 했다. 그래서 그 아이는 주로 외할머니의 보살핌을 받으며 자랐다. 그 아이는 변덕이 심해서 좋을 때는 한없이 들떠 있다가도 또 기분이 꺼지기 시작하면 끝없이 가라앉는 경향이 있었다. 하지만 이러한 문제에도 불구하고 그의 누이들은 그 아이를 마치 왕자처럼 떠받들어 주었다.

집안 식구들의 기대와는 달리 그 아이는 또래에 비해 겁이 많은 편이었다. 그 아이는 천둥 번개가 치면서 폭우가 내릴 때면 너무나 무서워서 옷장 속에 숨어서 밖으로 나오지 못했다. 그리고 그 아이는 바닷가에 살면서도 열다섯 살 때까지 수영할 줄을 몰랐다. 그래서 어느 휴일에 그 아이가 바다에 빠져 죽을 뻔 한 것을 고향 친구가 간신히 구해 준 적이 있었다. 그 아이는 집안에서 군림하던 것처럼 바깥에서도 영웅 대접을 받고 싶어 했다. 하지만 현실은 호락호락하지 않았다. 그래서 그 아이는 한동안 공상 속의 영웅담에 빠져 지내는 것으로 만족해야 했다. 만약 이 어린아이가 공상이 아니라, 현실 속에서 진정한 영웅으로 거듭나기를 원한다면 과연 어떤 노력을 기울여야 할까? 다음 이야기는 그 아이가 이러한 난제에 어떻게 대처하는지를 보여 준다.

영웅담에 빠져 사는 겁쟁이

그 아이의 성장기로 되돌아가 보도록 하자. 그는 어린 시절에 영웅이 되기를 갈망했다. 하지만 그는 영웅이 되기에는 비교적 겁이 많은 편이었다. 특히 누이들이 떠받들어 주던 생활에 익숙해 있던 그는 학창시절에 팀플레이를 해야 하는 상황에서는 안절부절못했다.[1] 결과적으로 그는 학창 시절 내내 부적절함을 느끼면서 외톨이로 지내야 했다. 그는 혼자 지내야 하는 시간 동안 주로 소년들을 위한 모험담이 실려 있는 잡지를 애독하며 보냈다. 자연스럽게 그는 공상 속에서 영웅이 됨으로써 현실에서의 자기 모습이 주는 불만을 달래며 지내야 했다.

학창 시절에 그는 지각을 자주 하였다.[2] 그는 지각을 해서 벌을 받아야 할 위기 상황에 처하게 되면 장황하면서도 명백히 공상 속에서나 있을 법한 이야기를 핑계 삼아 얘기하는 버릇이 있었다. 물론 그의 모험담의 출처는 자신이 애독하던 잡지에서 빌려 온 것이 분명했다. 하지만 그의 이야기는 너무나 생동감 넘치는 것이었기 때문에 사람들은 그가 허

삶에 단비가 필요하다면

튼 소리를 하고 있다는 사실을 알고 있으면서도 그의 원맨쇼를 재미있게 지켜봐 주었다.

청년기까지도 여전히 영웅담에 심취해 있던 그는 세상 사람들이 떠받들어 주는 사람이 되고 싶어 하였다. 하지만 영웅이 되기 위해서는 천둥 번개를 동반한 폭풍우에 오금 저려 한다는 것[3]과 물에 빠져 죽을 뻔했던 전력[4]을 숨겨야만 했다. 하지만 다행스럽게도 자아의 연금술은 그에게 그의 두 가지 치명적인 약점을 은폐시켜 줄 수 있는 공간을 넌지시 알려 주었다. 그가 보이지 않는 힘에 이끌리기라도 하듯이 찾아간 곳은 사막이 아니라 바로 남극이었다. 그는 성인기에 남극 탐험대의 일원으로 활동하였다.

남극은 사막보다도 더 건조해서 폭우가 쏟아질 것을 염려할 필요가 전혀 없을 뿐만 아니라 제아무리 수영을 잘하는 사람도 어차피 얼음물에 빠지면 살아남을 수 없기 때문에 수영을 잘 못하더라도 영웅이 되는 데는 전혀 지장이 없는 곳이라고 할 수 있다. 게다가 남극의 냉기는 그의 들끓는 변죽을 식혀주는 데는 안성맞춤인 곳이기도 하였다. 따라서 남극은 그에게 마치 신이 그를 위해서 마련해 준 것 같은 인상을 주는 곳이었다. 그러므로 그가 남극 탐험대가 된 것은 승화의 첫발을 내딛은 것에 해당된다고 할 수 있다.

인내심이 부족한 탐험가

하지만 그의 탐험대 생활은 첫 출발부터 순탄하지 않았다. 왜냐하면 1902년에 남극 탐험에 나섰을 당시에 그는 탐험 대원으로서는 많은 결격 사유를 가지고 있었기 때문이다. 첫째, 그는 탐험 대원이 가지고 있어야 할 필수적인 덕목 중 하나인 인내심이 부족했다.[5] 그는 스물여덟 살 때까지만 하더라도 그의 집안 대대로 내려오는 가훈인 "우리는 인내로 정복한다Fortitudine Vincimus"[6]라는 덕목의 중요성을 깨우치지 못한 상태였다. 둘째, 그는 성격적으로 조급해 했기 때문에 새로운 상황에 적응하는 데 필요한 신기술들을 익히기가 어려웠다.[7] 그래서 그는 구식 장비와 구식 방법을 가지고 자신의 계획을 밀어붙이는 경향이 있었다. 만약 그가 취미 생활을 하는 것이었다면 그의 클래식한 취향이 품격을 높이는 데 도움을 주었을 수도 있겠지만, 그의 고전적인 방법들은 극한의 오지에서 성공적으로 임무를 완수하는 데는 치명적인 걸림돌이 되었다. 셋째, 그는 결코 건강한 편이 아니었다.[8] 그는 술과 담배를 지나치게 많이 하는 경향이 있었으며 식습관도 좋지 않아서 과식을 하는 편이었다. 게다가 그는 게으르기까지 해서 운동하는 것을 무척 싫어하였다. 넷째, 그는 변덕이 매우 심하였다. 그는 쉽게 흥분하였고 불안해질 때면 지적인 판단력이 심하게 흔들렸다.[9]

그가 첫 번째로 남극 탐험을 떠났을 때, 그는 개를 사육하고 훈련시키는 일을 담당하였다. 썰매를 끄는 개를 조련시키는 기술을 익히는 데 적어도 2년은 투자해야 했지만 조급했던 그는 단기간에 이를 해치우려고 덤벼들었다. 그는 "영국의 뱃사람에게 불가능이란 존재하지 않는다"[10]는 말을 너무나도 굳게 믿었던 것이다. 하지만 그는 인내심이 부족했기 때문에 개들이 누군가를 주인으로 섬기기 전에 필수적으로 요구하는 시험 기간을 기다려 주지 못하였다. 그는 사육사로서 개를 사랑하게 되기는커녕 오히려 증오하게 되었다. 결국 그는 점차 채찍으로 개를 학대하기 시작하였다. 그리고 신선한 고기가 충분히 있었음에도 불구

삶에 단비가 필요하다면

하고 개를 굶기기까지 하였다.[11]

팀워크를 모르는 탐험가

당시에 그는 탐험 대장이었던 스콧[Robert F. Scott]과 심각한 갈등 상태에 있었다. 영웅 의식에 불타던 그는 영국의 국민적인 우상이었던 스콧조차 보잘것없는 사람으로 생각하였다. 자신이 과거에 영웅적인 모험담이 실려 있는 잡지에서 본 인물과 스콧은 별로 닮은 점이 없는 것처럼 보였기 때문이다. 그는 자신이 마치 탐험 대장이라도 되는 것처럼 행동하였고 스콧은 이것을 용인할 수 없었다.[12] 결국 그의 스콧에 대한 분노가 방향을 틀어 개를 학대하는 쪽으로 향하게 되었다. 여기서 그는 전위를 사용한 것이라고 할 수 있다.

처음에 디스커버리[Discovery] 호를 타고서 출발할 때까지만 하더라도 그는 마치 남극점이 자신의 손에 쥐어져 있는 것처럼 생각했다. 하지만 다른 탐험 대원들에 비해 신체적으로나 정신적으로나 모두 준비가 미흡했던 그는 결국 첫 번째 남극 탐험에서 괴혈병에 걸려 거의 죽을 뻔한 상태로 귀환하게 된다.[13]

탐험대의 내부 분쟁과 비스킷 한 조각

1907년에 그는 후원자의 도움을 받아 님로드[Nimrod] 호를 타고 두 번째 남극 탐험에 도전을 하였다. 하지만 두 번째 탐험 역시 출항할 때부터 성공과는 거리가 먼 길을 가고 있었다.

당시에 탐험 대장이었던 그는 님로드 호의 선장 잉글랜드^{Rupert England}와 끊임없이 신경전을 벌였다.[14] 그는 잉글랜드에게 님로드 호의 지휘권을 넘겨받으려고 애썼지만 잉글랜드는 선장으로서 배의 지휘권을 그에게 끝까지 양도하지 않았다.

남극대륙에 도착해서도 탐험대 안의 갈등은 계속 지속되었다. 남극대륙에 도착하고 잉글랜드가 님로드 호를 몰고서 떠난 후에는 탐험 대원들끼리 반목하는 모습을 보이기 시작하였다. 심지어는 탐험 대원 중 하나인 맥케이^{Alistair F. Mackay}가 동료의 목을 비틀어 누군가 중간에 말리지 않았다면 목숨을 잃을 뻔한 사건도 일어났다. 이 시기에 그는 정서적으로 매우 불안정한 모습을 보였다. 그래서 이때 그에게 반감을 가지고 있던 마샬^{Eric Marshall}은 그의 모습에 대해서 다음과 같이 적기도 하였다.

> 그는 주기적으로 공황 상태에 빠졌다. 그는 대원들 중 하나^{맥케이}를 쏘아 죽이게 되면 어쩌나 하는 생각이 들어 두려워하였다. 그가 이렇게 말한 것은 벌써 두 번째였다. 그는 너무나도 쉽게 동요되었기 때문에 권총을 가까이에 둘 수가 없을 정도였다… 사실, 맥^{맥케이}은 괜찮은 사람이었지만 약간 괴팍하고 다혈질인 편이었다.[15]

결국 그는 기상 악화, 고산병, 노후된 장비 그리고 식량 부족 등의 문제가 복합적으로 겹치면서 두 번째 도전에서도 남극점에 도달하는 데 실패하였다. 하지만 그의 탐험대는 당시에 스콧이 가지고 있던 기록을 경신하는 데는 성공하였다. 그들은 악천후 속에서도 스콧보다 360마일이나 더 전진하였던 것이다. 1909년에 그들이 귀국했을 때 영국 왕실은 그의 이러한 공을 높이 사 그에게 '경'의 칭호를 수여하였다.

그가 대원들이 분열되어 고초를 겪는 상황에서도 이러한 업적을 남길 수 있었던 데는 이타주의가 큰 역할을 하였다. 그는 남극점에 도달하지 못하고 되돌아오는 길에 갈수록 체력이 떨어져 감에도 불구하고 식량이 부족했기 때문에 하루 식사량을 줄여야만 했다. 이때 대원들 중 와일드Frank Wild가 체력이 소진되어 추가적인 배급이 필요한 상황이 되자 그는 자신도 부족한 상태에서 자신의 비스킷 한 조각을 그에게 강제로 먹였다. 와일드는 이 일을 계기로 그를 리더로서 절대적으로 신뢰하게 된다. 그는 일기에 이렇게 적었다.

> 나는 이 세상의 그 누구도 이러한 에피소드가 보여 주는 따뜻한 공감적인 인간애를 완전하게 깨닫는 것은 불가능할 것이라고 생각한다…나는 그 순간에 신께 맹세하였다. 결코 그 일을 잊지 않겠노라고. 그때의 한 조각의 비스킷은 수천 파운드 이상의 가치와 의미를 지니고 있었다.[16]

인내라는 이름의 항해

1911년 12월에 노르웨이의 아문센Roald Amunsen이 인류 최초로 남극점을 정복했다는 소식을 들었을 때, 그는 10년 이상을 몰두해 온 자신의 꿈이 물거품이 되어 버렸기 때문에 무척 낙담하였다. 하지만 그는 곧 목표를 수정하였다. 인류 최초로 거대한 남극대륙을 횡단하기로 마음먹은 것이다. 1914년에 그가 이끄는 영국의 남극대륙 횡단 탐험선이 출항하였다. 불혹의 나이 마흔에 도달한 그는 많이 변해 있었다. 두 번의 가혹한 실패를 통해 그는 억제의 중요성을 깨닫게 되었다. 이러한 맥락에서 그는 탐험선으로 쓸 선박을 빌린 다음에 그 배의 이름을 '인듀어런스endurance(인내)'로 바꾸었다.[17]

그의 탐험선 인듀어런스 호가 남극해의 단단한 빙벽에 갇혔을 때의 일이다. 그는 희생정신에 입각한 팀워크를 통해 배가 빙벽에 의해 난파당하고 준비해 간 식량도 모두 다 떨어진 상황에서 무려 1년 8개월을 표류한 끝에 단 한 명의 희생자도 내지 않고서 27명 전원이 무사히 귀환하도록 팀을 이끌었다. 그는 처음에 출발할 때 목표로 삼았던 남극 횡단에는 실패했지만 이러한 인간적인 승리를 일궈냄으로써 20세기 탐험사에 세계적인 영웅으로 이름을 남기게 된다.

위대한 실패

그는 탐험선이 빙벽에 갇혀 꼼짝 못하게 되었을 때, 빙벽을 빠져나오기 위해 온갖 노력을 기울였다. 하지만 탈출하기 위한 모든 시도는 수포로 돌아가고 말았다. 그 절망스러운 소식을 접한 직후에, 그는 낙담하는 대신에 오히려 선상 파티를 개최함으로써 나머지 대원들이 비탄에 빠지지 않도록 격려하였다. 이때 대원들 중 그 누구도 배가 빙벽에서 탈출하는 것이 사실상 불가능해졌기 때문에 그가 심각한 고민에 빠져 있다는 사실을 전혀 눈치채지 못하였다.

여기서 중요한 점은 그가 위기 상황에서 이처럼 자신의 감정을 억제할 수 있었던 것이 그가 공포감을 경험하지 않았기 때문도 아니고 또 그가 단순히 위선적인 태도를 취했기 때문도 아니라는 점이다. 그 역시

삶에 단비가 필요하다면

인간이었기에 남들과 마찬가지로 극심한 두려움을 겪었다. 하지만 그는 공포가 엄습하던 순간에 자신의 내부에서 비관적인 사고와 불안감이 활성화되는 것을 효율적으로 통제해 냈다.

오랫동안 그의 부관으로 일했던 허시^{Hussey}는 다음과 같이 말하였다.

> 그는 내가 만난 사람 중에서 가장 멋진 사람이다. 나는 그가 어디를 가든지 그를 따를 것이다… 그는 언제나 한결같다. 그는 최악의 상황에서도 언제나 명랑하고 자신감 넘치며 재치 있고 최상의 상태를 유지한다. 우리가 살아 돌아오게 된 것은 전적으로 그 덕분이다.[18]

이처럼 세 번째 탐험에서 그가 대원들에게 보여 준 모습은 그가 두 번째 탐험에서 맥케이 때문에 공황 상태에 빠졌던 것과는 확연히 달랐다. 그가 세 번째 탐험에서 이처럼 '위대한 실패'를 할 수 있었던 데는 그의 억제적인 노력이 커다란 영향을 주었다고 할 수 있다.

억제의 힘

성숙한 기제 중 하나인 억제^{suppression}는 내부의 불편한 감정을 회피하지 않으면서도 그로 인한 부정적인 영향을 최소화하기 위해 합리적인 노력을 기울이는 것을 말한다. 이러한 과정을 통해 억제는 스트레스와 관계된 부정적인 감정을 효과적으로 다스릴 수 있도록 해 준다.

우리는 그가 생명이 위협 받는 상황에서 솟구쳐 오르는 불안감을 단순히 막무가내로 이를 악물기만 하고서 참아 냈던 것은 아니라는 점에 주목할 필요가 있다. 만약 그가 아무런 현실적인 조치도 취하지 않은 채 마냥 이를 악물기만 하고 참아 내려고 덤벼들었다면, 그는 결국 영원히 남극의 오지에서 되돌아올 수 없었을 것이다. 따라서 그가 남다르게 억제에 성공할 수 있었던 데에는 몇 가지 비결이 존재한다.

첫째, 그는 항상 마음속으로 문제 상황이 발생했을 때 억제할 준비 태세를 갖추고서 살아갔다는 점이다. 그가 보여 준 탁월한 억제 능력은 결코 어느 날 갑자기 생겨난 것은 아니었다. 그가 10년에 걸쳐 실패 경험을 쌓아 가는 동안, 어느새 그에게는 억제적인 생활 태도가 몸에 배게 되었다. 그는 위기 상황에 직면했을 때, 자신을 포함해서 모든 대원들이 감정에 동요되어 결정적인 실수를 범하지 않을 수 있도록 단순한 일과조차도 몸에 기계적으로 밸 수 있도록 철저하게 단련하였다. 예를 들면, 그는 일단 계획을 세우게 되면, 계획서를 복사해서 모든 팀들에게 나누어 주어 숙지하도록 시켰다. 그 다음에 대원들 모두가 탐험대의 계획을 완전히 몸에 밸 정도로 익혔는지를 확인하기 위해 쪽지 시험을 보았다. 그의 이러한 노력 덕분에 절체절명의 위기 상황에서도 대원들이 불안에 압도 당해서 자신의 임무를 완수하지 못하는 불상사가 일어나는 것을 막을 수 있었다.

둘째, 그는 대원들의 사기를 저하시키는 후유증을 남기지 않으면서도 자기 내면의 공포감을 안전하게 표현할 수 있는 방안을 모색하였다. 바로 글을 쓰는 것이었다. 그는 부하들을 무사히 돌려보내야 한다는 책임감이 버겁게 느껴질 때면, 조용히 자기 방으로 돌아가서 차분하게 편지나 일기를 썼다. 이때 그가 적은 글 속에는 배가 빙벽 속으로 사라져 갈 때의 심리적인 충격과 귀환할 수 없을지도 모른다는 두려움 그리고 식량이 부족한 문제 등의 리더로서의 고민들이 고스란히 담겨 있었다.

삶에 단비가 필요하다면

인듀어런스 호가 빙하 속으로 빨려 들어 가던 날 그는 일기에 이렇게
적었다.

> 인듀어런스 호 최후의 날이 왔다…이때 내가 느낀 감정은 도저히 글로써
> 표현할 도리가 없다. 뱃사람에게 그의 배는 바다 위를 떠다니는 집 이상
> 의 의미를 가지고 있다. 인듀어런스 호 안에서 나는 야심찬 목표를 세웠
> 고 그 안에 나의 희망과 소망들을 함께 담았었다. 이제 그 배는 고통스러
> 운 신음을 토해 내고 있다. 온몸이 금 가고 상처가 나서 거의 만신창이가
> 된 상태였다. 남극 탐험을 채 시작하기 전부터 그 배는 서서히 생을 마감
> 해 가고 있었다.[19]

그리고 그는 절체절명의 위기 상황에 봉착했을 때, 자신의 딸에게 이
렇게 적었다.

> 나는 몹시 걱정 된단다…탐험 대원들이. 왜냐하면 그들에게는 식량이 조
> 금밖에 안 남겨져 있기 때문이란다…우리에게는 물도 부족한 실정이란
> 다. 그리고 남미를 떠나온 이후로는 세수조차 할 수 없는 지경이란다…
> 하지만 이것은 아무것도 아니란다. 왜냐하면 나는 작년 10월부터 올해
> 5월 25일까지 단 한 번도 씻지 못한 적이 있기 때문이란다…나는 돌아갔
> 을 때 네게 들려줄 이야기가 아주 많단다.[20]

하지만 그는 자신이 일기나 편지에 담았던 것 같은 걱정거리들을 팀
원들에게는 한 번도 내비친 적이 없었다. 팀의 동요를 막기 위해서였다.
어렸을 때 천둥 번개를 동반한 폭풍우가 몰아치는 밤이면 내면의 불안

감을 드러내지 않고는 도저히 견딜 수가 없어서 벌벌 떨면서 지내야 했던 그는 중년이 되었을 때 내면의 감정이 겉으로 드러나지 않도록 완벽하게 통제하는 데 대가가 되어 있었다.

만약 그가 단순히 불안감을 표현하지 않고 무조건 차단하기만 했더라면, 나중에 불안감이 극에 달하게 되었을 때 홍수에 댐이 무너지듯이 걷잡을 수 없이 폭발적으로 분출되고 말았을 것이다. 하지만 그는 마치 재해 예방 센터에서 홍수에 대비해 댐의 물을 조금씩 비워 두는 것처럼 글을 쓰는 것을 통해 내부의 긴장감을 서서히 방출할 수 있었기 때문에 정서적으로 동요되는 일 없이 위기 상황에 효과적으로 대처할 수 있었다.

셋째, 그는 목표를 재정립함으로써 실패를 성공으로 반전시키기 위한 노력을 기울였다. 그는 "실패 속에서도 성공을 잉태해 낼 수 있는 실낱같은 희망은 언제나 존재한다"[21]고 굳게 믿었다. 그렇기 때문에 그는 "최악의 상황처럼 보이는 순간에도 최상의 것을 찾아내고자 노력하였다."[22]

그는 오랜 시행착오를 거듭한 끝에 남극에서 정말로 문제가 되는 것은 물리적인 추위가 아니라 정신적인 추위이며 팀을 절망으로 빠트리는 것은 상황적인 위기가 아니라 바로 정신적인 위기라는 사실을 깨닫게 되었다.[23] 그는 인듀어런스 호가 좌초되어 남극대륙 횡단이 실패로 돌아갔을 때 좌절하지 않고 곧바로 팀의 목표를 수정하였다. 이때 수정된 목표는 바로 최악의 상황에서도 전원이 살아서 돌아가는 것이었다. 그는 오랜 경험을 통해 대원들에게 구체적인 목표를 심어 주는 것이 과거 사건의 충격으로 인한 정신적인 붕괴를 막아 줄 수 있다는 것을 깨닫게 되었다.

넷째, 그는 불안감이 밀려들 때 가만히 앉아서 그러한 부정적인 감정

삶에 단비가 필요하다면

을 수동적으로 맞이하기보다는 자신이 몰입함으로써 감정에 압도 당하지 않을 수 있는 적극적인 활동을 꾸준하게 하였다. 예를 들면, 그는 눈보라 때문에 목숨이 위협 받는 상황에서도 흔들리지 않고 집중해서 『종의 기원』을 읽음으로써 감정에 휘둘리지 않도록 자신을 통제할 수 있었다.[24]

다섯째, 고통을 견뎌 내는 데 도움을 줄 만한 즐거운 일들을 적극적으로 발굴하려고 노력하였다. 그는 살아서 돌아가는 것이 사실상 불가능한 것처럼 보이는 상황에서도 대원들이 웃을 수 있거나 축하할 만한 일들을 열심히 찾도록 장려하였다. 그가 위기 상황에서도 웃을 수 있는 일을 찾는 데 얼마나 열심이었는가 하는 점은 다음의 일화에서 잘 드러난다.

인듀어런스 호가 사라져 행군을 해야 했을 때, 비상용으로 구명선 두 척을 끌고 가야 했기 때문에 그는 짐의 부피를 줄이기 위해서 개인당 약 1킬로그램의 소지품만 챙기고 나머지는 다 버리도록 하였다. 그는 먼저 시범으로 금화들은 모두 던져 버리고 사진만 남겨 두었다.[25] 그리고 성경에서도 가장 인상 깊은 구절이 담긴 한 페이지만 찢어서 간직하였다. 이때 허시가 밴조를 버리려고 하자 그는 예외적으로 들고 가라고 지시하였다. 그러자 허시는 의외라는 듯이 되물었다. "이건 상당히 무거운데요? 그래도 가져가야 하나요?"[26] 그러자 그는 "물론이지. 그건 반드시 필요한 정신적인 비타민 같은 거라네"[27]라고 대답하였다. 그 결과, 그들은 그 어렵고 힘든 혹한의 방랑 생활 중에도 날마다 밴조를 울리면서 즐거운 밤을 보낼 수 있었다. 맥클린 Alexander Macklin에 따르면, 밴조가 울리는 밤이면 오로지 걱정거리는 "이전에 부른 적이 없는 새로운 곡을 떠올리는 일이 어렵다는 점"[28]뿐이었다고 한다.

실패했음에도 불구하고 빛나는 이름

처음에 인듀어런스 호의 탐험 대원들을 모집하기 위한 광고 문구는 다음과 같은 것이었다.

위험한 여행을 떠날 사람을 모집함. 박봉에 혹한 그리고 어둠 속에서 장기간 생활해야 할 뿐만 아니라 항시 위험이 도사리고 있음. 안전한 귀가는 보장할 수 없음. 오직 성공할 경우에만 명예를 얻을 수 있음.[29]

하지만 그는 실패를 했음에도 불구하고 억제, 이타주의 그리고 승화를 통해 더욱더 값진 이름을 남길 수 있었다.

삶에 단비가 필요하다면

새 클 턴

사막보다 더한 곳을 찾아간 사람이 있었다.
그는 그곳이 가장 잘 어울리는 사람이었다.
그렇기에 그는 그곳에서 자신의 상처를 털어내고
새롭게 태어날 수 있었다.

억제

성숙한 기제 중 하나인 억제는 내면의 갈등을 억압하거나 회피하는 일 없이 합리적으로 해결하기 위해 노력하는 것을 말한다. 억제를 사용하는 사람들은 사정이 완벽할 정도로 좋아지기를 추구하기보다는 자신을 괴롭히지 않는 수준에서 타협하는 경향이 있다. 이런 맥락에서 억제를 사용하는 사람들은 금욕적이고 자족적인 면을 지니고 있다고 할 수 있다. 어떤 의미에서 억제는 자동차로 말하자면 볼품없는 딱정벌레 차, 폭스바겐을 보는 듯한 인상을 줄 수도 있다. 하지만 이러한 억제는 효과적으로 사용될 경우 순탄한 항해에 비유될 수 있다. 억제를 사용하는 사람들은 세차게 불어닥치는 바람을 피하기보다는 그 바람의 흐름에 배를 맡기고서 항해하듯이 세상에 적응해 나가는 모습을 보여 준다.

"참을 인(忍)이 셋이면 살인도 면한다"는 속담은 바로 억제를 두고 말하는 것이다. 여기서 중요한 것은 억제라는 것이 단순히 아무것도 하지 않고 꾹 참기만 하는 것을 의미하지는 않는다는 점이다. 화가 났을 때 아무것도 하지 않고 꾹 참는 사람들은, 그러한 인내심 때문에 살인을 면하기보다는 참다 참다 폭발해서 오히려 더 큰 화를 부를 수 있다.

그랜트 스터디의 한 연구 대상자는 한때 질문지에 답하는 것을 거부한 적이 있었다. 그는 결혼과 관련된 질문에 대해 "지금의 내 모습과 깊이 관련되어 있으며 내 생각이 현재는 혼란스러운 상태에 있기 때문에 답변을 미루고 싶다"[30]고 적었다. 하지만 시간이 지나 그가 감정적인 동요를 통제할 수 있을 정도로 안정되자, 그는 답변을 미루었던 주제에 대해서 기억을 되살리고는 대답을 마무리할 수 있었다. 이처럼 억제는 "내일 해가 뜨면 다시 생각할 거야"라고 말하고 나서 다음 날 잊어버리지 않고 그것에 대해서 다시 떠올리게 된다는 점에서, 마냥 묻어 둔 채 생활하는 억압과는 다르다고 할 수 있다.

억제의 연금술사가 되기

1. 억제는 위기의 상황에서도 평상시처럼 긴장을 이완한 상태를 계속 유지할 수 있는 능력을 의미한다_ 이러한 억제는 거창한 것이 아니라 노력만 한다면 누구나 생활 속에서 쉽게 실천할 수 있는 것이다. 예를 들면, 회사에서 중요한 기획안을 발표해야 하거나 입사를 위한 인터뷰를 하러 들어가기 직전에 내부의 긴장을 다스리기 위해서 1-2분간 심호흡을 하는 것도 억제의 좋은 예가 될 수 있다. 이처럼 억제는 단순히 참기만 하는 것을 뜻하는 것이 아니라, 잘 참아내기 위해서 합리적인 행동들 중 하나를 선택해서 실제로 행하는 것이다.

2. 억제를 잘한다는 것이 기질적으로 참을성이 많다는 것을 뜻하지는 않는다_ 기질적으로 참을성이 많은 성격과 억제를 하는 것 간에는 두 가지 중요한 차이가 있다. 첫째, 기질은 타고나는 것이지만 억제는 경험을 통해 학

습될 수 있는 것이다. 실제로 새클턴도 억제 능력을 타고난 것은 아니라는 점에 주목할 필요가 있다. 그는 첫 번째 남극 탐험 때까지만 해도 참을성이 별로 없었을 뿐만 아니라 억제하는 능력도 부족하였다. 그는 뼈아픈 실패의 경험을 통해서 억제하는 능력을 터득했던 것이다. 둘째, 참을성이 많은 사람은 똑같은 스트레스를 경험하는 상황에서 보통 사람들보다 덜 불안해 할 뿐만 아니라 화도 잘 내지 않는다. 하지만 억제는 다른 사람들과 똑같이 화도 나고 불안도 느끼지만 그러한 부정적인 정서를 효과적으로 통제해 내는 것을 말한다.

3. 억제를 효과적으로 사용하는 사람은 좌절 상황에서도 특별한 묘안을 찾아 다니지 않는다_ 반면에 억제하는 능력이 부족한 사람들은 심각한 스트레스 상황에 처하게 될수록 자신의 문제를 기가 막히게 해결해 줄 수 있는 특별한 방법을 찾아다니는 경향이 있다. 하지만 그런 비법은 세상에 존재하지 않는다. 남극에서 생활하는 것이 불투명한 상황에서 새클턴이 어떤 방법을 사용했는지를 재검토해 보기를 바란다. 그는 극한의 상황에서도 불안을 억제하기 위해 편지와 일기 쓰기, 쪽지 시험, 노래 부르기, 독서 그리고 목표의 재정립 등 지극히 평범한 방법만을 사용하였다. 그 이유는 간단하다. 새클턴 역시 특별한 사람이 아니라 평범한 사람이었기 때문이다. 당신이 현재 어떤 특별한 위기를 겪고 있더라도 억제의 비결은 동일할 수밖에 없다. 새클턴처럼 평범한 일들을 꾸준히 그리고 포기하지 말고 해 나가자.

13

물속에서 숨 쉴 공기를
갈구하듯 간절하게 살라

작은 물속의 큰 물고기

．　．　．　．　．　．

격랑이 이는 변화무쌍한 큰물에서 활개 치기보다는
물결이 잔잔하게 이는 작은 물에서 머물고 싶어 했던 사람이 있었다.
비록 그는 작은 물속에서 헤엄치는 물고기 같은 삶을 살았지만
그가 내다본 세상은 아주 큰 것이었다.

1985년에 「포브스Forbes」는 미국 최고의 갑부로 미국인들이 이름조차 들어 본 적이 없는 사내를 선정하였다. 그러자 미국의 언론매체들은 그를 취재하기 위한 열띤 경쟁을 벌였다. 호화스런 대저택에서 최고급 승용차를 몰면서 우아하게 살고 있을 것이라는 기대를 하고서 찾아간 기자들은 막상 그가 출근하는 모습을 보게 되자 경악할 수밖에 없었다.

이상한 갑부

그는 미국 최고의 갑부로 선정된 이후에도 기사가 딸려 있기는커녕, 출고된 지 10년이나 지난 고물 트럭을 손수 몰고 출근하였던 것이다. 게

다가 그는 CEO의 신분에도 불구하고 채신머리 없이 대형 할인점인 월마트^{Wal-Mart}에서 구입한 싸구려 모자를 쓰고 다녔다. 만약 그가 누구인지를 모르는 사람이 지켜보았더라면, 그의 모습은 건설 현장의 노동자가 출근하는 것으로 오인할 정도였다. 그의 이러한 모습에 대해서 처음에 언론은 그가 단순히 쇼맨십을 보이고 있는 것이라며 냉소적인 반응을 나타냈다. 하지만 그는 수많은 언론이 쇼맨십에 불과하기 때문에 이내 곧 본색을 드러내게 될 것이라고 예언했던 행동들을 죽는 순간까지도 유지했기 때문에 결국 미국인들은 그의 이러한 검소한 태도를 진심으로 존경하게 되었다.

가정의 불화

그는 1918년에 미국 오클라호마^{Oklahoma}에 있는 시골 마을에서 태어나 경제 대공황기에 유년 시절을 보냈다. 이 시기에 그의 아버지는 실직을 해서 직장을 구하기 위해 여기저기를 떠돌아다니게 되었다. 그래서 수년간 그의 가족들은 뿔뿔이 흩어져서 생활하는 등 불안정하고 고통스러운 생활을 해야 했다. 특히 그 과정에서 그의 부모님은 잦은 말다툼을 벌였고 결국 별거를 하게 되었다. 그 후로 그의 부모님은 그의 어머니가 쉰두 살 때 암으로 세상을 떠날 때까지 사실상 이혼 상태로 지냈다. 부모님의 불화는 평생 그에게 씻을 수 없는 상처를 주었다. 그는 자라나는 동안 부모님의 불화 얘기를 단 한 번도 입 밖으로 꺼낸 적이 없었다.[1] 그는 먼 훗날 자서전에서조차 이 일에 대해서는 마지못해 간단하게만 언급하였다.

삶에 단비가 필요하다면

그 일을 얘기하는 것은 무척 고통스러운 일이다. 하지만 나의 아내 헬렌이 그 일은 내게 중요한 영향을 주었다고 생각하고 있기 때문에 여기에서 간단하게만 언급하고자 한다. 그 일이란 바로 부모님이 함께 사시는 동안 자주 다퉜다는 것이다. 그분들은 둘 다 좋은 분들이었지만 이상하게 행동할 때가 있었고 그래서 부모님은 정말로 내 동생과 나 때문에 헤어지지 못하고 있었다. 결국 우리들이 자란 후에 부모님은 헤어졌다.[2]

우울증으로부터의 도피

그는 경제 대공황기에 주로 아버지와 비극적인 유랑 생활을 함께 했는데[3] 부모님의 불화에 대해서 심한 반감을 가지고 있었다. 그는 마음속으로는 부모님한테 맹렬한 공격을 퍼붓고 싶었지만[4] 실제로는 그렇게 할 수 없었다. 왜냐하면 경제 대공황기에 그의 아버지는 그가 보기에 딱할 정도로 열심히 일했기 때문이다. 그의 아버지는 인생에서 오로지 일밖에 모르는 사람처럼 살았다.[5]

이 무렵에 그는 몹시 우울하였다. 하지만 그는 내면의 우울감을 겉으로 드러내는 대신, 오히려 반동형성을 통해 마치 괴로운 일이 하나도 없는 사람처럼 살아가려고 노력하였다. 이때 그는 지나치게 쾌활했는데 마치 우울해 하지 않는 것이 인생의 목표라도 되는 것처럼 보일 정도였다.

지나치게 바른 생활

그는 다른 사람들에게 자신이 가정불화로 인해 부모가 제대로 못 보살펴 주는 집의 아이 같다는 인상을 주지 않도록 하기 위해서 항상 말끔하게 차려입고서 학교를 다녔다. 당시에 그가 다니던 학교는 시골이었기 때문에 대부분의 아이들은 작업복 차림으로 등교하였다. 하지만 그는 고급 코르덴 바지에 셔츠와 스웨터를 입고서 학교를 다녔다.[6] 당연히 그는 어디를 가나 눈에 띄는 학생이 되었다. 그는 자신의 집안 문제를 감추려고 노력하였지만 결과적으로 사람들은 그의 집안 얘기에 더욱 주목하게 되었다.

가정불화 속에서 생활하는 아이가 밖에 나가서 그것을 내색하지 않기란 여간 어려운 일이 아니다. 보통은 가정불화 때문에 아이가 우울해질 경우에는 쉽게 짜증을 내기 마련이다. 하지만 다른 아이들이 화를 낼 때는 대수롭지 않게 넘어갈 일들도 막상 부모님의 사이가 좋지 않은 아이가 화를 내면 사람들은 그 아이가 괜히 다른 사람들한테 분풀이 하고 있는 것 같은 인상을 받을 수 있다. 바로 이러한 이유 때문에 그는 화를 내는 것을 기피하게 되었다. 그 결과 그는 "그 어떠한 경우에도 흥분하지 않는 사람"[7]이 되었다. 그는 심지어 다른 아이가 자신에게 욕을 퍼부어도 결코 상스러운 소리를 하는 법이 없었다. 그래서 그는 학급에서 저속한 표현을 사용하지 않는 유일한 남학생이 되었다. 그뿐만 아니라 그는 고등학교 때에도 술, 담배를 안 하는 것은 물론, 나쁜 말과 나쁜 행동이라고는 결코 해 본 적이 없는 이름난 '바른 생활의 사나이'가 되었다. 모범생이었던 그가 보이 스카우트 단원이 되는 것은 너무나도 자연스러운 일이었다. 하지만 그의 반동형성은 그가 평범한 일반 보이 스

삶에 단비가 필요하다면

카우트 단원으로 머물러 있을 수 없도록 하였다. 결국 그는 반동형성의 요구대로 열세 살에 미국의 미주리^{Missouri} 주에서 최연소 이글 스카우트^{Eagle Scout}가 되었다.

일반적인 모범생과 반동형성이 낳은 모범생 간에는 중요한 차이가 있다. 바람직한 일들을 즐기면서 하느냐 아니면 고통스럽게 참으면서 하느냐의 여부이다. 반동형성은 언제나 그것을 사용하는 사람에게 지나친 채찍질을 해대기 때문에 그 누구라도 도저히 견뎌 낼 수 없는 극단적인 행동들을 강요한다.

그는 학창 시절에 반동형성으로 인해 자신의 분노감을 결코 표현할 수 없었다. 따라서 밖으로 분출되지 못한 분노감은 그의 심리적 세계 안에서 불타올랐으며 결국 그가 자신의 몸을 혹독하게 불태울 수 있는 불길 속으로 뛰어들도록 만들었다.

무패의 비결

그는 학창 시절에 격렬한 운동인 미식축구 선수가 되었다. 만약 그가 단순히 취미 생활로만 즐기고자 하였다면, 미식축구는 스포츠일 뿐이지 그를 집어삼킬 수 있는 불길은 되지 못하였을 것이다. 하지만 그는 단순한 고교 미식축구 선수가 아니었다. 반동형성으로 무장한 미식축구 선수였던 것이다. 그는 고등학교 때 미식축구를 하는 동안 단 한 차례도 패배한 적이 없었다.[8] 그 역시 자서전에서 이러한 사실을 사람들은 믿기 힘들어 할 것이라고 밝혔던 것처럼, 그러한 불패의 신화는 결코 범인^{凡人}이 달성할 수 있는 일이 아닌 것은 틀림없다. 하지만 반동형성은 그것을 가능하도록 해 주었다. 그는 자서전에서 이렇게 적었다.

> 내게 패배라는 것은 결코 일어날 수 없는 일이었다. 내게 승리는 마치 내
> 가 그러한 권리를 가지고 있기라도 한 것처럼 보였다.[9]

그는 불패의 신화를 가지고 있었지만 불행하게도 그의 팀은 그러한 신화를 공유할 수 없었다. 그 이유는 간단했다. 그는 절묘하게도 그의 팀이 패배하는 경기에서는 매번 부상이나 갑작스러운 질병으로 결장했었기 때문이었다.[10] 물론 그는 팀이 패배하는 것을 지켜본 후에는 쏟아지는 비난을 피해 달아나야 했다. 이처럼 반동형성은 그것을 사용하는 사람이 스포츠를 하더라도 경기할 때의 즐거움을 결코 온전하게 누릴 수 없도록 만들어 버린다. 그는 미식축구 선수로서 미주리 주 챔피언에 등극하기도 했지만 그 화려한 승전보로도 반동형성의 채찍질을 멈출 수는 없었다. 그는 결국 미식축구 경기가 열리지 않는 겨울에는 농구선수로 뛰어야 했다. 하지만 정말 놀랍게도 그의 반동형성은 기어코 그를 농구에서도 미주리 주 챔피언으로 만들어 주었다.[11]

돈을 수집하는 취미

그가 우울해지는 것을 결사적으로 막아야 할 사명감을 가지고 있던 반동형성은 그가 학창 시절을 평범하게 미식축구와 농구만을 즐기면서 보내는 것을 용납하지 않았다. 그의 반동형성은 그가 사실상 이혼 상태에 있는 부모님 모두로부터 인정받는 사람이 되도록 강요하였다.

삶에 단비가 필요하다면

그의 부모님은 모든 면에서 의견을 달리했지만 한 가지 영역에서만큼은 놀라우리만치 의견이 일치하였다. 그것은 바로 돈이었다.[12] 그의 부모님은 돈을 모으는 데 남다른 애착을 가지고 있었다. 그는 가정불화로 인해 가족들이 모두 흩어져 살던 고통스러운 시기에 돈을 모으는 데 각별한 관심을 기울이게 되었다. 그에게 돈은 바로 부모님으로부터 인정받는다는 것을 뜻했기 때문이었다. 그와 헤어져 살았던 그의 어머니는 그가 이렇게 행동하도록 그를 동기화 시키는 데 크게 기여하였다. 그는 자서전에서 그의 어머니의 남다른 비법을 자세하게 기술하지는 않았지만 "어머니는 다른 사람들을 동기화 시키는 데 특별한 재주를 가지고 계셨던 것이 틀림없다"라고 적었다.

그에게 돈은 그가 가정불화로 인해 부모님으로부터 충분한 애정을 받지 못하게 된 것을 심리적으로 보상해 줄 수 있는 대상이었다. 이런 점에서 학창 시절에 그의 남다른 취미 중 하나는 돈을 수집하는 것이었다. 그가 바라는 부모님으로부터의 인정이 돈을 모으는 것으로 전위된 것이다.

그는 신문 배달 일을 할 때, 보급소에서 신문 판매 부수 늘리기 캠페인을 벌이면 1등을 도맡아서 할 정도로 열심히 일하였다. 그의 반동형성은 이때에도 반드시 경쟁에서 승리해야만 한다는 신념을 그에게 불어넣어 주었다. 이처럼 전위가 반동형성과 결합되자, 그는 수많은 칭찬과 물질적인 보상을 얻을 수 있었지만 동시에 가시밭길을 걸어가야 했다.

그는 남들에게 잘 내색하지는 않았지만, 학창 시절에 모범생이면서 최연소 이글 스카우트였고 또 미식축구와 농구 챔피언이었으며 동시에 아르바이트의 제왕을 겸임해야 했기 때문에 무척 힘들어 하였다. 하지만 그의 반동형성은 대학에 진학해서도 계속 전진할 것을 요구하였다.

선거에서 이기는 비결

그의 반동형성은 그에게 대학 시절에도 높은 기준을 할당해 주었다. 그 목표란 학생회장이었다. 미식축구에서 무패의 신화를 달성했던 그에게 학생회장이 되는 길은 그다지 어렵지 않았다. 그는 학생회장이 될 일념으로 신입생 때부터 자신이 길 가다 만나는 모든 학생들에게 먼저 말을 건네며 인사를 나누었다. 만약 자신이 이름을 아는 학생을 만나면 아무리 멀리 떨어져 있어도 그의 이름을 크게 부르며 손짓하였다. 시간이 지나자 그는 대학 내에서 가장 많은 친구를 둔 학생이 되었다.[13] 그 결과, 그는 대학 재학 중에 모교의 학생회 조직뿐만 아니라 타 대학과의 연합 조직에서도 인기 있는 학생회장으로 선출될 수 있었다.

심신의 탈진

하지만 반동형성의 끝은 분명히 정해져 있는 법이다. 언제나 반동형성은 그것을 사용하는 사람에게 지나치게 높은 기준을 적용하기 때문에 결국에는 무리가 뒤따르기 마련이다. 학창 시절에 그가 신문 배달 일을 할 수 있도록 그를 고용했던 신문 보급소 매니저는 그에 대해서 이렇게 말했다.

그는 열심히 일하였다. 그는 신문 배달을 하는 것 말고도 많은 일들을 하였다. 하지만 사실 그는 때때로 정신 사납게 일을 너무 많이 벌려 놓는 경향이 있었다. 그는 너무나 많은 일을 맡았기 때문에 거의 매번 한 가지씩

삶에 단비가 필요하다면

은 잊어버리곤 하였다.[14]

반동형성은 이처럼 그가 자신의 능력을 뛰어넘는 일을 하도록 그를 채찍질하였다. 그 결과, 그는 열심히 일을 하면 할수록 자신의 성취에 기뻐하기보다는 오히려 채찍을 맞은 사람과 상태가 비슷해져 갔다. 가혹한 채찍질이 점차 그를 육체적으로나 정신적으로나 쓰러뜨리게 한 것이다.

그 무렵에 나는 내 생애에서 가장 혹독하게 일하였다. 나는 항상 에너지로 넘쳐 났지만 결국 나는 탈진하였다.[15]

잘못된 주법

나중에 정산을 해 보았을 때, 반동형성 때문에 그가 입게 된 타격은 매우 컸었다. 그는 우울감을 떨쳐 버리기 위해 학창 시절에 무리에 무리를 거듭하며 자신을 혹사시켰다. 달리기 경주로 비유하자면, 장거리를 달려야 하는 선수가 계속해서 단거리 선수처럼 달렸던 것이다. 당연히 그의 심장에 문제가 생길 수밖에 없었다.

외면적으로는 건강한 인상을 주었던 그는 2차 세계대전 때 학사 장교로 임관해서 전투에 참여하고자 하였다. 하지만 군 신체검사에서 그에게 심장에 문제가 있다는 판정이 내려졌다.[16] 그에게 심장병을 안겨 주고 나서야 그의 삶에서 반동형성의 행진이 멈춰 섰다. 그 이후로 그는 자신의 심장에 부담을 줄 수 있는 일을 삼가면서 살아야 했다.

1센트의 가치

반동형성은 그에게 재앙뿐만 아니라 재앙에 대비할 수 있는 방어 능력도 선물로 함께 남기고 떠나갔다. 그 선물이란 바로 예상 능력을 말한다. 그는 반동형성의 혹독한 요구에 순응하면서 살다보니, 자연스럽게 '티끌모아 태산'이라는 말의 숨겨진 의미를 깨닫게 되었다. 사람들은 누구나 오늘의 1달러가 미래의 1만 달러로 변할 수 있다는 예상을 손쉽게 한다. 하지만 대부분의 사람들은 마음속으로는 그러한 사실을 실감나게 체험하지 못하기 때문에 실천에 옮기는 것을 어려워한다. 하지만 그는 학창 시절에 심장에 무리를 주며 혹독한 아르바이트 생활을 하는 동안 1달러의 가치를 진정으로 깨닫게 되었다.

그의 자서전에는 그의 동생 버드 Bud가 그가 1달러의 가치를 얼마나 소중하게 생각하는 사람이었는지를 강조하기 위해 사용했던 표현이 소개되어 있다. "만약 길에 1센트가 떨어져 있다면, 과연 몇 사람이나 그것을 줍겠는가? 하지만 나는 단언할 수 있다. 그는 분명히 주웠을 것이다."[17]

또 그의 자서전에는 실제로 사진작가 펌프리 Stephen Pumphrey가 행한 실험 내용이 소개되어 있다.

언젠가 나는 미주리 주의 조그만 공항에서 그의 사진을 찍기 위한 장비를 아스팔트 위에 설치한 적이 있었다. 그는 비행 계획표를 철하는 작업을 막 끝마친 상태였다. 나는 교묘하게 5센트짜리 동전을 길 위에 던져 두었다. 그리고는 조수에게 말했다. "어디 그가 줍는지 한번 보자." 비행기들이 계속해서 이착륙을 하고 있었기 때문에, 그는 바쁘게 길을 건너가

삶에 단비가 필요하다면

보이 스카우트와 예상

사실 그가 남다른 예상 능력을 갖추게 된 데는 보이 스카우트 활동을 했던 경력도 크게 기여하였다. 널리 알려진 대로 보이 스카우트의 구호는 '준비'였다. 그는 늘 모든 상황에 준비되어 있었다. 일례로 열네 살때 그는 인근 강에서 친구가 물에 빠져 익사할 뻔한 것을 구해 낸 적이 있었다.[19] 그보다 더 가까이 있던 다른 친구들은 사고 시의 구조법에 대해서 머리로는 잘 알고 있었지만 막상 닥치고 나니 당황하여 신속하게 대처하지 못하였다. 그때 멀리 떨어져 있던 그가 나서서 구해 준 것이었다. 그는 다른 친구들과는 달리 보이 스카우트 교본에 나오는 대로 행동하였다. 그의 인공호흡 기술 역시 전문가 못지않게 능숙하였다. 이처럼 보이 스카우트 활동 덕분에 그는 준비된 채로 생활하는 예상의 중요성을 더욱 절감하게 되었다.

일반적으로 사람들은 할 수 없었던 일 때문에 스트레스를 받기보다는 돌이켜 보면 할 수 있었던 일들을 안 했기 때문에 스트레스를 받는 경향이 있다. 이러한 문제에 효과적으로 대처할 수 있도록 해 주는 것이 바로 예상anticipation이라는 기제이다.

성숙한 기제 중 하나인 예상은 실제 사건이 발생하기에 앞서 그 사건에 대해 정서적으로 미리 대비해 둠으로써 미래의 불안감과 우울감을 경감시키는 책략을 쓰는 것에 해당된다. 이러한 예상은 일반적으로 말하는 사고상의 예측 능력과는 다른 것이다. 예상은 마치 제갈공명처럼 앞날을 내다보는 예지 능력을 가지고 있어야만 사용할 수 있는 것은 아니다. 예상에서 중요한 점은 누구나 다 쉽게 알 수 있는 것이지만 사람들이 보통 실감나게 지각하지 못하기 때문에 무방비 상태로 지내는 일들을 미리미리 준비해 놓는다는 것이다.

그는 자신의 심장에 문제가 있다는 것을 알게 된 후부터는 본격적으로 자신의 삶을 예상이라는 자아의 연금술로 빚어 나가기 시작하였다. 심장에 또다시 무리를 주지 않기 위해서는 예측에서 벗어나는 상황을 최대한 적게 경험하는 것이 필요했기 때문이다.

연이은 실패

그는 대학을 졸업한 후에 J. C. Penny라는 대형 유통 업체에 취직하였다. 하지만 그는 자신이 큰 회사에서 상사를 두고서 조직 생활을 하기가 어렵다는 점을 깨닫게 되었다. 학창 시절에 선생님한테 단 한 차례도 야단을 맞아본 적이 없었던 그가 J. C. Penny에서는 우수한 판매 실적에도 불구하고 상사에게 따끔하게 질책을 받은 것이다.[20] 그가 혼난 이유는 그가 악필이었기 때문에 그가 기록한 장부를 도저히 알아볼 수 없었기 때문이었다.

결국 그는 회사를 그만두고 자신이 직접 운영하는 자그마한 가게를 열기로 결심한다. 하지만 예상의 대가가 되는 길은 멀고도 험했다. 그는 뉴포트 Newport에서 조그마한 잡화상 가게를 열었다. 그는 과거의 경험을 살려 밤낮으로 열심히 일한 덕분에 크게 번창하였다. 하지만 그의 가게가 예상 외로 크게 번창하자 건물 주인이 그 어떤 조건으로도 재계약을 할 수 없다고 통보해 왔다.[21] 그의 5년간의 노력이 수포로 돌아가 버린 것이었다. 이때 그는 견디다 못해 신체화 증상을 나타냈다. 위장에 문제가 생긴 것이다.[22] 말 그대로 그는 한동안 속이 쓰리고 아팠고 밤새 악몽을 꾸어야 했다. 그는 이때 비싼 수업료를 치르고서 예상의 중요성을 다시 한번 더 절감하게 된다.

예상의 비즈니스

아픈 시련을 겪은 후 그는 1950년에 벤튼빌Bentonville에서 새로운 가게를 열었다. 그의 가게는 뉴포트에서의 뼈아픈 실패를 거름 삼아 계속 번창하였다. 눈부신 성장을 거듭한 끝에 그는 마침내 1962년에 대형 할인점인 월마트를 창업하게 된다.

그가 창업한 월마트는 미래의 소비를 예측하여 미리 구매를 해 두면 이득이 된다는 '예상'의 생활철학을 전파하는 할인점의 대명사였다. 그의 할인점에서 내걸은 "상시 최저가Every Day Low Price"라는 슬로건은 단순한 판매 전략 같지만, 예측력과 실천력을 겸비한 경우에만 실효를 나타낼 수 있는 경영전략이기도 하다. 그는 내일의 정보를 남들보다 앞서 수집하고 또 대비하기 위해서 1983년에 이미 인공위성을 활용한 세계 최대의 기업 정보 통신 체계를 구축하였다. 또 그가 회사의 운영 회의의 진행자를 회의 직전에 선발하도록 하여 참석자 모두가 회의 진행 시 일어날 수 있는 사안에 대해서 미리 대비하게 만든 것도 유명한 일화 중의 하나이다. 이처럼 그가 자신의 할인점을 세계적인 기업으로 일궈내는 데는 예상이 커다란 기여를 했던 것으로 보인다.

작은 연못의 큰 물고기

그는 할인점을 경영할 때 대형업체와 경쟁하는 것은 교묘하게 피해 갔다. 그는 가슴을 쓸어내릴 만한 일을 겪고 싶지 않았기 때문에 일반적인 다른 기업가와는 달리 큰물에서 노는 물고기가 되는 길을 포기하였다. 그 대신 그는 언제나 작은 물에서 이루어지는 비즈니스에 열중하였다. 작은 물은 변화가 무쌍하지 않기 때문에 상대적으로 예측 가능한 안정된 세계라고 할 수 있다.

평생 소매업 이외의 영역은 눈독을 들여본 적조차 없었다. 그리고 많은 동료들이 이해하지 못했고 또 반대했지만 그가 불도저처럼 밀어붙인 영업 전략은 "언제나 대도시가 아닌 소도시에만 진출한다"는 것이었다. 따라서 이 전략은 그가 죽은 후에 수정될 수밖에 없었다. 하지만 적어도 그가 생존해 있던 당시까지만 해도 그의 이러한 독특한 영업 전략은 그가 창업한 할인점이 세계 최고의 기업이 되도록 한 원동력이 되었다.

그는 비록 작은 물에서만 활동하였지만 세계 최고의 기업을 일궈내었다. 실제로 세계 500대 기업 중 전 세계를 상대로 하는 생산업체가 아닌 소매업을 하는 유통 기업이 1위를 차지한 것은 「포춘Fortune」이 기업들을 평가한 이래로 최초의 사건이었다. 그의 이러한 영업 전략은 그 자신의 성격을 반영해 준다는 점에서 승화와도 관계된 것으로 보인다.

그는 월마트를 운영하면서 가족적인 가치를 특히 강조하였다. 그의 이러한 태도는 미국의 기업 풍토를 고려해 볼 때 대단히 이례적인 것이

삶에 단비가 필요하다면

라고 할 수 있다. 그는 직원들을 언제나 한 가족으로 인식하였고 또 실제로 그렇게 불렀던 것으로 유명하다. 그의 가족이 과거에 뿔뿔이 흩어져서 살아야 하는 아픔을 겪었던 적이 있다는 점을 고려해 볼 때 그는 과거의 아픈 상처를 경영에 창조적으로 활용했다는 점에서 승화의 또 다른 예에 해당된다고 할 수 있다.

인터페론 치료와 비즈니스

1982년에 예상의 대가였던 그조차 전혀 예상하지 못했던 일이 일어났다. 그가 희귀한 암 질환hairy cell leukemia에 걸리게 된 것이다. 사실 어떤 의미에서는 그 일 역시 예상 가능한 일이기도 했는데 왜냐하면 그의 어머니 역시 암으로 세상을 떠났기 때문이다. 수술을 할 경우 추정된 성공률은 약 25퍼센트에 불과했다. 그는 한 달 동안 고민을 한 뒤에 결국 당시에는 연구 단계에 있던 인터페론interferon의 성능을 테스트하기 위한 집단에 지원하게 된다. 담당 의사의 처방을 성실하고도 모범적으로 따른 덕분에 그는 1983년에 완치 판정을 받게 된다.

그는 암을 치료하는 과정에서 인체의 면역 기능에 대해서 자세히 공부하게 된다. 그 과정에서 그는 신체의 효율적인 관리를 위해서는 면역 기능을 담당하는 세포가 신체에 유익한 기능을 하는 대상과 해를 끼치는 대상을 구분해 내는 식별 능력이 높아지는 것이 중요하다는 점을 깨닫게 된다. 그는 암에서 완치 판정을 받은 후에 이러한 아이디어를 사업에 활용한다.

단순한 할인점이었던 월마트는 고객이 출입하는 데 특별한 제한이 없었다. 그러다보니 자연스럽게 우량 고객과 그렇지 않은 고객을 구분할 방법이 없었다. 하지만 그는 암의 치료 기제에 관해 공부하는 동안 자신의 사업에서도 우량 고객만을 따로 모아 그들에게 차별화된 서비스를 제공하면 사업성이 매우 크겠다는 확신을 갖게 되었다. 그래서 그는 1983년에 회원제 체제로 운영되는 대형 할인점인 샘클럽Sam's club을 창업하였다. 월마트와는 달리 샘클럽에서는 고객들이 연회비를 내고서 회원 등록을 하면 그러한 회원들에게만 차별화된 서비스를 제공하였다. 따라서 샘클럽에 입장하기 위해서는 회원 카드를 제시해야만 했다. 사실 이러한 아이디어를 처음 창안한 사람은 프라이스Sol Price였다. 하지만 그는 인터페론 치료를 받으면서 그러한 아이디어가 확실히 승산이 있다는 점을 확신하게 되었던 것이다. 이런 점에서 그가 샘클럽을 창업하게 된 것도 승화와 관계가 있다고 할 수 있다. 물론 그의 샘클럽은 그의 예상대로 대성공을 거두게 된다.

죽음의 공포에서 면역되기

1990년에 그는 또다시 암에 걸리게 된다. 자신의 수명이 다했다는 것을 직감한 그는 자서전을 완성하는 데 심혈을 기울이게 된다. 그가 이때 남긴 자서전은 성공한 사업가들이 흔히 남기는 경영 비서와는 차이가 있다. 그는 자서전의 서두에서 자신의 손자와 증손자들이 올바른 길을 걸어가는 데 자신의 삶을 참조하도록 하기 위해 글을 쓰게 되었다고 밝혔다.[23] 하지만 그는 자서전을 끝마치지 못하고서 세상을 떠났다. 예상의 대가조차도 수명만큼은 정확히 예측할 수 없었던 것이다. 하지만 회사 경영의 경우 그는 예상의 기제를 통해 죽음에 대비하면서 살아갔기에 그의 사후에도 월마트는 더욱 번창할 수 있었다. 또 사생활의 측면에서도 그는 예상의 기제를 통해 오랜 시간 동안 죽음의 공포를 조금씩 맛보면서 살아갔기에 면역이 생겨 죽어 가면서도 죽음을 두려워하지 않고 건강하게 맞이할 수 있었다. 그가 죽어 가면서 남긴 자서전의 감사의 글은 자신을 위해 수십 년간 헌신적으로 일해 준 두 명의 비서에게 천국에 가서 미리 그들을 위한 명당자리를 잡아 두겠다는 유머러스한 말로 끝을 맺고 있다.[24]

샘 월튼

격랑이 이는 변화무쌍한 큰물에서 활개 치기보다는
물결이 잔잔하게 이는 작은 물에서 머물고 싶어 했던 사람이 있었다.
비록 그는 작은 물속에서 헤엄치는 물고기 같은 삶을 살았지만
그가 내다본 세상은 아주 큰 것이었다.

예상

성숙한 기제 중 하나인 예상은 실제 사건이 발생하기에 앞서 그 사건에 대해 정서적으로 미리 대비해 둠으로써 미래의 불안감과 우울감을 경감시키는 책략을 쓰는 것이다. 이러한 예상은 마치 옛날 폰투스 제국의 왕 미스리데이츠(Mithridates)가 독을 점차적으로 조금씩 미리 맛보는 것을 통해 면역 능력을 갖게 된 과정과 유사하다.[25]

힌두교 경전인 『바가바드기타(Bhagavad gītā; 거룩한 자의 노래)』에는 의무와 덕의 화신인 다르마(Dharma)가 세상에서 가장 놀라운 일이 무엇이냐고 묻자, 어느 성군(聖君)이 "자기 둘레에서 모든 사람이 죽는 것을 보고도 한 사람도 제 죽을 것을 믿는 사람이 없는 일입니다"라고 대답하는 일화가 나온다. 이 이야기에서 암시하는 것처럼, 일반적으로 사람들은 미래에 자신에게 일어나는 것이 자명한 일들에 대해서조차 잘 대비하지 않는 경향이 있다. 사람들은 아무런 대비도 안 한 채 지내다가 막상 문제 상황에 직면하게 되면 당황해서 실제 자기 능력보다도 훨씬 못한 결과를 나타낸다. 그리고는 "더 잘 할 수 있었는데"라며 아쉬워한다. 이런 맥락에서 예상은 누구라도 능히 해낼 수 있는 것이지만 현실적으로 실천하면서 살아가는 사람은 매우 드문 기제라고 할 수 있다.

예상을 사용하는 사람들은 마치 가을 다음에는 겨울이 오는 것처럼 삶에서 일어나는 많은 문제들에 미리 대비해 두는 것이 가능하다고 믿는다. 예를 들면, 예상을 사용하는 사람들은 여름에 스키 장비를 구입하고 또 겨울에 수영복을 구입하는 방식으로 생활하는 것이다.

예상의 연금술사가 되기

1. 예상은 일반적으로 말하는 사고상의 예측 능력과는 다른 것이다_ 예상이라는 기제를 활용한다는 것이 마치 제갈공명처럼 앞날을 내다보는 예지 능력을 가지고 있다는 것을 뜻하는 것은 아니다. 예상에서 중요한 것은 누구나 다 쉽게 알 수 있는 것이지만 사람들이 보통 실감나게 지각하지 못하기 때문에 무방비 상태로 지내는 일들을 미리미리 준비해 놓는다는 것이다. 그렇기 때문에 예상도 특별한 재능을 타고난 사람만이 할 수 있는 것이 아니라 누구라도 연습만 하면 손쉽게 익힐 수 있는 것이다. 샘 월튼이 예상을 사용하는 과정에서 했던 일 역시 특별한 것은 아니었다. 그는 보이 스카우트의 교본에 나오는 대로 준비하는 자세를 충실히 갖추었고 학생회장이 되기 위해 평상시에 인사를 열심히 했으며 돈을 벌기 위해서 '티끌모아 태산'이라는 말을 아는 대로 실천했을 뿐이었다. 기묘하게도 자아의 연금술은 가장 평범한 일을 하는 사람을 가장 비범한 일을 하는 사람으로 탈바꿈시켜 준다.

2. 소크라테스는 예상 능력을 키우기 위해서는 어떤 노력이 필요한지를 잘 보여 주는 일화를 남겼다_ 어느 청년이 현자가 되고 싶다며 그를 찾아왔다. 그

334

러자 그는 청년을 말없이 냇가로 데리고 갔다. 냇가에 도착하자 그는 청년에게 엄숙한 목소리로 머리를 물속으로 넣어 보라고 했다. 그러자 청년은 그의 말대로 따라하였다. 그때 갑자기 소크라테스는 손으로 청년의 머리가 물 밖으로 나오지 못하도록 계속해서 강하게 눌렀다. 그러자 청년은 물속에서 버둥거리기 시작하였다. 잠시 뒤에 소크라테스가 청년을 풀어 주자 청년은 죽다 살아난 표정을 하고서 소크라테스를 노려보았다. 이때 소크라테스는 이렇게 말했다. "만약 현자가 되고 싶거든 조금 전에 물속에서 숨 쉴 수 있는 공기를 간절하게 바라듯이 지혜를 구하도록 하게나." 예상에서 가장 핵심적인 요소는 미래에 벌어질 일들을 정서적으로 실감나게 느낌으로써 미리 준비해 두는 것이라는 점을 고려해 본다면, 소크라테스가 보여 준 일화는 예상 능력을 키우는 데 유용한 시사점을 제공해 준다. 당신이 만약 미래에 경제적인 부를 축적하고 싶다면 샘 월튼이 보여 준 것처럼 단돈 10원이라도 물속에서 숨쉬는 공기를 원하듯이 눈에 불을 켜고 찾도록 하자. 그 길이 나중에 할 수 있었던 일을 미리 안 함으로써 땅을 치며 후회를 하지 않게 되는 지름길이다.

3. 어떤 경우에는 예상이 억제를 증진하는 데 도움을 주기도 하고 또 다른 경우에는 억제가 예상 능력을 높이는 데 기여하기도 한다_ 현재 고통스러운 사건 때문에 힘들어 하고 있다면, 그 사건이 10년 후에 어떤 영향을 미치게 될지를 예상해 보기를 바란다. 그랜트 스터디의 결과는 개인의 일생을 좌지우지할 만한 결정적인 과거 사건은 존재하지 않는다는 점을 보여 주었다. 따라서 지금은 제아무리 견디기 힘든 일도 10년 정도가 지나면 그때는 그다지 힘들지 않게 이겨낼 수 있는 상태가 된다. 따라서 머나먼 미래의 자기 모습을 실감나게 떠올려 보는 것은 현재의 고통을 억제하는 데 커다란 도

움을 줄 수 있다. 여기서 중요한 점은 막연하게 시간이 지나면 문제를 저절로 해결해 준다고 믿어서는 안 된다는 점이다. 시간 그 자체는 아무것도 해결해 주지 않는다. 흐르는 시간 속에 당신의 피와 땀이 함께 담겨 있어야 한다는 점을 잊지 않기를 바란다. 또 샌더스가 주유소를 경영하면서 "일찍 일어나는 새가 벌레를 잡는다"는 예상의 원리를 실천함으로써 성공의 기틀을 다질 때, 억제는 필수적인 요건 중 하나였다. 남들보다 일찍 일어날 수 있기 위해서는 나태해지려는 욕구를 억제할 수 있어야 한다. 이처럼 억제가 예상 능력을 증진하는 데 기여할 수 있다. 예상과 억제 중에서 어느 하나를 잘 활용하기만 한다면 나머지 하나는 덤으로 좇아올 수 있는 것이다. 따라서 현재를 기준으로 했을 때 둘 중에 자신에게 더 잘 맞는 것을 집중적으로 개발하려고 노력하자.

14

나보다 더
아픈 가슴을 위하여

기적의 꽃, 아네모네

아네모네는 '기적의 꽃'으로도 불린다.
어느 순교자의 피가 붉게 되살아나면서 피어나게 된 꽃이라는 전설 때문이다.
그녀의 삶은 마치 이러한 아네모네 같은 것이었다.

1953년 독일에서는 한 여인에 관한 전기가 출판되면서 사회 전체가 발칵 뒤집어지는 사건이 발생했다. 프로이드와 그의 동료 브로이어^{Joseph Breuer}가『히스테리 연구^{Studies in Hysteria}』에서 "안나 O양^{Miss Anna O}"이라고 소개한 여성 환자의 정체가 밝혀졌기 때문이다.

그 사실을 공개한 사람은 바로 그녀에 대한 전기 작가 존스^{Ernest Jones}였다. 그녀는 서독 정부가 1954년에 '인류의 구원자' 시리즈 우표를 발행할 때에 한자리를 차지할 정도로 널리 알려진 유명인사였다.

안나 O양 이야기

안나 O양이 스물한 살이 되던 1880년은 휴양 도시에서 부유한 유태인 상인인 아버지의 병간호를 하고 있을 때였다. 그녀의 아버지는 폐종양과 고열로 인해 고통 받고 있었으며 매우 위중한 상태였다. 낮에는 그녀의 어머니와 고용된 간병인이 함께 아버지를 돌보았지만, 밤에는 그녀 혼자 아버지를 보살폈다. 그녀는 무척 사랑하던 아버지를 위해서 밤낮이 뒤바뀐 생활을 조금도 주저하지 않고 선택하였다. 그러던 어느 날 밤에 그녀는 환시를 경험하게 된다.

> 그녀가 아버지 곁에서 병간호를 하던 중에 시커먼 뱀들이 벽을 타고 내려오는 환시에 사로잡히게 된다. 그들 중 한 마리는 아버지에게로 뛰어들었다. 그녀는 아버지를 보호하려고 애썼지만 팔이 마비 증세를 보였다. 그녀가 자신의 손을 쳐다보자, 손가락이 조그마한 뱀들로 변해가는 것이었다. 그녀의 손톱 부위에 위치한 그 뱀들의 머리에는 죽음의 그림자가 드리워져 있었다. 하지만 그 뱀들은 나타나자마자 바로 사라져 버렸다. 공포에 휩싸인 그녀가 필사적으로 기도를 하려고 시도했으나 영어로 된 동시를 떠올리기 전까지는 그 어떤 말도 머릿속에 떠오르지 않았다.[1]

그날 이후로 그녀가 뱀과 비슷한 대상을 보기만 해도 그녀의 팔은 마비 증세를 보였다. 그녀의 증상들 중 가장 심각한 것은 언어적인 혼란이었다. 그녀는 의식이 혼탁해질 때면, 괴상한 언어를 사용하였다. 말을 사용할수록 그녀의 언어적인 혼란은 더욱 심해졌는데 문법에 안 맞는 말을 남발하다가 결국에 가서는 부정사_{먹는 것, 사랑하는 것} 들만 사용하는 식으로 변해갔다. 그녀는 모국어인 독일어를 이해하면서도 때로는 영어로만 말하기도 하고 또 어떤 때는 이탈리어만 사용하기도 하였다.

집안을 지키는 천사

그녀의 아버지는 보수적인 유태인 율법을 그대로 지킬 정도로 완고한 편이었다. 그리고 그녀의 어머니는 유태인 사회에서 아버지보다 훨씬 더 명망 있는 양가집 규수였다. 그녀의 부모는 신분상 통념을 벗어나는 결합을 한 셈이었다. 그녀가 태어나기 전에 두 명의 언니가 있었지만 둘 다 일찍 세상을 떠났다. 그리고 그녀에게는 남동생이 한 명 있었다. 전통적인 유태인 사회에서는 과거 우리 사회와 마찬가지로 딸이 태어나는 것은 결코 축복이 아니었다. 그래서 그녀는 항상 동생이 귀여움을 독차지하고 또 자신보다 양질의 교육을 받는 것을 시기하였다.

그녀는 아버지가 병들자 유태인 사회에서 전통적으로 여성에게 부과되던 의무인 '집안을 지키는 천사'의 역할을 수행하기로 결심하고서 이를 악물었다. 하지만 아버지의 병간호를 하면서부터 그녀의 건강은 급속도로 악화되어 갔다. 그녀는 주로 오렌지와 멜론만 먹으면서 병간호를 했기 때문에 시간이 지날수록 피골이 상접해져 갔다. 그녀는 자신의 헌신적인 태도에 특별한 의미를 부여하고자 노력했지만 현대의 정신과 진단 중 하나인 신경성 식욕부진증^{Anorexia Nervosa}을 나타냈던 것으로 보인다.

그녀의 열렬한 간호에도 불구하고 그녀의 아버지는 발병한 지 1년이 지난 시점인 1881년에 세상을 떠나게 된다. 그러자 그녀의 증상은 더욱 더 심해졌다.

아버지의 죽음으로 정신이 황폐해진 스물두 살의 그녀는 광폭한 증상과 더불어 인사불성 상태를 나타냈다. 그녀는 시각이 왜곡되어 있었으며 사람을 알아보지 못하였다. 그녀는 사람들이 밀납 인형 같다며 친숙한 사람들이 아니라고 주장하였다… 오직 정신과 의사인 브로이어만 제대로 알아보았다… 그녀는 유아로 변해 있었으며 전적으로 브로이어에게 매달렸다. 그녀는 브로이어가 먹여 주지 않으면 먹는 것조차 거부하였다.[2]

브로이어와의 관계

브로이어는 『히스테리 연구』의 「안나 O양」이라는 글에서 그녀의 증상에 대해서 다음과 같이 소개하고 있다.

> 그녀는 성격적으로 친절한 동정심을 가지고 있었다. 가난하고 병든 사람들을 돌보고 도와주는 일은 그녀가 병중에 있을 때도 기분을 전환시키는 데 가장 좋은 효과를 나타냈다. 왜냐하면 그녀는 다른 사람들을 만족시키는 데 강렬한 욕구를 지니고 있었기 때문이다. 그녀는 기분상 다소 지나치게 명랑하거나 슬퍼하는 경향이 있었는데 이것 때문에 그녀는 변덕스러운 인상을 주었다. 놀랍게도 그녀는 성적인 측면에서 미발달된 것으로 보였다. 그 환자는 그 누구와도 연애를 해 보지 않은 것이 틀림없었으며 그녀의 질병에서 두드러진 특징 중 하나인 환각 경험에서도 성적인 요소는 나타나지 않았다.[3]

일반적으로 사례 보고에서 환자가 어떤 증상을 보였다고 말하는 것은 가능해도 어떤 증상을 나타내지 않았다고 말하는 경우는 매우 드물다. 왜냐하면 실제로 증상이 없었다기보다는 단순히 임상가가 관찰하

삶에 단비가 필요하다면

지 못했을 가능성이 있기 때문이다. 이런 점에서 보면 브로이어의 사례 발표 내용은 의구심을 자아내기에 충분했다. 브로이어가 왜 이렇게 발표할 수밖에 없었는지는 그 이후에 밝혀지게 된다.

브로이어가 일종의 정화Catharsis 요법에 해당되는 '이야기치료talking cure'를 통해 그녀에 대한 치료가 매우 성공적이었다고 자평하던 무렵에 그녀의 어머니가 브로이어를 절망적인 목소리로 황급하게 불렀다. 브로이어가 그녀의 집으로 달려갔을 때 현관에서는 그녀가 "내 뱃속에서 브로이어의 아기가 나오려고 해요"⁴라고 울부짖으면서 뒹굴고 있었다.

물론 그녀는 상상임신을 한 것이었다. 브로이어는 그녀의 증상이 가지고 있는 성적인 의미를 다소 간과하는 경향이 있었다. 사실 브로이어는 그녀의 증상들 중에서 성적인 의미를 갖고 있는 문제들을 직접 다루는 것을 어려워했다. 브로이어는 당시에 재혼을 한 직후였는데 그의 부인은 남편이 나이 어린 처녀와 한방에서 은밀한 대화를 나누는 것을 의심의 눈초리로 쳐다보고 있는 상황이었던 것이다. 그 때문에 브로이어는 그녀와의 대화 내용이 성적인 것들로 채워지는 것을 은연중에 꺼려 하였다. 결국 브로이어는 그 사건 이후로 더 이상 그녀를 치료하지 못하고 1882년에 그녀를 정신요양원에 근무하는 동료 의사에게 보내게 된다.

정신분석학자에 대한 원한

그녀는 오랫동안 브로이어와 단 둘이서 정신과적인 상담 치료를 받는 동안에 과거에 아버지로부터 충족되지 못했던 애정을 브로이어에게서 받고 싶어 했다. 실제로 브로이어는 그녀에게 헌신적이었기 때문에 그녀가 자신의 아버지한테는 결코 요구할 수 없었던 행동들음식을 떠먹여 주는것들조차 기꺼이 들어주었다. 하지만 그토록 자신을 잘 대해 주던 브로이어가 더 이상 자신을 치료할 수 없다고 선언했을 때, 그녀는 자신이 버림받았다고 믿게 된다. 그때부터 그녀는 정신분석학자들을 원수취급하기 시작하였다. 먼 훗날, 그녀가 운영하는 복지시설에 정신분석적인 치료가 필요하지 않겠느냐고 누군가 제안을 하자, 그녀는 이렇게 대답하였다. "내가 살아 있는 한, 정신분석은 내가 설립한 기관에는 결코 발을 들여놓지 못할 겁니다."[5]

아이들을 위한 자기 이야기

브로이어를 떠난 후 6년간 그녀는 증상이 일시적으로 호전되면 정신요양원을 퇴원했다가 다시 재발하면 입원하는 생활을 반복하였다. 하지만 1888년에 그녀가 자비로 『아이들을 위한 작은 이야기Kleine Geschichten für Kinder』라는 동화책을 출판하면서부터 그녀의 인생은 바뀌기 시작하였다. 그녀는 환시 체험 또는 비현실적인 사고 내용들을 맹목적으로 자기 안에 가두려 하기보다는 글을 통해 창조적으로 표현함으로써 그러한 고통스러운 생각과 이미지들로부터 자유롭게 되었다. 예를 들면, 그 동화책에는 그녀 자신이 요정이 되어 브로이어에 대한 자신의 감정을 표현하는 「연못의 요정」 이야기가 포함되어 있다. 그녀에 대한 전기를 썼던 구트만Melinda G. Guttmann은 그 동화에 대해 다음과 같이 소개하고 있다.

삶에 단비가 필요하다면

다른 소녀들과 함께 서 있는 동안, 그 요정은 부끄러웠기 때문에 누군가가 그녀에게 다가와 춤을 청해 주기를 바라고 있었다. 그녀는 '길고 하얀 드레스를 입고 있었고 촉촉하게 젖어 있는 그녀의 빛나는 머리카락은 매끄럽게 흘러내리고 있었다'. 그때 긴 턱수염을 한, 키 크고 멋진 남자가 다가왔다. '그의 검푸른 눈동자에서는 사랑스러움과 자상함이 느껴졌다'. 이것은 브로이어의 초상처럼 보인다. 그녀는 브로이어의 모습을 완벽하게 묘사하였다. 그 남자는 요정을 포옹한 후 함께 춤을 추었다. 그들은 리듬에 몸을 맡긴 채 음악이 끝날 때까지 춤을 추었다. 요정은 몸을 돌려 파트너에게 감사의 뜻을 전한 후, 수줍은 듯이 그의 눈동자를 바라보았다. 그때 그는 그녀가 푸른, '연못 끝의 갈대만큼이나 푸른' 눈동자를 하고 있다는 것을 깨달았다. 그래서 그는 자신이 누구와 춤을 추게 된 것인지를 알아차리게 되었다. 그는 몸서리치며 달아났다. 요정은 연못으로 달려갔다. 하지만 그녀가 춤을 추는 동안 연못은 얼어붙고 말았다. 그래서 그녀는 자매들과 다시는 만날 수 없었다. 머리 모양의 바위stone head는 조롱하며 웃었다. 지쳐 쓰러진 그녀는 눈에 묻히고 말았다. 하지만 태양에 눈이 녹아내리자 그 바위는 그녀가 있던 자리에서 봄의 전령 아네모네를 발견하였다.[6]

가슴속에서 자라는 아기

그녀는 마치 상상임신을 통해서 얻은 브로이어의 아기가 실제로 태어나기라도 했던 것처럼, 그 아기에게 들려주기 위한 동화책을 직접 마련하였다. 그리고 그 동화책을 집필하는 과정에서 그녀는 자신을 괴롭히던 환상뿐만 아니라, 자신의 삶이 부활하기를 바라는 간절한 욕구도 불어넣었다. 그 동화에 나오는 아네모네는 독일의 전설에 따르면, 어느 순교자의 피가 붉게 되살아나면서 피어나게 된 꽃이라고 해서 '기적의 꽃'으로도 불린다. 7년 동안이나 집요하게 그녀를 뒤쫓아 다니던 내면의 갈등이 승화의 기제를 통해 한 차원 높게 표현되자마자, 실제 그녀의 삶도 동화에서 예고된 대로 기적처럼 되살아나게 된다.

그녀는 아이를 위한 동화를 쓰는 데서 만족하지 않고 한 걸음 더 나아갔다. 그녀는 상상 속의 아이가 아닌 현실 속의 자기 아이를 갖기로 결심하였다.

그녀가 책을 출판했던 1888년은 유럽의 유태인들로서는 격동의 시기였다. 당시에 그녀가 살던 프랑크푸르트 거리는 유태인 학살을 피해 탈출해 온 러시아와 폴란드의 유태인 난민들로 가득 찼다. 그들은 전 재산을 버리고 간신히 탈출했기 때문에 굶주리고 헐벗은 생활을 하였다. 그때 상당수 독일계 유태인들은 이들에 대해서 경멸적인 태도를 보이는 경향이 있었다. 그들은 자신들이 동유럽의 유태인 난민들과 같은 부류로 오인 받는 것을 두려워했기 때문이다.

이 혼란스러운 시기에 그녀는 자선의 목적으로 여자아이들을 위한 고아원을 헌신적으로 운영하기 시작하였다. 특히 그녀는 미혼모의 아이들에게 각별한 관심을 기울였다. 정통 유태인 율법상에서는 합법적인 결혼을 통해 태어나지 않은 아이들은 유태인으로 인정받을 수 없었기 때문에 유태인 사회에서 전혀 보호해 주지 않았다. 그녀는 유태인의 이러한 경직된 율법에 반기를 들었다. 그녀가 이처럼 정통 유태인 율법에 반감을 갖게 된 데는 부모의 신분이 서로 달랐기 때문에 겪게 된 과거의 여러 가지 불협화음들에 대한 부정적인 인상이 일부 영향을 주었으리라고 생각된다. 하지만 그보다 더 근본적인 이유는 그녀 자신의 직접적인 체험과 관계가 있다.

그녀는 비록 환각 경험을 한 것이기는 했지만, 미혼모로서의 삶을 체험한 적이 있었다. 그녀의 상상임신은 그녀 자신의 내적인 욕구가 창조해 낸 신기루 같은 것이었다고 할 수 있다. 하지만 그러한 신기루는 정말로 실감나는 것이기 때문에 그것을 체험하는 사람들은 자신의 체험을 사실로 받아들일 수 있다. 그러한 경우 상상 속의 사건은 실제 사건이 벌어진 이후에 당사자의 삶에 지속적으로 영향을 주는 것과 동일한 효과를 나타낼 수 있다.

브로이어가 떠나간 후 그녀는 브로이어가 인정해 주지 않는 상상 속의 아기와 함께 사회로부터 외면 받는 미혼모 생활을 하였다. 이때 그녀가 누군가로부터 가장 절실하게 받고 싶어 했던 것 중의 하나는 자신의 고통스러운 상황을 이해받는 것이었다. 그녀는 과거에 자신이 가장 간절하게 받고자 했던 바로 그것을 미혼모 유태인 여성들과 그들의 아이들에게 주고자 노력하였다. 그녀는 그들의 고통스러운 처지를 마치 자신의 일처럼 진정으로 이해할 수 있었고 그러한 공감적 이해에 기초하여 그들을 돕기 위해 열정적으로 활동하였다. 이것이 바로 이타주의 altruism인 것이다.

이야기 치료의 선구자

그녀는 미혼모의 아이들을 위해 많은 동화를 썼다. 그녀가 자신을 위해 천부적인 상상력을 활용했을 때는 상상임신 때문에 주변 사람들을 곤혹스럽게 만들었을 뿐이었지만, 동일한 재능을 자신의 체험과 관계된 아이들을 위해 사용하자마자, 수많은 아이들의 가슴속을 파고드는 작품이 탄생하였다. 그녀는 과거 브로이어에게 이야기 치료의 아이디어를 제공해 주었던 경험을 십분 살려, 미혼모의 아이들의 정서적인 상처를 치유하는 데 동화를 적극적으로 활용하였다. 이런 점에서 오늘날 유행하는 '이야기 치료'의 선구자는 바로 그녀라고 할 수 있다.

삶에 단비가 필요하다면

파펜하임

아네모네는 '기적의 꽃'으로도 불린다.
어느 순교자의 피가 붉게 되살아나면서 피어나게 된 꽃이라는 전설 때문이다.
그녀의 삶은 마치 이러한 아네모네 같은 것이었다.

이타주의

아이러니컬하게도 인생에서 스트레스에 가장 적극적으로 대처하는 방법 중 하나는 자기 자신을 돌보는 것이 아니라 타인을 돌보는 일과 관계가 있다. 성숙한 기제 중 하나인 이타주의가 바로 그것이다. 이타적인 행동은 자신이 받고자 원하는 것을 다른 사람에게 주는 방식으로 선행을 베푸는 것을 말한다.

이타적인 행동은 단순히 남을 돕는 것과는 다르다. 예를 들어, 누군가가 거리에서 구걸하는 사람에게 적선을 하는 경우를 생각해 보도록 하자. 만약 그 사람이 수중에 1만 원이 있었는데 별 생각 없이 그중 1천 원을 구걸하는 사람에게 주었다면, 그러한 행동은 선행을 베푼 것에 해당되는 것이지 이타적인 행동에 속하는 것은 아니다. 반면에 어떤 사람이 수중에 차비 600원밖에 없었는데 처지가 딱한 사람에게 그 돈을 건네주고 나서 정작 자신은 집까지 걸어갔다면, 그 사람의 행동은 바로 이타적인 행동이 된다.

제아무리 외형상 좋은 일을 많이 했다 하더라도 자신에게 필요 없는 것을 타인에게 주었다면 의미 없는 것을 준 것인 이상 그 사람의 삶에서도 그다지 의미 있는 변화가 일어나지 않는다. 반면에 자신이 절실하게 원하는 것을 타인에게 주는 경우에는 의미 있는 것을 남에게 준 것만큼이나 그 사람의 삶은 의미 있게 변하게 된다.

이타주의의 연금술사가 되기

1. 이타주의의 시작은 외부의 타인이 자신의 마음속으로 들어오는 것이다_
자아의 연금술은 우리들에게 외부의 타인을 마음속에 담을 수 있는 기적
과도 같은 능력을 선사해 준다. 어떻게 물리학적으로 독립된 존재가 다른
사람의 마음속으로 들어갈 수 있을까? 이러한 심리적인 현상을 설명하기
위해서 어머니가 아이에게 음식을 건네는 상황을 예시해 보겠다. 흔히 아
이들은 어머니가 맛있는 음식을 해 주면 같이 먹자고 권유할 때가 있다. 그
러면 보통 어머니들은 "네가 먹는 것을 보기만 해도 배부르다"는 말을 할
때가 있다. 우리는 이러한 어머니의 말을 어떻게 이해할 수 있을까? 물론
단순히 어머니가 의례적인 말을 한 것일 뿐이라고 치부해 버릴 수도 있다.
이러한 시각에서 보면, 누군가 안 먹고도 배가 부르게 되는 것은 불가능한
일이며 어머니는 사실과 다른 말을 한 것이 된다. 하지만 심리학적인 맥락
에서 보면 사람은 안 먹고도 실제로 배부른 상태가 될 수 있다. 그것은 바
로 어머니가 자신의 마음속에 아이를 온전하게 담는 것이다. 그러한 경우,
어머니의 마음속에 들어가 있는 아이가 배부르게 먹게 되면 자동적으로
그러한 아이를 자신의 마슴속에 담고 있는 어머니도 심리적으로 포만감을
체험할 수 있다. 그렇기 때문에 대부분의 어머니들의 삶에서는 이타주의가
특별한 행동이 아니라 그저 일상생활의 한 부분이 된다. 부모는 누구나 다
마찬가지일 것이다. 부모님의 마음을 헤아려 보자. 그러면 이타주의에 대
해서 조금 더 잘 이해할 수 있게 될 것이다.

2. 부모의 마음은 부모가 되어 봐야지만 알 수 있듯이 이타주의도 이타주의를 실천해 본 사람들만이 이해할 수 있는 것이다_ 하지만 부모의 마음을 이해하지 못하던 자녀가 나중에 자라서 부모가 되듯이 이타주의를 이해하지 못하던 반동형성의 신봉자들이 주로 나중에 이타주의를 실천하게 된다. 이타주의를 실천하는 비결은 단 하나다. 일단 이타주의가 무엇인지 잘 이해하지 못하더라도 교과서에 나오는 대로 선행을 베푸는 것이다. 선행이 차츰 쌓이다 보면 선행의 기쁨이 무엇인지 깨닫게 되는 순간이 올 것이며 점차 자연스럽게 이타주의로 옮겨 가게 될 것이다.

3. 이타주의와 반동형성을 구분하는 것은 매우 중요하다_ 외형상 선행을 베푼다고 해서 모두 이타주의가 되는 것은 아니다. 반동형성과 이타주의는 세 가지 면에서 차이가 난다. 첫째, 이타주의에서는 선행을 베푼 결과가 실제로 다른 사람들에게 도움을 주는 반면에 반동형성은 다른 사람들에게 사실상 실질적인 도움을 주지 못한다. 둘째, 반동형성은 죄책감 때문에 나타나는 것인 반면에 이타주의는 선행을 베푸는 것이 즐겁기 때문에 나타나는 것이다. 셋째, 반동형성을 행하는 사람은 선행을 베풀면서도 즐거워하기보다는 고통스러워 한다. 그들은 마치 이를 악물고서 고통을 참으면서 선행을 베푸는 것 같은 인상을 준다. 바로 이러한 이유 때문에 반동형성에 기초해서 선행을 베푸는 사람은 무리에 무리를 거듭해 가면서 봉사를 실천하기 때문에 결국에는 자신의 건강을 해치기 쉽다. 따라서 이타주의를 가장하는 반동형성만큼 주변 사람들을 안타깝게 만드는 일이 없다. 이와는 대조적으로 이타주의를 실천하는 사람은 그 자신도 즐거워하면서 선행을 베풀기 때문에 주변 사람들도 봉사의 기쁨을 함께 느낄 수 있도록 해 준다.

15

분노에서
화해의 합창으로

환희의 송가

　　　　　·　　·　　·　　·　　·　　·

그 옛날 아우슈비츠의 유태인들은 그의 음악을 가장 사랑하였다.
그의 음악은 비극의 역사적 현장에 있었던
유태인들의 고단한 영혼을 잠시 쉬게 해 주었다.

　그는 형제자매 7명 중 4명이 태어난 직후 또는 유아기 때 사망했을
정도로 병약한 유전인자를 지닌 가계에서 출생하였다. 그는 이러한 병
약한 기질 때문에 어린 시절에 병을 달고 살아야 했다.

　청년 시절에 그는 병약한 유전자를 물려주었을 뿐만 아니라, 어머니
가 돌아가신 후부터는 알코올중독 상태에서 끊임없이 자신을 학대했
던 아버지에 대한 증오감 때문에 매우 고통스러워 했다. 특히 그의 아버
지는 그가 어렸을 때 자기 자식이 사람들에게 모차르트와 같은 천재처
럼 보이도록 하기 위해서 나이가 실제보다 두 살 더 어린 것처럼 꾸미기
도 하였다. 그래서 그는 사십 대까지도 자신의 실제 나이를 모른 채 살
아야 했다. 그리고 그의 "아버지가 한밤중에 술에 취한 상태에서 잠을
자고 있던 어린 그를 피아노로 끌고 가 새벽 동이 틀 무렵까지 피아노 연
습을 시켰던 것은 마치 고문과 같았다."[1]

서른 두 살의 유서

서른 두 살이 되던 해인 1802년에 그는 중이염으로 인해 귀에서 고름을 쏟으며 청력을 잃어 가기 시작하였다. 그러자 그는 유서를 남길 정도로 비통한 좌절감에 빠졌다. 그 무렵 그가 남긴 하일리겐슈타트^{Heiligenstadt} 유서의 내용은 다음과 같다.

> **1802년 10월 6일**
> **나의 아우들, 칼과 ○○에게**(요한의 이름이 빈칸 처리되어 있음)
> 너희들은 내가 성격이 맑지 못하고 고집이 세며 인정머리 없는 사람이라고 생각할지 모르지만, 그것은 정말로 나를 오해하는 거란다. 아마도 너희들은 사람들이 나를 오인하도록 만드는 비밀을 모르고 있을 것 같다. 어려서부터 내 마음과 영혼은 선의의 자상한 감정으로 가득 차 있었으며 나는 언제나 위대한 일들을 하고 싶어 했다. 하지만 생각해 봐라.
> 지난 6년간 나는 해가 바뀌면 호전될 거라며 계속해서 나를 속여 왔을 뿐만 아니라, 지금은 더욱더 악화되어 결국은 질병에 대한 치료가 적어도 수년은 걸리거나 아니면 불가능하다는 전망을 마주 대하도록 만든 몰지각한 의사 때문에 절망적인 고통을 겪어 왔다···내 옆에 서 있는 누군가가 저 멀리서 들려오는 플루트 소리를 듣고 있을 때 나는 아무런 소리도 들을 수 없었다. 그리고 누군가 양치기의 노래를 들을 때에도 나는 그 어떠한 소리조차 들을 수 없었다. 아, 그때의 비참함이란 ···내가 만약 무덤 속에서라도 너희들에게 도움이 될 수 있다면 얼마나 행복할까? 그렇게 되겠지. 그러면 나는 기쁜 마음으로 서둘러 죽음을 맞이할 수 있겠지. 만약 내가 나의 예술적인 재능을 충분히 발휘할 수 있는 기회를 갖기 전에 죽

삶에 단비가 필요하다면

게 된다면, 그것은 가혹한 운명에도 불구하고 너무나 일찍 찾아오는 것이 되겠지. 그리고 나는 죽음이 나중에 찾아왔으면 하고 바라게 되겠지. 하지만 죽음이 그렇게 찾아온다 해도 나는 행복할 것 같다. 죽음은 이 끝없는 고통으로부터 나를 자유롭게 해 주지 않을까? 죽음이여 오라. 나는 용감하게 그대를 맞이할 것이다. 안녕. 그리고 내가 죽거든 부디 나를 잊지 말기 바란다. 나는 그럴 만한 자격이 있는데, 왜냐하면 평생 동안 나는 너희들과 너희들을 행복하게 해 줄 수 있는 방법들에 대해서 자주 생각해 왔기 때문이다. 행복하길 빈다.[2]

1802년 10월 10일

이제 너희들에게 작별을 고한다. 정말로 슬프구나. 그래, 저 잊지 못할 희망, 적어도 어느 정도는 회복하리라고 기대하고서 이곳으로 왔을 때 가졌던 바로 그 희망, 그것을 지금은 완전히 포기해야만 한다. 가을에 나뭇잎이 떨어져 시들어 버리듯이, 나의 희망도 꺾이고 말았다. 나는 이제 이곳에 왔을 때와 거의 같은 모습으로 떠나간다. 아름다운 여름날에 이따금 나에게 영감을 불어넣어 주던 그 높던 용기까지도 지금은 사라지고 없다. 오, 신이시여! 마지막으로 단 하루라도 좋으니, 순수하게 환희로 가득 찬 날을 저에게 내려 주시옵소서. 진정한 환희가 제 가슴속에서 메아리친 지 너무도 오래입니다. 오, 어느 날에, 오, 어느 날에 신이여, 제가 또다시 자연과 인간의 전당에서 그러한 환희를 맛볼 수 있을까요? 영원히 불가능하겠지요. 아, 너무나도 가혹합니다.[3]

하지만 불가능하지 않았다. 그리고 그의 삶은 가혹한 것으로 끝나지도 않았다.

「환희의 송가」

　1824년 5월 7일 빈의 왕립 극장은 연주가 채 끝나기도 전부터 관객들의 감격에 찬 환호와 천정을 무너뜨릴 것 같은 박수 소리로 가득 차 있었다. 오랜 고통을 끝낸 후에라야 접할 수 있는 환희의 절정감을 사자후처럼 토해 내던 합창과 관현악의 송가가 끝을 향해 나아가고 있을 무렵, 마치 사람들은 더 이상 참을 수 없다는 듯이 모두 자리를 박차고 일어났다. 모든 사람이 환호하는 가운데, 오로지 한 사람만이 무대 위에서 묵묵히 고개 숙여 악보를 바라보고 있었다. 그러자 여가수 한 명이 그의 소매가 객석을 향하도록 이끌었다. 그제서야 비로소 그는 뒤돌아 환호하는 관객들에게 목례를 하였다.

　이것이 바로 지금까지 누구도 그 경지를 뛰어넘은 적이 없다는 그의 교향곡 제 9번이 초연되던 날의 모습이다. 그가 남긴 대화 노트에 따르면 관객들이 전통적인 관례상 3번으로 제한되어 있는 박수갈채를 5번이나 쏟아내자, 극장 내 경관들이 나서서 제지할 수밖에 없었다고 한다. 그리고 공연 당시, 지휘자는 따로 있었을 뿐만 아니라 혼선을 피하기 위해 관현악 단원들에게 그의 지휘에 시선을 주지 말라는 주의가 주어졌음에도 불구하고 그들의 눈은 공연 내내 그를 향해 있었다.

　그의 9번 교향곡인 「환희의 송가」는 그의 다른 작품들과는 확연히 구분되는 특징을 가지고 있다. 그것은 바로 32년에 걸쳐 작곡된 가장 오랜 산고 과정을 거친 작품이라는 점이다. 그가 실러 Friedrich Schiller 의 시를 접하고서 「환희의 송가」를 구상하기 시작한 것은 1792년인 것으로 알려져 있다. 이 시기는 그가 하이든 Franz Haydn 의 문하에서 학생으로 수련을 받던 시기이며 그 다음 해부터 그는 본격적으로 작품을 발표하

　　　　　　　　　삶에 단비가 필요하다면

기 시작했다. 그리고 그는 「환희의 송가」가 발표된 지 채 3년도 안 된 시점인 1827년에 세상을 떠났다. 따라서 그의 일생은 사실상 「환희의 송가」를 작곡해 나간 역사라고 할 수 있다.

아버지를 용서하다

알코올중독자인 아버지를 대신해 십 대 후반부터 나이 어린 두 형제를 돌보아 왔기 때문에, 각별한 형제애를 가지고 있던 그가 「환희의 송가」에서 전 세계 인류의 형제애를 강조한 것은 어찌 보면 당연한 것일 수 있다. 하지만 그는 이 작품에 형제애 이상의 의미를 불어넣었던 것으로 보인다. 놀랍게도 「환희의 송가」는 그가 그토록 증오했던 아버지를 "사랑하는 아버지"로 노래하고 있다.

유서에서도 확인할 수 있듯이 그는 아버지와 이름이 같다는 이유로 동생 '요한'의 이름조차 편지에 적지 않을 정도로 한때 아버지를 증오하였다. 그 유서에서 요한이라는 이름을 누락 시킨 것이 단순한 오류라고 보기 어려운 이유는 뒷부분에 가서 그는 요한이라는 이름을 한 번 더 누락 시키기 때문이다. 그가 나중에 죽을 때 그의 곁에서 임종을 가장 오래 지켰던 이 중의 하나가 동생 요한이었던 점을 고려해 보면 동생을 미워해서 요한이라는 이름을 고의적으로 누락 시켰던 것은 아닌 것으로 보인다. 그가 비록 동생과 자주 다투기는 했을지라도 편지에, 그것도 유서로 남기는 서한에 이름을 의도적으로 안 남길 정도로 동생과 사이가 나빴던 것은 아니었다. 그랬던 그가 사랑하는 아버지를 찬미하는 노래를 작곡한다는 것은 비록 그 시에서 사랑하는 아버지의 표면적인 의미가 신을 뜻하는 것이었다 하더라도 그의 심경에 커다란 변화가 나타났음을 시사해 준다고 할 수 있다.

그가 "사랑하는 아버지"라는 표현을 원작 그대로 사용했던 이유가 단순히 원작을 자기 마음대로 바꾸기 어려워서 그랬던 것은 아니었다. 왜냐하면 그는 실러의 시 그대로를 원용하지 않고 다른 부분에서는 이미 개작을 하였기 때문이다.

사실 「환희의 송가」의 원작자인 실러는 그 시에 개인적인 의미를 거의 부여하지 않았던 것으로 보인다. 왜냐하면 나중에 그는 그 시에 대해서 개인적으로 혹평을 하였기 때문이다. 하지만 실러와는 달리 그는 무려 32년에 걸쳐 각별한 애정을 쏟아부었으며 그 과정에서 그 곡은 남다른 의미를 갖게 되었다. 다음은 「환희의 송가」의 일부이다.

> 세상 사람들이여,
> 서로를 위한 축복의 포옹을!
> 온 세상에 환희의 입맞춤을!
> 형제들이여!
> 별들의 장막 저 너머로
> 사랑하는 아버지 살아 계실지니…[4]

교향곡의 혁명

「환희의 송가」는 아버지와의 화해를 반영하는 가사뿐만 아니라 그 형식 면에서도 자아의 연금술적인 변용 과정을 잘 보여 준다. 원래 교향

삶에 단비가 필요하다면

곡은 관현악 소나타^{sonata}를 의미하는 것이었다. 소나타는 '악기를 연주하다'는 뜻의 이탈리아어 '소나레^{sonare}'가 어원이기 때문에 교향곡에 사람의 음성^{합창}을 넣는다는 것은 당시로서는 있을 수 없는 일이었다. 이런 점에서 그의 자아는 기존의 상식으로는 불가능해 보이는 것을 가능하도록 함으로써 새로운 상식을 창조하였다.

서양 음악의 전통은 크게 성악^{cantata}과 기악^{sonata}으로 구분할 수 있다. 하지만 그는 「환희의 송가」에서 기악 형식의 교향곡에 성악을 절묘하게 융합시켰다. 특히 그는 「환희의 송가」를 통해 최고의 악기는 바로 사람의 목소리라는 점을 분명하게 일깨워 주었다. 「환희의 송가」는 청각 장애로 인해 정상적인 의사소통을 할 수 없었기에 음성의 소중한 가치를 절감해야 했던 그 자신의 체험에서 비롯된 것이라고 할 수 있다.

대화 노트에 의지해 의사소통을 해야 했던 그는 자신의 목소리로는 사실상 거의 사람들에게 감동을 주지 못하였다. 오히려 그는 절친한 친구들을 포함한 주변의 모든 사람들과 평생 동안 심각한 갈등 속에서 살아갔다. 그는 집주인과 거의 매번 문제를 일으켰기 때문에 평생 해마다 이사를 다녀야 했다. 또 그는 고질적인 편집증 증상 때문에 자신 주변의 사람들이 모두 자신을 음해하려 한다고 굳게 믿었다. 일례로 그는 사랑하는 동생 칼이 세상을 떠나자, 동생의 아내가 독살한 것이 틀림없다고 경찰에 신고를 하고서 조카가 엄마를 만나지 못하도록 하였다. 하지만 그의 그러한 추측은 전혀 근거 없는 것으로 밝혀졌다. 그리고 그가 세상을 떠나게 된 것도 추운 겨울에 동생 요한과의 격한 싸움 끝에 매서운 찬바람을 맞으며 집을 나서다 중병을 얻었기 때문이었다.

하지만 그가 「환희의 송가」를 통해서 기존의 교향곡 틀에서 벗어나 비로소 제 목소리를 냈을 때, 사람들은 그가 바친 32년간의 노고에 열

광적인 반응을 보였다. 이 작품에 대한 사람들의 뜨거운 반응은 그가 생존하던 당시뿐만 아니라, 오늘날까지도 이어지고 있다. 1989년 베를린 철의 장벽이 무너졌을 때, 명지휘자 번스타인Leonard Burnstein이 역사적인 기념공연에서 선보였던 곡이 바로 「환희의 송가」였다. 그리고 같은 해 중국의 천안문 광장에서 민주화 시위가 한창일 때, 학생들의 손에 들려 있는 스피커에서 흘러나왔던 음악도 바로 그 곡이었다. 또 2001년에 출범한 유럽 연합이 채택한 공식적인 음악 역시 그의 「환희의 송가」였다. 아마도 그 곡과 관계된 가장 극적인 일화는 아우슈비츠 수용소에서 유태인들이 가장 선호했던 음악 중 하나라는 점일 것이다. 그의 실제 목소리는 청각 장애로 인해 늘 다른 사람들과의 반목과 불협화음만을 초래했지만 그가 내면에 지니고 있던 자아의 목소리, 즉 음악을 통해 표현되는 그의 음성은 사람들을 화음과 희망이 어우러진 아름다운 세계로 인도하고 있다.

보이지 않는 귀

그가 유서를 쓸 때까지만 하더라도 그가 위대한 일을 하는 것은 불가능해 보였다. 하지만 자아의 연금술은 그 불가능한 일을 가능하도록 만들었다. 그가 자신에게 평생 고통을 안겨 주었던 알코올중독자 아버지를 사랑하는 아버지로 그려낼 수 있도록 하고 또 늘 불협화음을 몰고 다니던 목소리를 화합의 상징적인 메시지를 전하는 소리로 대체할 수 있도록 도운 심리적인 과정을 바로 승화Sublimation라고 한다.

승화는 사회적으로 물의를 일으키거나 지나치게 쾌락을 손상시키는

삶에 단비가 필요하다면

일 없이 보다 문화적인 형태로 본능적인 욕구를 표출하는 것이다. 사실상 현대인의 스트레스는 내부의 자연스러운 욕구가 충족되지 못한 것과 밀접한 관계가 있다. 어떤 의미에서 현대인들은 만성적인 욕구불만 상태에서 생활한다고 할 수 있는 것이다. 이런 점에서 현대사회에서 승화는 특별한 의미를 갖는다.

노벨 문학상을 수상한 바 있는 로맹 롤랑Romain Rolland은 만약 신이 잘못을 범한 것이 있다면, 그것은 바로 그에게서 청각을 빼앗아 간 것이라고 주장한 바 있다. 하지만 그의 삶은 오히려 신이 그를 사랑한 증표로서 보이지 않는 귀를 활용할 수 있는 연금술적인 능력을 선사해 주었음을 보여 주고 있다. 그는 그러한 마음의 귀로 남들이 들을 수 없는 것을 들을 수 있었기에 청력을 잃은 상태에서도 지휘를 할 수 있었을 뿐만 아니라 남들이 불협화음으로 느끼는 것이 사실은 진정한 화음의 세계일 수 있음을 남들보다 한 발 앞서 인식할 수 있었던 것으로 보인다.

베토벤

그 옛날 아우슈비츠의 유태인들은 그의 음악을 가장 사랑하였다.
그의 음악은 비극의 역사적 현장에 있었던
유태인들의 고단한 영혼을 잠시 쉬게 해 주었다.

승화

승화는 내부의 욕구를 순화시켜 보다 문화적인 형태로 표현하는 것을 의미한다. 이러한 승화는 다음의 세 가지 과제를 충족시킬 수 있어야 한다.

첫째, 승화는 사회적으로 물의를 일으키지 않으면서 내부의 본능을 충족 시킬 수 있어야 한다. 둘째, 승화는 양심의 문제를 해결할 수 있어야 한다. 셋째, 승화는 대인 관계의 문제를 해결할 수 있어야 한다. 이처럼 삶에서 승화는 본능, 양심, 대인 관계의 세 마리 토끼를 동시에 쫓는 역할을 하게 된다.

그랜트 스터디의 연구 대상자였던 캘리포니아의 어느 의사 이야기는 승화의 특성을 이해하는 데 중요한 시사점을 제공해 줄 수 있다. 그는 면담 중에 현재 자신이 하고 있는 일을 설명하면서 살아 있는 세포를 시험관에서 배양하는 일에 몰두하고 있다고 말했다. 그의 어머니는 면담이 이루어지기 3주 전에 뇌졸중으로 세상을 떠났음에도 불구하고 그는 자신의 관심사에 대해서 매우 흥미 있어 했으며 또 그의 모습은 활기차 보였다. 사실 그가 배양하고 있던 세포는 돌아가신 어머니의 생체 조직에서 떼어 낸 것이었다. 그는 의사로서 자신의 특수한 기술을 이용하여 어머니의 죽음으로 인한 고통을 완화시키려 노력하였던 것이다.

문제는 승화에 익숙하지 않은 사람들의 눈에는 이러한 행동이 매우 이상해 보일 수 있다는 점이다. 하지만 단순히 자신이 일상생활에서 보아 왔던 방식들과 다르다고 해서 색안경을 끼고서 바라볼 필요는 없다. 보다 중요한 것은 사랑하는 어머니를 떠나보낸 후에 그가 선택한 승화의 기제가 과연 본능과 양심 그리고 대인 관계의 문제를 얼마만큼 효과적으로 해결할 수 있었는가 하는 점이다.

어머니의 몸에서 떼어 낸 세포를 배양함으로써 노화를 방지하는 연구에 활용하고자 했던 그 의사는 누구보다도 어머니를 사랑하는 사람이었다. 특별한 개인적인 동기가 있어서라기보다는 단지 노화 연구가 유망한 연구 분야이기 때문에 제약 회사의 지원을 받아 연구를 하고 있는 또 다른 의사와 비교해 보면 어떨까? 동일한 연구를 할 경우, 자신이 배양하고 있는 세포에 대해서 누가 더 큰 애정을 갖고서 연구에 임하게 될까? 그리고 연구가 잘 진행되어서 논문이 똑같이 유명 저널에 실리게 된다면, 과연 어떤 글에 연구자의 애정이 더 진하게 배어 있겠는가? 비록 비슷한 학문적인 성과를 가지고 대등한 수준의 저널에 실렸기 때문에 겉으로는 유사해 보인다 할지라도 두 연구 사이에는 분명한 차이가 있을 수밖에 없다. 이러한 맥락에서 생텍쥐페리가 말한 "중요한 것은 눈에 보이지 않는다"는 말은 어린왕자뿐만 아니라 우리들도 충분히 되새겨 볼 만한 가치가 있는 말이라 하겠다.

본능의 표현이라는 측면에서, 그 캘리포니아 의사가 비록 겉으로는 특별히 슬퍼하는 내색을 보이지 않았을지라도 마음속으로는 사랑하는 어머니를 그 누구보다도 그리워하고 있었다는 것을 생생히 느낄 수 있을 것이다. 물론 의사인 그가 어머니에 대한 그리움을 세포를 배양하는 작업을 통해 달랬다고 해서 사회적으로 물의가 일어나지는 않았다.

양심의 문제를 다루는 측면에서도 그는 큰 무리 없이 잘 소화해 낼 수 있었다. 만약 그가 생전에 어머니를 위해서 미처 못 해 준 일이 있었더라면 그는 틀림없이 어머니를 여의고 나서 남모르는 고통을 겪을 수밖에 없었을 것이다. 하지만 설사 그런 일이 있었다 할지라도 그는 나중에 어머니의 분신을 위해 헌신하는 것을 통해 어느 정도는 양심의 날카로운 칼날을 무마시킬 수 있었을 것이다. 그리고 그가 어머니의 분신과도 같은 세포를 건강하게 보존하기 위해 극진한 노력을 기울이면 기울일수록 그만큼 더 양심의 가책으로부터 해방될 수 있었을 것이다.

마지막으로 대인 관계의 문제에서도 그 의사는 아무런 문제도 일으키지 않았다. 오히려 그는 성실한 학문적인 연구 태도로 말미암아 동료들로부터 더 큰 존경과 사랑을 받게 되었다.

승화의 연금술사가 되기

1. 승화에서는 외면적인 행동 그 자체보다는 행동 이면의 상징적인 의미가 중요하다_ 화가 난 어느 대학생이 아이스링크에 가서 스케이트를 타고 나면 기분이 많이 풀릴 수 있다. 그 이유는 여러 가지가 있을 수 있다. 예를 들면, 시원한 곳에서 열을 식힐 수 있었던 점도 스케이트를 타고 난 후 기분이 전환되는 이유를 어느 정도는 설명해 줄 수 있다. 하지만 단순히 신체적인 열을 식히는 것으로 따진다면 스케이트를 타는 것은 냉수욕을 하거나 얼음을 직접 피부에 문지르는 것만 못할 수 있다. 스케이트를 타는 것이 분노감을 해결하는 데 크게 기여하는 이유를 이해하기 위해서는 행동 그 자체가 아니라 행동 이면의 상징적인 의미에 초점을 맞춰야 한다. 화가 난 사람이 아이스링크에서 스케이트를 타는 경우 외견상 분노를 해결하는 것과 스케

이트를 타는 것 간에는 아무런 연관성이 없어 보이지만 실제로 그 둘은 밀접한 관계가 있다. 스케이트에는 바로 칼날이 숨겨져 있기 때문이다. 따라서 분노한 사람이 스케이트를 타는 것은 마치 화난 사람이 검도를 하는 것과 유사한 심리적인 효과를 나타낼 수 있다. 이러한 승화는 스트레스에 대한 적극적인 대치 기법 중 하나일 뿐만 아니라, 우리의 삶을 창조적인 예술로 변화 시켜 주는 중요한 역할을 할 수 있다. 승화의 과정을 잘 이해하기 위해서는 행동 이면의 상징적인 의미에 대한 통찰력이 높아져야만 한다. 이책에는 모두 15명의 사례가 등장한다. 그리고 그 사례들 안에는 모두 승화의 실제 모델들이 소개되어 있다. 이 책에서 소개한 15명의 사례를 전형적인 사례로 삼아 자신을 포함해서 주변 사람들이 살아가는 모습에 적용해보라. 처음에는 낯선 느낌 때문에 어려운 인상을 줄지라도 차츰 익숙해지다 보면 어느 순간부터는 자신과 타인의 행동을 목격하자마자 곧바로 그러한 행동 이면에 숨겨진 상징적인 의미를 이해할 수 있게 될 것이다.

2. 승화의 과정은 마치 연극배우가 과거 자신의 경험에 기초해 자신이 맡은 배역에 몰입하는 것과 유사하다_ 그렇게 한 결과로서, 배우는 남들과는 다른 독창적인 방식으로 자신의 배역을 소화해 낼 수 있을 뿐만 아니라, 그러한 연기 활동이 주는 카타르시스 효과로 인해 그 자신의 삶 자체도 변화 시킬 수 있다. 이러한 점은 작가의 경우도 마찬가지이다. 작가가 작품 속 주인공처럼 사는 것은 사실상 불가능하다. 하지만 그 대신 작가는 자신의 삶을자기 작품의 인물 속에서 재창조해 낼 수 있다.

3. 삶의 모든 문제를 승화로 해결하려고 덤벼들어서는 안 된다는 점을 유념할 필요가 있다_ 삶에서 사람들이 경험하는 어려움에는 두 가지 종류가 있

다. 그 하나는 문제가 주어지는 순간에 바로 해결책이 무엇인지 쉽게 찾아볼 수 있는 것들이다. 예를 들어, 영어에 능통해지기 위해서는 어떤 노력이 필요한가 하는 문제가 바로 그것이다. 영어를 잘하기 위해서는 영어 공부를 열심히 하는 것 이외의 왕도가 있을 수 없다. 물론 그렇게 해결책을 알고 있다고 하더라도 현실이라는 또 다른 벽에 부딪히는 것이 다반사일 것이다. 그럼에도 불구하고 이렇게 해결책이라도 주어진다면 매우 다행스러운 일이 아닐 수 없다. 왜냐하면 우리들의 삶 속에는 아무리 밤을 새서 고민해봐도 뾰족한 해결책이 떠오르지 않는 것들이 허다하기 때문이다. 만약 부모가 누군지 모르는 상황에서 이방인 취급을 받으면서 자라나는 아이가 있다고 가정해 보자. 어떻게 하면 그 아이가 심리적인 혼란을 겪지 않으면서 잘 성장해 나갈 수 있도록 도울 수 있을까? 이러한 난제들 중에는 불의의 사고나 노화로 인해 가족을 떠나보내야 한다든지, 가족들 간에 불화를 경험한다든지, 혹은 자신이 사랑하는 사람이 자기가 아닌 다른 사람을 바라보고 있다든지 하는 문제들이 포함될 수 있다. 이처럼 삶에서 발생하는 위기들 중 많은 것들은 후유증을 심하게 남기는 동시에 해결할 방법을 쉽게 찾아낼 수 없는 문제들이 많다. 바로 승화는 이러한 삶의 난제들에 효과적으로 대처할 수 있는 연금술이지 인생의 모든 문제에 대한 만병통치약은 아니다.

헤메는 자,
모두 길을 잃어버린 것은 아닐지니

　지금까지 등장인물들의 삶을 통해 확인할 수 있었던 것처럼 인생은 미성숙한 기제를 사용하던 사람들이 점차 성숙한 기제를 사용하는 방향으로 발전해 나가는 과정이라고 정리해 볼 수 있다. 삶에서 성숙한 기제가 나타나는 시간은 따로 정해져 있는 것이 아니다. 예를 들면, 처칠은 여든 살이 넘어서야 담배를 끊었지만 어떤 사람은 이십 대에 이미 담배를 끊는 사람도 있고 또 아예 처음부터 흡연을 시작하지 않는 사람도 있다. 이런 점에서 흡연에 대한 욕구를 성숙하게 억제할 수 있는 연령은 생물학적으로 결정되어 있는 것이 아니다. 하지만 분명한 것은 계속해서 노력할 경우 담배는 반드시 끊을 수 있다는 것이다.

　많은 사람들이 담배를 끊는 것이 어려운 일이라고 말한다. 하지만 컬럼비아 대학교의 심리학자 섀흐터Stanley Schachter 는 금연 문제와 관련해서 재미있는 보고서를 발표한 바 있다.[1] 그에 따르면, 많은 심리학적인 연구들이 일반적으로 금연을 시도한 사람들 중 단지 10-30퍼센트만이 금연에 성공한다고 보고하고 있다. 그리고 많은 연구자들이 이러한 자료에 기초해서 금연이 어렵거나 사실상 불가능한 것이라고 말을 한다. 하지만 섀흐터가 장기적으로 추적 조사해 본 결과, 금연을 시도했던 사람들이 결국 나중에 가서는 대부분 실제로 금연을 하게 되는 것으로 나타났다. 즉, 금연 문제에서도 인디언 기우제 현상이 나타나는 것이다. 이러한 점은 과체중과 알코올 문제 그리고 삶의 다양한 영역들에도 적용할 수 있다. 하지만 주의할 점이 있다.

마크 트웨인은 "건강 관련 도서를 읽을 때는 조심해야 한다"고 말하였다. 왜냐하면 "오자誤字가 사람을 잡을 수도 있기 때문이다." 심리학 서적도 마찬가지다. 오독誤讀은 패가망신의 첩경일 수 있다. 이런 맥락에서 인디언 기우제와 맹목적으로 '하면 된다'고 믿고서 무모한 도전을 일삼는 것은 분명히 다른 것이라는 점을 깊이 새겨 둘 필요가 있다. 그 둘 간의 차이는 양날의 검과 같은 속성을 인정하느냐 그렇지 않느냐에 있다. '하면 된다'는 맹신론자들은 자신의 그러한 믿음이 양날의 검과 같은 특성을 가지고 있다는 점을 인정하지 않는다. 하지만 인디언 기우제

삶의 4가지 영역

		목표에 대한 신뢰 수준	
		높음	낮음
실현 가능성	가능	[제1영역] 상식의 세계	[제3영역] 인디언 기우제의 세계
	불가능	[제2영역] 인생의 늪지대	[제4영역] 상상의 세계

삶에 단비가 필요하다면

를 포함하여 모든 인생의 지혜에는 양날의 검과 같은 속성이 내포되어 있다.

인디언 기우제는 인생을 빛나게 해 줄 수도 있지만 잘못 활용하면 인생을 한없이 망가뜨릴 수도 있다. 먼저 앞의 표에 대해서 살펴보도록 하자.

우리가 살면서 목표로 정하는 일은 반드시 앞의 표에 제시되어 있는 4가지 영역 중 하나에 속하게 된다.

첫 번째는 상식의 세계제1영역이다. 이 영역은 목표를 향해서 나아가는 사람이 스스로 목표를 이룰 수 있다고 굳게 믿고 있으며 현실적으로도 그러한 목표를 달성하는 것이 가능한 세계이다. 어느 직장인이 보다 많은 연봉을 받고 싶어 하거나 체력이 다소 약한 사람이 보다 건강해지기를 원하는 것 등이 바로 그러한 예가 된다. 사실 이 영역은 삶에서 매우 상식적인 일들이 일어나는 영역이기 때문에 대부분의 사람들이 큰 어려움 없이 자신의 목표를 정할 수 있고 또 삶에 커다란 무리 없이 적응해 나간다. 따라서 이러한 상식의 세계에서 인디언 기우제는 그다지 큰 의미를 갖지 못한다.

두 번째는 인생의 늪지대제2영역이다. 여기에서는 목표를 향해 나아가는 사람이 스스로 목표를 이룰 수 있다고 굳게 믿고 있지만 현실적으로는 그가 뜻을 이루는 것이 불가능하다. 예를 들면, 도박에 중독된 사람이 여기저기서 돈을 융통해서 한 번 더 도전을 할 경우 잭팟을 터뜨릴 수 있다고 믿거나 '하면 된다'는 신념을 지나치게 맹신하여 계란으로 바위 치는 식의 행동에 도전하는 것 등이 여기에 해당된다. 사실 이러한 일들은 실현 가능성이 전무한 것은 아닐지라도 수학적으로는 0퍼센트에 가까운 것들이다. 이처럼 현실적으로는 실현가능성이 0퍼센트나 다름없는 일들을 대상으로 인디언 기우제의 원리를 실천하면, 그 순간부터 인생을 망치는 것은 시간문제가 된다. 그럼에도 불구하고 이러한 믿음을 갖고 있는 사람들은 마치 늪에 빠진 것처럼 그러한 유혹에서 헤어나지 못할 뿐만 아니라 시간이 지날수록 더 깊이 빠져만 간다. 따라서 이러한 인생의 늪지대에 인디언 기우제를 적용하면 마치 불난 데 기름을 끼얹는 식으로 심각한 부작용을 초래하게 될 것이다.

세 번째가 바로 인디언 기우제의 세계제3영역이다. 이 영역에서는 목표를 달성하는 것이 현실적으로 가능함에도 불구하고 당사자가 자신의 목표에 회의를 느끼거나 자신 없어 하게 된다. 예를 들면, 베토벤이 하일리겐슈타트 유서에서 자신은 숭고한 음악을 창조할 수 없게 되었기 때문에 죽을 수밖에 없다고 적는다든지 나이팅게일이 서른한 살에 신의 부름을 받고서도 제대로 실행에 옮기지 못했으니 죽을 수밖에 없다고 일기에 적었던 것 등이 여기에 해당된다. 그들은 한때 좌절했었지만 결국은 자신의 뜻을 이룰 수 있었다. 이처럼 인디언 기우제의 세계에서는 목표로 하는 일들이 틀림없이 실현 가능하지만 당사자들은 한때 좌절감에 휩싸여 자신이 원대한 포부를 품게 된 것에 대해서 후회하게 되고 또 포기할지 말지를 자꾸 고민하게 되는 세계이다.

마지막 네 번째 영역은 상상의 세계제4영역이다. 이 영역에서는 삶에서 그러한 일이 이루어질 수 있기를 바라는 사람도 그러한 목표를 달성하는 것이 어렵다는 점을 잘 알고 있을 뿐만 아니라, 실제로 그가 목표를 달성하는 것이 사실상 불가능한 일들이다. 예를 들면, 사람들은 누구나 불로장생을 꿈꾸지만 그것은 불가능한 일이다. 또 사람들은 때때로 시간을 되돌리고 싶어 할 때가 있지만 그것 역시 불가능하다. 오직 상상 속에서만 가능한 일들이 여기에 해당된다.

삶에 단비가 필요하다면

그렇다면 인디언 기우제의 세계에 속하는 일들은 얼마나 많은 것일까? 물론 셀 수 없이 많이 존재한다. 정말이지 인디언 기우제의 세계는 우리들 앞에 무한하게 펼쳐져 있는 정말로 광대한 영역이다. 하지만 유의해야 할 점은 인생에서 벌어지는 모든 일들에 인디언 기우제의 원리를 적용할 수 있는 것은 아니라는 점이다. 만약 누군가가 인생의 늪지대와 상상의 세계에 인디언 기우제의 원리를 적용하면 그 사람은 "방망이가 기다리는 코너로 내몰린 장님 쥐" 신세가 될 것이다.

인디언 기우제는 결코 인간의 모든 행동 영역에 적용될 수 있는 것이 아니다. 하지만 삶에서 인디언 기우제의 영역은 무한하게 펼쳐져 있다. 바로 그렇기 때문에 세상일은 마음먹기에 달려 있다는 일체유심조一切唯心造라는 표현이 가능해지는 것이다. 여기서 '일체一切'라는 표현은 세상에 존재할 수 있는 모든 일들을 의미하는 것은 아니다. 인디언 기우제의 세계를 제외한 나머지 세 가지 영역들도 모두 무한한 세계이기 때문이다. 하지만 '일체'가 명백히 광대하게 펼쳐져 있는 무한한 영역을 지칭하는 말인 것은 틀림없다. 이런 점에서 인간의 삶은 무한한 네 가지 영역 속의 행적들이 어우러지면서 점차 완성되어 가는 것이라고 할 수 있다.

인디언 기우제의 세계와 인생의 늪지대 사이의 가장 극명한 차이는 수행의 결과에서 나타날 것이다. 인생의 늪지대에서는 목표가 이루어져도 행복해지는 데는 별로 기여하지 못한다. 예를 들면, 도박중독자가 우연히 잭팟을 터뜨렸다고 하더라도 그 사람이 무일푼이 되는 것은 시간문제일 뿐이다. 또 맹목적인 형태로 '하면 된다'며 밀어붙이는 사람이 몇 차례 성공을 거둔다 하더라도 그 후에 그 사람의 신념이 깨지는 것 역시 예정된 수순일 뿐이다. 반면에 인디언 기우제의 영역에서 성공을 거두게 되면 그 사람은 마치 자신의 삶에서 기적이라도 일어난 것처럼 기뻐할 수 있게 된다. 왜냐하면 한때 목표를 이루기 어렵기 때문에 포기할 뻔 했던 일들을 성취해 냈기 때문이다.

인생의 늪지대에서의 실패는 곧 패가망신을 의미한다. 왜냐하면 여기에서는 사실상 불가능한 일들을 목표로 세운 다음에 본인 스스로는 확실히 목표를 이룰 수 있다고 믿고서 '올인'해 버리기 때문이다. 늪지대에 빠진 사람들이 느끼게 되는 좌절감은 가장 심각하다. 왜냐하면 그들은 목표를 달성하는 것이 가능하다고 확신했던 영역에서 실패를 한 셈이기 때문이다. 반면에 인디언 기우제 영역에서는 실패를 한다 할지라도 늪에 빠진 사람들보다는 좌절을 덜하게 된다. 왜냐하면 그들은 스스로 실패의 가능성을 염두에 두고서 도전했던 관계로 예상을 통해 실패의 아픔에 미리 대비할 수 있기 때문이다.

인디언 기우제의 영역에서도 얼마든지 실패는 일어날 수 있다. 이러한 실패의 가능성을 인정하느냐의 여부가 인디언 기우제와 무조건적인 '하면 된다'를 구분지어 주는 중요한 기준 중 하나이다. 세상에는 해도 안 되는 일들이 얼마든지 존재한다. 노력하면 뭐든지 다 이룰 수 있다고 믿는 것은 그 자체가 실패를 두려워하는 것이나 마찬가지다.

사람들은 보통 무서울 경우에 무섭다고 말한다. 하지만 때로는 무서워 떠는 사람이 속으로는 덜덜 떨면서도 겉으로는 "하나도 안 무섭다"고 말할 수도 있다. 이러한 점은 부모님의 이혼으로 인해 고통 받던 샘 월튼이 자신의 우울감을 감추기 위해 지나치게 많은 일들을 벌이면서 마치 하나도 안 슬픈 사람처럼 살아갔던 것과 마찬가지다. "내 사전에는 불가능이란 없다"는 말을 특히 강조하는 사람들은 실제로 목표를 달성하지 못했을 때 보통 사람들보다 더 큰 상처를 받는다. 왜냐하면 자신의 이론대로라면 일어날 수 없는 일이 일어난 것이기 때문이다. 그들은

삶에 단비가 필요하다면

이처럼 실패할 경우 다른 사람들보다 더 큰 상처를 받게 되기 때문에 실패를 남들보다 더 두려워하고 결과적으로 자신의 삶에서 실패는 있을 수 없다는 식으로 믿고 싶어 한다.

하지만 이들과는 달리 실패의 가능성을 인정하되 최선을 다하는 사람들은 목표를 달성하지 못하더라도 좌절을 견뎌 낼 수 있다. 왜냐하면 그들에게는 언제든지 일어날 수 있는 일이 일어난 것에 불과하기 때문이다.

비운의 남극 탐험가 스콧이 우리에게 남긴 일기는 인디언 기우제와 관련해서 중요한 시사점을 제공해 준다.

1912년 3월 29일, 스콧의 마지막 일기

21일 이후로 남서쪽 방향에서 눈보라가 계속 몰아쳤다. 20일에 우리는 차 두 잔 끓일 수 있는 연료와 이틀 치 식량만을 가지고 있었다. 우리는 매일 11마일밖에 안 떨어져 있는 보급소를 향해서 출발하려고 했지만 바깥 상황은 최악이었다. 이제는 정말로 우리에게 희망이 없다는 생각이 든다. 물론 우리는 끝까지 낙관적인 태도를 고수하겠지만 점차 기운이 빠지고 있다. 이제 끝이 얼마 안 남은 것 같다. 유감스럽게도 더 이상은 일기를 적을 수조차 없다.

남겨진 사람들에게 신의 가호가 깃들기를….

1912년 3월 22-23일

밖에는 눈보라가 계속되고 있다. 윌슨Wilson과 바우어스Bowers는 출발할 수 없는 상태다. 내일이 마지막 기회다. 연료도 바닥이 나고 식량도 한 두 끼 분량뿐이다. 이제 끝에 다다른 것 같다.

1912년 3월 18일

어제는 앞쪽에서 바람이 거세게 불어닥쳤다. 행군을 멈출 수밖에 없었다···나의 오른쪽 발가락들이 거의 떨어져 나갔다. 이틀 전까지만 하더라도 내 발가락의 상태가 제일 양호한 편이었다.

1912년 3월 16-17일

사방이 비극으로 가득 차 있다. 그저께 점심 때 가련한 오츠^{Oates}는 자기는 더 이상 못 갈 것 같다고 말했다. 그는 자신을 슬리핑 백 속에 남겨 두고 떠나 달라고 부탁했다. 우리로서는 그럴 수 없었다. 그가 계속 행군할 수 있도록 설득하였다··· 밤에 그의 상태는 몹시 악화되었고 우리는 끝이 왔다는 것을 실감하였다···그는 전날 밤 아침에 깨지 않기를 기도하면서 잠들었다. 하지만 그의 생일을 하루 앞둔 16일 아침에 그는 잠에서 깨고 말았다. 밖에는 여전히 눈보라가 계속되고 있었다. 그는 잠시 나가 있겠다고 말했다. 그 후로 우리는 그를 보지 못했다··· 동료들에게 짐이 되는 것을 두려워했던 그는 스스로 죽음의 길을 걸어갔던 것이다.

1912년 2월 24일

에반스^{Evans}는 풀이 죽어 있었고 안색은 나빴으며 열이 많이 났다. 그는 자신이 괴혈병에 걸린 것이 아닌가 하고 두려워하고 있었다···그는 괴혈병에 걸렸던 것 같다.

1912년 1월 17일

남극이었다··· 그렇다. 하지만···우리들은 끔찍한 하루를 보냈다···어제의 충격 때문에 우리들 중 그 누구도 잠들지 못했다. 우리는 노르웨이 탐험대의 썰매 자국을 따라 왔던 것이다… 오 신이시여! 우리가 제일 먼저 도착한 것이 아니라면, 이곳은 너무나도 잔혹하고 무서운 곳일 뿐이다. 만약 우리의 뜻을 이룰 수 있었다면 이곳은 특별한 곳이 되었을 뿐만 아니라 내일 불게 될 세찬 바람마저도 우리의 친구처럼 느껴졌을 것이다… 이제 집으로 돌아가기 위해서는 절망적인 싸움을 해야 한다. 우리가 그것을 해낼 수 있을지 모르겠다.[2]

인디언 기우제는 단순히 말로만 희망을 갖는 것과는 다른 것이다. 극단적인 경우, 어떤 이는 말로는 희망이 남아 있다고 말하면서도 실제로는 자포자기 상태로 살아가는 반면에 또 어떤 이는 말로는 희망이 없다고 자꾸 말하면서도 실제로는 고통을 끈질기게 견뎌 내기도 한다. 바로 스콧의 사례는 후자의 모습을 잘 보여 준다. 그는 1월 17일 일기에 절망적인 싸움이 시작된다고 적었지만 극지방에서 연료와 식량이 바닥난 상태에서도 눈물나도록 모진 고통의 시간들을 버텨 냈다.

또 인디언 기우제는 맹목적으로 버티기만 하는 것과는 다른 것이다. 흔히 바둑 애호가들이 하는 말처럼, 지혜로운 사람은 돌을 던져야 할 때는 아는 법이다. 생명은 그 어떠한 정치적인 이념에 의해서도 희생될 수 없는 소중한 것이다. 하지만 예외가 있다. 때로는 안타깝게도 생명이 희생되어야 하는 상황이 존재할 수 있다. 그러한 예외적인 상황이란 바로 누군가가 희생함으로써 더 많은 생명을 구할 수 있는 기회가 주어지는 경우이다. 바로 이러한 판단하에서 오츠는 스스로 인생의 돌을 용기 있게 던진 것이다.

스콧의 사례는 인디언 기우제의 영역에서 만약 실패를 하게 되면 어떤 일이 일어나게 되는지를 잘 보여 준다. 그는 자신의 뜻을 이루지 못했지만 사람들은 아문센Roald Amunsen의 성공기보다 그가 마지막으로 남긴 일기에서 더 큰 감동을 받았다. 남극에서 동사한 스콧을 발견했던 체리-개런드Apsley Cherry-Garrand는 "그 가련한 영혼들을 봤을 때, 나는 문득 질투심이 생겼다"[3]라고 말하였다. 왜냐하면 최선을 다하고서 잠든 그들의 모습이 너무나도 아름답게 보였기 때문이다. 그리고 후대의 사람들은 스콧 일행이 남긴 일기가 "역사에서 가장 위대한 페이소스 중 하나"[4]를 선사해 준다고 기록하였다.

스콧은 마지막 유언에서 "우리는 기운이 쇠락하였고 쓰는 것조차 어렵지만 다행히 이번 탐험을 후회하지는 않는다"[5]고 적었다. 아마도 그 이유는 그가 최선을 다했지만 뜻을 이루지는 못하는 '아름다운 실패'를 했기 때문일 것이다.

이처럼 인디언 기우제처럼 살아간다 하더라도 100퍼센트 성공하는 것은 아닐 수 있다. 하지만 진정으로 인디언 기우제처럼 살아간다면, 비록 뜻을 이루지는 못할지라도 적어도 새클턴처럼 '위대한 실패'에는 성공할 수 있거나 스콧처럼 '아름다운 실패'는 이뤄낼 수 있을 것이다.

하지만 인디언 기우제의 본질은 실패에 있지 않다. 극단적인 경우를 제외하고는 지금까지 앞에서 다룬 모든 사례들이 증명해 주는 것처럼 인디언 기우제처럼 살아가는 것은 샌더스의 말대로 틀림없이 멋진 일이 될 것이다. 왜냐하면 외견상 불가능해 보이는 영역에서조차 극적인 반전이 일어날 수 있기 때문이다. 이렇듯 인디언 기우제의 세계에서 불가능한 것처럼 보이던 것이 가능해지는 이유는 바로 자아의 연금술 덕분이다. 성숙한 자아의 연금술인 유머, 억제, 예상, 이타주의 그리고 승화는 우리들을 성공적인 삶으로 인도할 수 있다.

『반지의 제왕The Lord of the Rings』에서 톨킨John F. R. Tolkien은 인디언 기우

제와 같은 인생 이야기를 다음과 같이 들려주었다.

금이라고 해서 모두 다 반짝이는 것은 아니며

헤매는 자라 해서 모두 길을 잃어버린 것은 아니다.

오랜 세월이 흘러도 강한 것은 시들지 않고

깊은 뿌리에는 서리가 닿지 못할지니.

타 버린 재에서 불꽃이 일어날 것이며

어두운 그림자에서는 빛이 샘솟을 것이다.

부러진 검은 다시 온전해질 것이며

왕관을 잃어버린 자 다시 왕으로 부활하리니.[6]

그랜트 스터디와
자아의 연금술

보통 우리의 삶이 내면의 물음에 분명한 해답을 주는 경우는 거의 존재하지 않는다. 그래서 살아가다 보면 아무것도 보이지 않고 또 그 어느 것도 들리지 않기 때문에 마치 사막을 걷고 있는 듯한 막막한 기분이 들 때가 있다. 그렇기에 우리는 삶의 진실을 단순히 논리적인 증명을 통해 유추해 낼 것이 아니라, 경험을 통해 직접 확인할 필요가 있다. 그렇다면 과연 삶의 진실을 밝히기 위해서는 어떠한 노력들이 필요한 것일까? 레씽Gotthold E. Lessing의 유명한 희곡인 「현자 나단Nathan the Wise」은 이러한 물음에 대한 한 가지 답을 예시해 주고 있다.

나단의 반지

옛날 이슬람의 왕이 현자로 알려진 유태인 나단을 불러 기독교와 이슬람교 그리고 유태교 중에서 어떤 종교가 진정한 종교인지를 밝히라고 하였다. 그러자 현명한 나단은 다음의 이야기를 들려주면서, 그러한 문제를 해결하기 위해서는 장기적인 조망을 갖는 것이 중요하다는 점을 일깨워 주었다.

옛날 동방에 아름다운 반지를 가지고 있는 사람이 살고 있었다. 그 반지는 오팔이라는 보석으로 장식되어 있었으며 영롱한 빛을 발하였다. 그 반지는 아름다울 뿐만 아니라 또 다른 신비한 힘을 가지고 있었다. 그 신비한 힘이란 반지의 소유자가 신과 다른 사람들로부터 사랑받도록 해 주는 것이었다. 단, 그러한 신비한 효과는 소유자가 믿음과 신뢰를 바탕으로 해서 반지를 끼었을 때만 나타날 수 있었다.

대대로 그 반지는 가장 아끼는 후손에게 대물림되었다. 하지만 어느 대에 가서인가 반지의 주인이 자신의 세 아들 모두를 똑같이 사랑한 까닭에 누구에게 반지를 물려주어야 할지 몰라 고민에 빠지게 되었다. 고민 끝에 그 반지의 주인은 비밀리에 똑같은 모양의 반지를 만들어 세 아들 모두에게 반지를 하나씩 유산으로 물려주었다. 그러자 세 아들은 그중에서 진짜 반지는 하나밖에 될 수 없다는 것을 깨닫고는 엉겨 붙어 싸우다가 마침내 재판관에게로 달려갔다. 그러자 현명한 재판관은 다음과 같이 판결 내렸다고 한다.

"이제 다투는 것을 그만 멈추거라! 내가 듣기로 진짜 반지는 반지의 소유자로 하여금 신과 인간에게 똑같이 사랑받고 호감을 받도록 하는 놀라운

삶에 단비가 필요하다면

능력을 지닌 것으로 알고 있다. 그렇다면 반지 속에 있는 그러한 힘이 저절로 진위를 가려 줄 것이다. 왜냐하면 가짜 반지는 그런 놀라운 힘이 없을 것이기 때문이다. 따라서 너희들 각자는 끼고 있는 반지의 신비한 힘을 입증하기 위해서 신과 사람들로부터 사랑받는 사람이 되고자 노력해야 할 것이다. 부드럽고 따뜻한 애정을 가진 반지의 힘 덕분에, 그 반지의 가치는 너희들의 자손들 대에서 저절로 밝혀질 것이다."[1]

나단의 반지 이야기에서 시사해 주는 것처럼, 삶의 진실을 규명하기 위해서는 장기적인 조망을 하는 것이 중요하다. 그랜트 스터디^{Grant Study}는 왜 우리가 삶을 이해하기 위해서는 장기적인 조망을 유지하는 것이 필요한지를 경험적으로 입증해 준 대표적인 연구라고 할 수 있다.

그랜트 스터디

1938년 미국의 하버드^{Harvard} 대학교에서는 전인미답^{前人未踏}의 기념비적인 심리학적 연구가 시작되었다. 그랜트 스터디에서는 오랫동안 베일에 가려져 있던 삶의 진실이 저절로 제 모습을 드러내게 될 때까지 실제 인간의 삶을 약 60년 이상 추적 조사하였다. 그랜트 스터디의 연구 책임자인 하버드 대학교의 베일런트^{Geoge E. Vaillant} 박사는 그러한 심리학적인 연구를 통해 드러난 삶의 모습을 다음과 같이 요약하였다.

과학의 대상으로 삼기에는 너무나도 인간적인,

숫자로 표현하기에는 너무나도 아름다운,

진단을 내리기에는 너무나도 가슴 저리는,
책으로 묶기에는 그 자체로 영원불멸한….[2]

1938년에 하버드 대학교 보건소의 보크^{Arlie Bock} 박사와 히스^{Clark} ^{Heath} 박사는 성공적인 삶에 대한 심리학적인 비결을 탐구하기 위해서 하버드 대학교 학생들의 자료를 수집하기 시작하였다. 그들의 연구는 자선사업가 그랜트^{William T. Grant}의 후원으로 이루어졌기 때문에 일명 '그랜트 스터디'로 불리게 되었다.

인간의 삶에 대한 과학적인 연구로서 그랜트 스터디는 매우 독특한 특징을 가지고 있다. 그것은 세계적인 명문 대학교의 학생들 중에서도 가장 우수하다고 생각되는 학생들을 선발한 다음에, 그들의 실제 삶에 대한 장기-종단적인 연구를 수행하였다는 점이다.

하버드 대학생들 중에서도 특히 신체적으로나 정신적으로나 건강하기 때문에 '입학 허가를 내준 것이 자랑스러운 학생'[3] 268명을 선발하여 대학 졸업 후의 삶을 60년 이상 추적 조사한 결과, 예상대로 연구 대상자들은 정계, 법조계, 경제계, 학계, 언론계 등 사회의 거의 대부분의 영역에서 발군의 실력을 발휘하였다. 하지만 모든 연구 대상자들이 성공적인 삶을 산 것은 아니었다.

그랜트 스터디 결과, 연구 대상자 중 약 30퍼센트는 실제로 누가 보더라도 명백히 성공적인 삶을 살아간 반면에 그중 약 30퍼센트는 놀랍게도 부적응적인 삶을 살았던 것으로 나타났다. 연구 대상자 중 30퍼센트나 실패한 삶을 살게 되었다는 사실은 그랜트 스터디 연구진에게 커다란 충격을 주었다. 왜냐하면 선발 당시에 이들은 비록 각자 성취하고자 하는 목표는 달라도 어느 방면에서든지 자신들이 원하는 꿈을 못 이룬

삶에 단비가 필요하다면

다면 그것이 오히려 이상해 보일 정도로 특별히 장래가 촉망되는 학생들이었기 때문이다.

인생의 성패가 능력에 달려 있는 것만은 아니다

그랜트 스터디에 참여한 연구 대상자는 모두 능력 면에서 탁월한 사람들이었다. 이들은 일반 대학생뿐만 아니라, 같은 하버드 대학교 동기생보다도 더 많이 우등으로 졸업하고 대학원에 진학하였다. 그렇다고해서 그랜트 스터디 대상자들이 단순히 학구적인 상황에서만 뛰어난능력을 발휘한 것은 아니었다.

2차 세계대전 동안 그랜트 스터디 대상자들 역시 동년배들과 마찬가지로 참전하게 되었다.[4] 하지만 이들은 동년배들에 비해 신체검사에서의 탈락률이 7분의 1 수준에 불과했다. 그리고 이들은 사상자 비율 면에서 동년배들과 차이가 없었음에도 불구하고, 즉 위험한 전투 상황에비슷한 수준으로 노출되었음에도 불구하고 현기증과 구역질 그리고 공포로 인해 벌벌 떠는 것 등의 부적응 증상들을 훨씬 적게 나타냈다. 또한 이들 중 오직 10퍼센트만이 장교로 입대했지만, 군에서 제대할 무렵에는 이들 중 70퍼센트가 수훈을 인정받아 장교로 승진해 있었다. 이들의 근무 평가서를 보면, 직속상관인 부대장들 중 93퍼센트가 이들을자기 휘하에 두기를 희망한다고 보고하였다. 특히 이들은 전쟁 후 다시정상적인 생활로 복귀하는 데 있어서도 동년배들보다 월등히 높은 적응력을 나타냈다. 이러한 참전 기록들은 그랜트 스터디 대상자들이 단지 학벌만 좋을 뿐인 문약文弱한 사람들이 아니었으며 적어도 이들이 인생에서 실패를 하는 경우 그 원인이 능력상의 문제일 수는 없다는 점을 분명하게 보여 주었다.

자타가 공인하는 명문 대학교의 전도유망한 대학생들을 특별히 선발하기는 했지만, 그랜트 스터디 대상자들 모두가 경제적으로 부유한 명망가의 가정에서 축복 받으며 자란 것은 아니었다. 하지만 적어도 향후 이들의 삶에서 사회경제적인 약점이 걸림돌로 작용하지는 않을 것으로 확신할 수 있는 학생들만을 선발하였다. 예컨대, 그랜트 스터디 대상자들 중 일부 학생은 경제적으로 매우 가난한 가정에서 생활하기도 하였다. 하지만 이들은 자신의 부모가 감당해 낼 수 없는 학비를 장학금을 통해 지원 받거나 스스로 학비를 벌었다. 따라서 적어도 이들은 가난하기는 해도 학업이 중단되지는 않을 학생들이었다.

그렇다면 그랜트 스터디 대상자들 중 30퍼센트는 뛰어난 지능, 사교적 성격, 가문의 배경, 경제적 부, 출중한 외모를 갖추었음에도 불구하고 왜 부적응적인 삶을 살게 된 것일까? 이러한 물음이 중요한 이유는 인생에 실패한 사람들의 경우와 마찬가지로 성공한 사람들의 성공 비결 역시 사람들이 일반적으로 말하는 요인들과는 다를 수 있기 때문이다. 사실 그랜트 스터디는 누군가 인생에 실패한다면, 그 원인이 무엇인지를 규명하고자 계획된 것은 아니었다. 그보다는 가장 행복한 인간의 삶이란 과연 어떤 모습인지를 일반 사람들이 직접 눈으로 확인할 수 있도록 보여 주고자 하였다. 바로 이러한 목적을 달성하기 위해 그랜트 스터디에서는 정신적인 면과 신체적인 면 모두에서 특별히 우수하다고 공인 받을 수 있는 학생들을 선발하였던 것이다. 이는 멋지게 피어난 꽃의 참다운 아름다움을 감상하기 위해서는 온화한 기후와 양질의 토양뿐만 아니라 원천적으로 좋은 품종의 씨앗이 요구되는 것과 같은 이치라

삶에 단비가 필요하다면

고 할 수 있다.[5]

그랜트 스터디는 사람들에게 하버드 대학교 졸업생들의 인생유전사 이상의 정보를 제공해 줄 수 있다. 그랜트 스터디가 사람들에게 선사하는 가치 있는 정보 중 하나는 우리에게 인생이 신들의 주사위 놀음 이상의 것임을 일깨워 준다는 점이다. 만약 인생이 신들의 주사위 놀음에 의해 결정되는 것이라면 태어나면서부터 결정되는 요인들, 즉 지능, 신체조건 그리고 어떤 부모님을 갖게 되었는지 등에 따라 인생의 명암이 갈라져야 할 것이다. 하지만 연구 결과, 대학 재학 시절까지는 삶의 중요 영역에서 동일한 출발선상에서 서 있던 연구 대상자들이 졸업 후 세월이 흐르면서 갈수록 적응상에서 심한 격차를 드러냈다. 이러한 결과는 성공적인 삶의 비결 중 결정적인 요인이 태어나면서 정해지는 것이 아니라 살아가면서 터득하게 되는 삶의 기술 속에 포함되어 있다는 점을 보여 주는 것이다.

그랜트 스터디가 들려주는 성공적인 삶의 비결

그랜트 스터디가 들려주는 삶의 교훈은 다음의 4가지로 요약할 수 있다.

첫째, 인생에서 성공적인 삶이라는 것은 명백하게 존재한다는 것이다. 같은 표본에 속한 연구 대상자들의 삶을 서로 비교했을 때, 동일한 조건에서 출발하여 60년 이상 인생을 항해해 나간 결과, 일부는 성공적인 삶을 살았던 반면에 또 다른 일부는 인생에 적응하는 데 실패한 것으로 나타났다. 연구 결과에 의하면 삶에 성공적으로 적응한 집단과 그

렁지 못한 집단 간에는 삶에 대한 만족도, 사회적 지위, 경제적 소득, 개인적 야망의 성취 여부, 사회에 대한 봉사, 대인 관계, 결혼 생활 만족도, 신체적 건강, 정신질환 여부, 여가 생활 등 삶의 대부분의 영역에서 분명한 차이가 나타났다.[6]

둘째, 인생에서 충격적인 사건 한두 가지가 개인의 인생행로 전체를 결정짓는 일은 거의 존재하지 않는다는 것이다.[7] 그랜트 스터디 결과는 자동차 드라이브 중에 실수로 잘못된 길로 접어들 수 있는 것과 마찬가지로 예기치 않은 사건들이 삶에서 영향을 미칠 수 있음을 보여 준다. 하지만 단 한 번 길을 잘못 들어섰다고 해서 드라이브 코스 전체가 변화될 가능성은 거의 없다. 어려서 부모를 잃는 것, 사고로 치명적인 부상을 입는 것, 배우자와의 이혼 등 그 어떤 단일한 사건도 연구 대상자들의 삶에 결정적인 요인으로 작용하지 않았다. 그랜트 스터디는 성공적인 삶의 본질이 일회적인 사건이 아니라 생활에서 반복적으로 일어나는 일에 있다는 점을 분명히 보여 주었다. 이런 점에서 링컨의 자비로움이나 케네디의 매력 그리고 햄릿의 우유부단함은 단 한 번의 극적인 사건이 아니라, 삶에서 그러한 특성이 반복적으로 나타났기 때문에 공인 받을 수 있었던 것이라고 할 수 있다.

셋째, 성공적인 삶을 사는지 여부는 고통스러운 문제에 어떻게 대응하느냐에 의해 결정되는 것이지 살면서 고통스러운 사건을 겪지 않는다는 것을 뜻하는 것은 아니라는 점이다.[8] 연구 결과, 삶에 성공적으로 적응한 사람들은 적응에 실패한 사람들에 비해 결코 위기를 적게 겪었던 것이 아니었다. 성공적인 삶을 산 사람들은 적응에 실패한 사람들보다 위기를 기회로 전환시키는 특별한 능력을 더 많이 가지고 있었을 뿐이었다. 그렇기 때문에 그들의 삶에서는 외부로부터 주어지는 스트레스가 '광기'를 불러일으키기보다는 오히려 '신의 은총'을 선사해 주었다. 따라서 성공적인 삶을 산 사람과 그렇지 못한 사람들 간의 차이는 평상시에는 잘 구분되지 않다가도, 스트레스 상황하에서 특히 두드러지게 된다.

마지막으로, 성공적인 삶을 산 사람과 부적응적인 삶을 산 사람들을 가장 잘 구분해 줄 수 있는 종합적인 지표는 바로 '자아의 연금술the alchemy of the ego'의 차이라는 것이다.[9] 자아의 연금술이란 문제 상황에서 사람들이 스스로를 돌보기 위해 사용하는 심리학적인 대처방법을 말한다. 이러한 자아의 연금술은 사실상 프로이드의 '방어기제defense mechanisms'와 유사한 개념이라고 할 수 있다. 하지만 방어기제라는 용어는 은연중에 인간의 어두운 본성을 부각시키는 경향이 있기 때문에, 베일런트 박사는 '적응기제adaptive mechanism' 또는 자아의 연금술이라는 표현을 사용하였다.

자아의 연금술

프로스트Robert Frost의 시에서처럼, 인생은 정말로 길 없는 숲 같아서 신경이 곤두서고 눈물이 나는 바로 그 순간에 어느 길을 택하느냐에 따라 오랜 세월이 흐른 뒤 사람들은 한숨지으며 말하게 된다. "그것이 내 운명을 바꾸어 놓았다"[10]고. 이처럼 사람들이 삶의 기로에 섰을 때 사용해 온 심리학적인 대처 방법이 바로 자아의 연금술이다. 이러한 자아의 연금술은 삶에서 연금술과 같은 효과, 즉 상상 속에서나 존재할 수 있다고 믿는 일들이 실제로 나타날 수 있도록 해 준다.[11]

우리가 소설이나 영화보다도 실제 인간의 삶이 훨씬 더 드라마틱하다고 느끼게 되는 것은 바로 이러한 자아의 연금술 때문이라고 할 수 있다. 자아의 연금술이 보여 주는 인생 드라마는 마치 삶에서 마법이 작용하는 것 같은 인상을 주기도 한다.

일반적으로 우리의 적응적인 노력은 부지불식간에 일어나고 또 눈에 보이는 것이 아니기 때문에 행위자 자신은 왜 그렇게 행동했는지 잘 모를 수 있다. 그러다 보니 때로는 우리가 살아가는 모습이 어찌어찌 하다 보니 그렇게 살아가는 것처럼 보이기도 하고 또 우리가 살아가는 모습이 언제부턴가 갑작스럽게 변해 버린 것처럼 느껴지기도 한다. 하지만 그랜트 스터디에 따르면, 삶에서 일어나는 그러한 변화는 내면의 심리적인 세계가 서서히 준비해 놓은 길을 단지 뒤늦게 분명하게 인식하게 된 것에 불과하다고 할 수 있다. 그랜트 스터디는 우리의 삶이 자아의 연금술이 연출하는 매우 창조적인 드라마라는 점을 일깨워 주고 있다. 따라서 자아의 연금술을 이해하는 것이 중요한 이유는 자신의 행동에 대한 통찰력을 높여 줌으로써 삶의 방향성을 확고하게 정립할 수 있도록 도와주기 때문이다.

자아의 연금술은 크게 성숙한 기제, 신경증적인 기제, 미성숙한 기제의 세 가지 수준으로 구분할 수 있다.

성숙한 자아의 연금술은 문제 상황에서 내면의 갈등을 숨기거나 자기 또는 타인을 희생양으로 삼기보다는 문제 상황 자체를 창조적으로 변형시켜, 결과적으로 자신뿐만 아니라 주변 사람들에게도 도움이 되는 책략을 사용한다. 성숙한 자아의 연금술이 하는 일은 조개가 우아한 진주를 만들어 내는 과정과 유사하다.[12] 조개는 모래가 외부에서 들어올 경우, 조직에 상처가 나는 것을 막기 위해 조개껍질의 안쪽 부분을 만들어 주는 물질로 모래를 뒤덮어 아름다운 진주로 변화시킨다. 마찬가지로 성숙한 자아의 연금술도 고통스럽고 눈물나는 순간들을 신의 은총을 받은 것과 같은 행복한 순간들로 변화 시켜 준다.

신경증적인 자아의 연금술은 문제 상황에서 자기를 희생시킴으로써 내면의 갈등 또는 현실적인 문제와 타협하는 것을 말한다. 신경증적인 자아의 연금술을 사용하는 사람들이 처한 상황은 돌멩이가 들어간 구두를 신고 있는 사람이 다른 사람들의 이목이 신경 쓰여서 구두를 벗지 못하고 억지로 꾹 참고 서 있는 것과 비슷하다. 그 사람은 대단히 고통스러워 하지만, 곁에 있는 사람들은 그 이유를 눈치채지 못하기 때문에 영문 몰라 할 수 있다.

미성숙한 자아의 연금술을 사용하는 사람들은 자기 내면의 심리적인 갈등을 해결하기 위해 다른 사람들을 희생양으로 삼는다. 미성숙한 자아의 연금술은 지독한 향을 내뿜는 시가나 강한 마늘 향을 풍기는 음식과 비슷하다. 다시 말해 그것을 즐기는 사람들에게는 기쁨을 선사해 주지만 곁에 있는 사람들은 도저히 견뎌 낼 수 없도록 만든다.

사람들은 누구나 성숙한 자아의 연금술을 사용하고자 하지만, 그러기 위해서는 생물학적으로 그리고 심리학적으로 성숙해지는 과정이 필요하다. 사춘기 때 그토록 많은 소년 소녀들이 방황하게 되는 것도 처음에는 누구나 미성숙한 방식으로 세상에 적응하려 시도하기 때문이다. 이런 점에서 사람들은 일종의 성장통을 앓으며 커 가는 존재라고 할 수 있다.

그랜트 스터디의 결과는 성공적인 삶을 산 사람들이 상대적으로 성숙한 자아의 연금술을 많이 사용하는 반면, 미성숙한 자아의 연금술은 적게 사용한다는 점을 분명하게 보여 준다. 그리고 신경증적인 자아의 연금술의 경우에는 성공한 사람들과 부적응적인 삶을 살았던 사람들 간에 별다른 차이를 보이지 않는다. 신경증적인 자아의 연금술이 남모르게 고통을 속으로 삭힌다는 특징을 가지고 있는 점을 고려해 보면, 어린이나 노인이나 그리고 적응에 성공한 사람이나 실패한 사람이나 모두 다 주관적인 고통을 느끼면서 살아가는 것은 마찬가지라고 할 수 있다. 이런 점에서 그랜트 스터디의 결과는 불교에서 인생은 고통의 연속이라고 말하는 것과 일맥상통한다.

자아의 연금술은 위계적인 구조를 지니고 있다. 왜냐하면 그랜트 스터디의 결과는 사람들이 나이가 들수록 성격상의 미성숙한 측면은 점차 줄어들고 성숙한 면이 늘어나게 된다는 점을 보여 주기 때문이다. 성장해 갈수록 보다 성숙한 연금술을 많이 사용하면서 삶에 적응해 나가는 것, 그랜트 스터디는 이것이 바로 인생이라는 점을 알려 주고 있다.

자아의 연금술의 종류

자아의 연금술에는 모두 15가지 유형이 있으며 사람들은 누구든지 살아가면서 이러한 기제들을 한번쯤은 사용하게 된다. 앞의 사례들을 통해 이러한 자아의 연금술들을 이미 하나씩 상세하게 설명하였지만, 한눈에 살펴보기 위해 동일한 문제 상황하에서 15가지의 기제가 각각 어떤 방식으로 표현되는지의 예를 들어 보도록 하겠다. 다음의 도표에 소개되는 내용은 직장 상사와 사이가 좋지 않은 사람이 내면의 갈등을 다루는 과정에서 사용할 수 있는 방법들을 나열한 것이다.

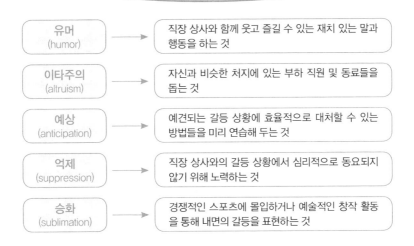

문제 상황 : 직장 상사와 사이가 좋지 않을 때

성숙한 자아의 연금술

유머 (humor)	→	직장 상사와 함께 웃고 즐길 수 있는 재치 있는 말과 행동을 하는 것
이타주의 (altruism)	→	자신과 비슷한 처지에 있는 부하 직원 및 동료들을 돕는 것
예상 (anticipation)	→	예견되는 갈등 상황에 효율적으로 대처할 수 있는 방법들을 미리 연습해 두는 것
억제 (suppression)	→	직장 상사와의 갈등 상황에서 심리적으로 동요되지 않기 위해 노력하는 것
승화 (sublimation)	→	경쟁적인 스포츠에 몰입하거나 예술적인 창작 활동을 통해 내면의 갈등을 표현하는 것

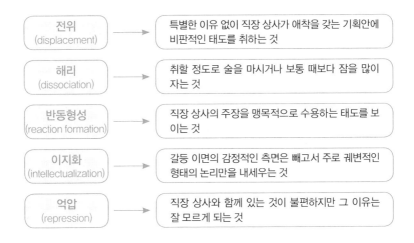

신경증적인 자아의 연금술

전위 (displacement)	→	특별한 이유 없이 직장 상사가 애착을 갖는 기획안에 비판적인 태도를 취하는 것
해리 (dissociation)	→	취할 정도로 술을 마시거나 보통 때보다 잠을 많이 자는 것
반동형성 (reaction formation)	→	직장 상사의 주장을 맹목적으로 수용하는 태도를 보이는 것
이지화 (intellectualization)	→	갈등 이면의 감정적인 측면은 빼고서 주로 궤변적인 형태의 논리만을 내세우는 것
억압 (repression)	→	직장 상사와 함께 있는 것이 불편하지만 그 이유는 잘 모르게 되는 것

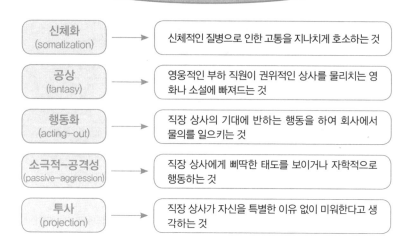

미성숙한 자아의 연금술	
신체화 (somatization)	→ 신체적인 질병으로 인한 고통을 지나치게 호소하는 것
공상 (fantasy)	→ 영웅적인 부하 직원이 권위적인 상사를 물리치는 영 화나 소설에 빠져드는 것
행동화 (acting-out)	→ 직장 상사의 기대에 반하는 행동을 하여 회사에서 물의를 일으키는 것
소극적-공격성 (passive-aggression)	→ 직장 상사에게 삐딱한 태도를 보이거나 자학적으로 행동하는 것
투사 (projection)	→ 직장 상사가 자신을 특별한 이유 없이 미워한다고 생 각하는 것

　만약 현재의 삶이 힘들고 괴롭다면 지금 사용하고 있는 자아의 연금술은 성숙한 것이 아니라 미성숙하거나 신경증적인 것일 가능성이 높다. 만약 현재 그러한 상태에 있다면, 이 책에 등장하는 인물들의 삶을 찬찬히 살펴보면서 많은 시사점을 얻을 수 있었을 것이다. 그 과정에서 만약 등장인물들의 삶에서 "아, 나만 괴롭게 살아가는 것이 아니구나" 하는 마음의 위안을 받을 수 있었다면, 그것도 좋은 일일 수 있다. 하지만 단순히 위로를 받는 데서 그치는 것이 아니라, 자아의 연금술로 창조적인 과정을 통해 고난을 헤쳐 나가는 비결을 익히는 데까지 도달할 수 있다면 훨씬 더 값진 경험이 될 것이다.

　　　　　　　　　　　　　　　　　　　　　　　삶에 단비가 필요하다면

삶에 단비가 필요하다면

1   Merton, R. K. (1968). Social Theory and Social Structure. New York: The Free Press.

2   O'Kane, W. C. (1950). Sun in the sky. Norman, OK: University of Oklahoma Press.

3   Malotki, E. (1983). Hopi Time: A linguistic analysis of the temporal concepts in the Hopi language. New York: Mouton Publishers.

4   Seton, E. T., & Seton, J. M. (1966). The gospel of the Redman (p. 5). Santa Fe, New Mexico: Seton Village.

5   Benshea, N. (1998). Jacob's ladder: Wisdom for the heart's ascent (p. 104). New York: The Ballantine Publishing Group.

마음의 무인도에서 벗어나라

1   Goldsmith, M. (1937). Florence Nightingale: The woman and the legend (p. 15). London: Hodder and Stoughton.

2   Vaillant, G. E. (1997). The wisdom of the ego (p. 207). Cambridge, MA: Harvard University Press.

3   Woodham-Smith, C. (1950). Florence Nightingale 1820-1910 (p. 7). London: Constable and Company.

4   Goldsmith, M. (1937). pp. 23-24.

5   Woodham-Smith, C. (1950). p. 92.

6   Woodham-Smith, C. (1950). p. 17.

7   Woodham-Smith, C. (1950). p. 76.

8 Woodham-Smith, C. (1950). p. 76.

9 Goldsmith, M. (1937). p. 72.

10 Cope, Z. (1958). Florence Nightingale and doctors (p. 100). London: Museum Press.

11 Woodham-Smith, C. (1950). p. 178.

12 Woodham-Smith, C. (1950). p. 178.

13 Nightingale, F. (1992). Florence Nightingale's Notes on nursing (A. Stretkowicz Ed. p. 3). London: Scutari Press.

꿈속의 영웅이 아닌 현실의 친구를 찾아라

1 Andersen, H. C. (1926). The true story of my life (M. Howitt Trans. pp. 4-5). London: George Routledge & Sons. (Original work published 1847).

2 Andersen, H. C. (1926). p. 3.

3 Bredsdorff, E. (1975). Hans Christian Andersen: The story of his life and work 1805-1875 (p. 19). New York: Charles Scribner's Sons.

4 Bredsdorff, E. (1975). p. 19.

5 Andersen, H. C. (1926). p. 12.

6 Andersen, H. C. (1926). pp. 17-18.

7 Bredsdorff, E. (1975). p. 16.

8 Bredsdorff, E. (1975). p. 67.

9 Bredsdorff, E. (1975). p. 62.

10 Wullschlager, J. (2000). Hans Christian Andersen: The life of storyteller (p. 115). London: Penguin Books.

11 Wullschlager, J. (2000). p. 117.

12 Wullschlager, J. (2000). p. 120.

13 Wullschlager, J. (2000). p. 129.

14 Wullschlager, J. (2000). p. 99.

15 Wullschlager, J. (2000). p. 155.

16 Andersen, H. C. (1972). Hans Christian Andersen: The complete fairy tales

삶에 단비가 필요하다면

and stories (E. C. Haugaard Trans. p. 76). New York: Doubleday & Company.

17 Bredsdorff, E. (1975). pp. 275-305.

18 Andersen, H. C. (1972). pp. 721-722.

19 Andersen, H. C. (1926). p. 1.

20 Andersen, H. C. (1926). p. 1.

21 Andersen, H. C. (1972). p. 224.

전사는 인생의 화폭에 무슨 그림을 그리는가

1 Pearson, J. (1991). The private lives of Winston Churchill. New York: Simon & Schuster. p. 57.

2 Churchill, R. S. (1966). Winston's Churchill: Youth 1874-1900 (p. 45). Boston: Houghton Mifflin Company.

3 Churchill, W. S. (1932). Amid these storms: Thought and adventures (p. 309). New York: Charles Scribner's Son.

4 Churchill, W. S. (1989). Blood, toil, tears and sweat: The speeches of Winston Churchill (D. Cannadine Ed. p. 149). Boston: Houghton Mifflin Company.

5 Pilpel, R. H. (1976). Churchill in America 1895-1961: An affectionate portrait (p. 142). New York: Harcourt Brace Jovanovich.

6 Vaillant, G. E. (1995). Adaptation to Life (pp. 175-180). Cambridge, MA: Harvard University Press.

인생이란 닭고기를 먹고 손가락을 쪽 빨 때의 느낌!

1 Vaillant, G. E. (1997). The wisdom of the ego. Cambridge, MA: Harvard University Press.

2 Sanders, C. H. (1974). Life as I have known it has been finger lickin' good (p. 18). Carol Stream, IL: Creation House.

꼭 한번은 성공의 꽃이 핀다

1   Ambrose, S. E. (1991). Nixon: Ruin and recovery 1973-1990 (p. 554). New York: A touchstone book.

2   Summers, A. (2000). The arrogance of power: The secret world of Richard Nixon (p. 7). New York: Viking.

3   Summers, A. (2000). p. 7.

4   Summers, A. (2000). p. 7.

5   Summers, A. (2000). p. 9.

6   Summers, A. (2000). p. 9.

7   Greenstein, F. I. (2000). The presidential difference (p. 94). New York: Martin Kessler Books.

8   Greenstein, F. I. (2000). p. 94.

9   Greenstein, F. I. (2000). p. 96.

10 Summers, A. (2000). p. 231.

11 Ambrose, S. E. (1991). p. 524.

12 Ambrose, S. E. (1991). p. 552.

13 Ambrose, S. E. (1991). p. 554.

14 Gannon, F. (1983). Richard Nixon/Frank Gannon Interviews, June 10, 1983.

15 Ambrose, S. E. (1991). p. 551.

16 Summers, A. (2000). p. 233.

17 Nixon, R. (1993). Funeral Services of Mrs. Nixon.

18 Wills, G. (1994). Richard Nixon: Petty Schemes and Grand Designs. In The New York Times (April, 24. p. 17). New York: The New York Times Company.

19 Aitken, J. (1993). Nixon: A life (p. 384). London: Weidenfeld and Nicolson.

20 Herbers, J. (1994). The 37th president: In three decades, Nixon tasted crisis and defeat, victory, ruin, and revival. In The New York Times (April, 24. p. 29). New York: The New York Times Company.

21 Herbers, J. (1994). p. 29.

22 Nixon, R. (1969). First Inaugural Address of Richard Milhous Nixon.

23　Ambrose, S. E. (1991). p. 443.

사랑처럼 미움도 시가 되어 빛날 때

1　Picasso, P. (1972). The documents of 20th-century art (R. Motherwell, B. Karpel, & A. A. Cohen Eds. p. 97). New York: The Viking Press.

2　Penrose, R. (1981). Picasso: His life and work (p. 11). Berkeley, LA: University of California Press.

3　Gedo, M. M. (1980). Picasso: Art as autobiography (p. 14). Chicago: The University of Chicago Press.

4　Huffington, A. S. (1988). Picasso: Creator and destroyer (p. 12). New York: Simon and Schuster.

5　Cabanne, P. (1977). Pablo Picasso: His life and times (H. J. Salemson Trans. p. 29). New York: William Morrow And Company.

6　C. G. Jung (Vol. 15), The spirit in man, art, and literature (p. 137). Princeton, NJ: Princeton University Press. (Original work published 1932).

7　O'Brian, P. (1976). Picasso. (p. 101). New York: G. P. Putnam's Sons.

8　Gilot, F., & Lake, C. (1964). Life with Picasso (p. 145). New York: McGraw-Hill Book Company.

9　Olivier, F. (1964). Picasso and his friends (J. Miller Trans. p. 17). London: Heinemann.

10　Huffington, A. S. (1988). p. 119.

11　Crespelle, J. P. (1969). Picasso and his women (R. Baldick Trans. p. 67). London: Hodder and Stoughton.

12　Picasso, P. (1972). p. 38.

13　Huffington, A. S. (1988). p. 137.

14　O'Brian, P. (1976). p. 208.

15　Gilot, F., & Lake, C. (1964). p. 304.

16　Huffington, A. S. (1988). p. 262.

17　Huffington, A. S. (1988). p. 264.

18 Huffington, A. S. (1988). p. 299.

19 Gilot, F., & Lake, C. (1964). p. 352.

20 Huffington, A. S. (1988). p. 319.

21 Crespelle, J. P. (1969). p. 190.

22 O'Brian, P. (1976). p. 464.

23 Picasso, P. (1972). p. 15.

조각난 삶을 치료하는 방법

1 O'neill, E. (1955). Long day's journey into night (p. 7). New Haven, CT: Yale University Press.

2 Gelb, A., & Geld, B. (1960). O'neill: Life with Monte Cristo (p. 99). New York: Applause.

3 Gelb, A., & Geld, B. (1960). O'nell (p. 55). New York: Harper & Brothers.

4 Vaillant, G. E. (1997). The wisdom of the ego (p. 268). Cambridge, MA: Harvard University Press.

5 Sheafer, L.(1973). O'Neill: Son and Playwright (p. 67). Boston, MA: Little, Brown.

6 O'neill, E. (1955). p. 87.

7 Gelb, A., & Geld, B. (1960). O'nell (p. 78).

8 Vaillant, G. E. (1997). p. 269.

9 Gelb, A., & Geld, B. (1960). O'nell (p. 231).

10 Gelb, A., & Geld, B. (1960). O'nell (p. 228).

11 Gelb, A., & Geld, B. (1960). O'nell (p. 231).

12 Gelb, A., & Geld, B. (1960). O'nell (p. 229).

13 Gelb, A., & Geld, B. (1960). O'nell (p. 229).

14 Gelb, A., & Geld, B. (1960). O'nell (p. 229).

15 Gelb, A., & Geld, B. (1960). O'nell (p. 666).

16 Gelb, A., & Geld, B. (1960). O'nell (p. 836).

17 Sheafer, L.(1973). O'Neill: Son and artist (p. 509). Boston, MA: Little, Brown.

18 O'neill, E. (1955). p. 171.

19 Gelb, A., & Geld, B. (1960). O'nell (p. 578).

도덕적인, 너무나도 도덕적인

1   Schweitzer, A. (1990). Out of my life and thought (A. B. Lemke Trans.). New York: Henry Holt and Company. (Original work published 1933).

2   Schweitzer, A. (1997). Memoirs of Childhood and Youth (K. Bergel, & A. R. Bergel Trans. p. 7). Syracuse, NY: Syracue University Press. (Original work published 1924).

3   Schweitzer, A. (1997). p. 38.

4   Schweitzer, A. (1997). p. 48.

5   Schweitzer, A. (1997). p. 8.

6   Schweitzer, A. (1997). pp. 13-14.

7   Schweitzer, A. (1997). p. 15.

8   Schweitzer, A. (1997). p. 28.

9   Schweitzer, A. (1997). p. 50.

10 Schweitzer, A. (1997). p. 67.

11 Seaver, G. (1944). Albert Schweitzer: Christian Revolutionary. New York: Harper & Brothers. (Seaver, 1944).

12 Marshall, G. N., & Poling, D. (1971). Schweitzer. New York: Doubleday & Company.

13 Schweitzer, A. (1997). p. 56.

14 McKnight. G. (1964). Verdict on Schweitzer: The man behind the legend of Lambaréne (p. 245). New York: The John Day Company.

15 Schweitzer, A. (1997). p. 51.

16 Marshall, G. N., & Poling, D. (1971). p. 31.

17 Brabazon, J. (1975). Albert Schweitzer: A biography (p. 374). New York: G. P. Putnam's Sons.

18 Brabazon, J. (1975). p. 375.

19 Marshall, G. N., & Poling, D. (1971). Schweitzer (p. 274). New York: Doubleday & Company.

복잡하게 산다는 것의 불행과 행복

1 Sartre, J. P. (1964). Words (B. Frechtan Trans. p. 21). New York: George Braziller.

2 Sartre, J. P. (1964). p. 28.

3 Sartre, J. P. (1964). pp. 18-26.

4 Sartre, J. P. (1964). pp. 17-93.

5 Sartre, J. P. (1964). pp. 110-111.

6 Sartre, J. P. (1952). No Exit: a play in one act, & The flies: a play in three acts (S. Gilbert Trans.). New York: Alfred A. Knopf. (Original work published 1946).

7 Sartre, J. P. (1969). Nausea (L. Alexander Trans. pp. 99-100). New York: New Directions. (Original work published 1938).

8 Sartre, J. P. (1969). pp. 126-129.

9 Sartre, J. P. (2003). Being and Nothingness (H. E. Bernes Trans. p. 652). New York: Routledge. (Original work published 1943).

10 Vaillant, G. E. (1995). Adaptation to Life (p. 135). Cambridge, MA: Harvard University Press.

11 Fulghum, R. (2003). All I Really Need to Know I Learned in Kindergarten (p. 2). New York: Ballantine Books.

죽어야 다시 태어날 수 있다

1 Tolstoy, L. N. (1887). My confession and the spirit of Christ's teaching (pp. 26-28). New York: Thomas Y. Crowell & Co.

2 Tolstoy, L. N. (1887). p. 27.

삶에 단비가 필요하다면

3   Johnson, P. (1988). Intellectuals (pp. 114-115). London: Weidenfeld and Nicolson.

4   Johnson, P. (1988). p. 115.

5   Tolstoy, L. N. (1917). The diaries of Leo Tolstoy: Youth 1847 to 1852 (C. J. Hogarth, & A. Sirnis Trans. p. 76). London: William Heinemann.

6   Johnson, P. (1988). p. 115.

7   Tolstoy, L. N. (1927). The private diary of Leo Tolstoy 1853-1857 (A. Maude Ed., & L. A. Maude Trans. p. 8). London: William Heinemann.

8   Tolstoy, L. N. (1927). p. 10.

9   Tolstoy, L. N. (1927). p. 12.

10   Johnson, P. (1988). p. 116.

11   Johnson, P. (1988). p. 116.

12   Johnson, P. (1988). p. 116.

13   Tolstoy, L. N. (1927). p. 82.

14   Johnson, P. (1988). p. 116.

15   Crankshaw, E. (1974). Tolstoy: Making of a Novelist (pp. 197-198). London: Viking Press.

16   Johnson, P. (1988). p. 119.

17   Johnson, P. (1988). p. 119.

18   Johnson, P. (1988). p. 120.

19   Tolstoy, L. N. (1887). p. 10.

20   Tolstoy, L. N. (1927). p. 17.

21   Crankshaw, E. (1974). p. 182.

22   Crankshaw, E. (1974). p. 132.

23   Johnson, P. (1988). p. 117.

24   Johnson, P. (1988). p. 118.

25   Johnson, P. (1988). p. 133.

26   Tolstoy, L. N. (1886). Anna Karénina (p. 5). New York: Thomas Y. Crowell Company.

27   Tolstoy, L. N. (1900). Resurrection (pp. 564-565). London: Francis Riddell Henderson.

28 Tolstoy, A. (1953). Tolstoy: A life of my father (p. 524). New York: Harper & Brothers Publishers.

29 Tolstoy, A. (1953). p. 521.

30 Tolstoy, I. (1971). Tolstoy, my father: reminiscences (p. 274). Chicago: Cowles Book Company.

눈물로 웃음을 빚어내는 삶의 예술

1   Chaplin, C. (1964). My autobiography (p. 28). New York: Simon and Schuster.

2   Chaplin, C. (1964). p. 76.

3   Chaplin, C. (1964). p. 97.

4   Robinson, D. (1985). Chaplin: His life and art (p. 69). London: Collins.

5   Chaplin, C. (1964). p. 97.

6   Robinson, D. (1985). p. 81.

7   Robinson, D. (1985). p. 144.

8   Robinson, D. (1985). p. 252.

9   Robinson, D. (1985). p. 252.

10 Robinson, D. (1985). p. 350.

11 Robinson, D. (1985). p. 596.

12 Chaplin, C. (1964). p. 420.

13 Chaplin, C. (1964). p. 497.

14 Chaplin, C. (1964). p. 12.

15 Robinson, D. (1985). p. 271.

16 Robinson, D. (1985). p. 272.

17 Robinson, D. (1985). p. 322.

인내, 그것은 이미 승리이다

1   Huntford, R. (1986). Shackleton (p. 10). New York: Atheneum.

2 Huntford, R. (1986). p. 11.

3 Huntford, R. (1986). p. 6.

4 Huntford, R. (1986). p. 10.

5 Huntford, R. (1986). p. 159.

6 Alexander, C. (1998). The Endurance: Shackleton's legendary Antarctic expedition. (p. 10). New York: Alfred A. Knof.

7 Huntford, R. (1986). p. 692.

8 Huntford, R. (1986). p. 340.

9 Huntford, R. (1986). p. 76.

10 Huntford, R. (1986). p. 81.

11 Huntford, R. (1986). p. 81.

12 Huntford, R. (1986). p. 75.

13 Huntford, R. (1986). p. 97.

14 Huntford, R. (1986). p. 213.

15 Huntford, R. (1986). p. 234.

16 Alexander, C. (1998). p. 13.

17 Bickel, L. (1982). Shackleton's forgetten argonauts (p. 18). South-Melbourrne: The MacMillan Company.

18 Hussey, L. D. A. (1986). Letter to Henry Welcome, quoted from R. Huntford, Shackleton (p. 674). New York: Atheneum. (Original work written 1918).

19 Shackleton, E. (1998). South: A memoir of the Endurance voyage (p. 75). New York: Carrol & Graf Publishers.

20 Huntford, R. (1986). p. 613.

21 Huntford, R. (1986). p. 570.

22 Huntford, R. (1986). p. 570.

23 Huntford, R. (1986). p. 570.

24 Perkins, D. N. T., Holtman, M. P., Kessler, P. R., & McCarthy, C. (2000). Leading at the edge: leadership lessons from the extraordinary saga of Shackleton's Antarctic expedition (p. 41). New York: Amacom.

25 Shackleton, E. (1998). p. 83.

26 Huntford, R. (1986). p. 472.

27 Huntford, R. (1986). p. 472.

28 Huntford, R. (1986). p. 472.

29 Perkins, D. N. T. (2000). p. 2.

30 Vaillant, G. E. (1995). Adaptation to Life (p. 109). Cambridge, MA: Harvard University Press.

물속에서 숨 쉴 공기를 갈구하듯 간절하게 살라

1 Trimble, V. H. (1990). Sam Walton: The inside story of America's richest man (p. 31). New York: Penguin Books.

2 Walton, S. M., & Huey, J. (1992). Sam Walton: Made in America (p. 68). New York: Doubleday.

3 Walton, S. M. (1992). p. 4.

4 Walton, S. M. (1992). p. 68.

5 Trimble, V. H. (1990). p. 18.

6 Trimble, V. H. (1990). p. 21.

7 Trimble, V. H. (1990). p. 21.

8 Walton, S. M. (1992). p. 14.

9 Walton, S. M. (1992). p. 14.

10 Walton, S. M. (1992). p. 14.

11 Walton, S. M. (1992). p. 13.

12 Walton, S. M. (1992). p. 5.

13 Walton, S. M. (1992). p. 15.

14 Walton, S. M. (1992). p. 16.

15 Walton, S. M. (1992). p. 15.

16 Walton, S. M. (1992). pp. 19-20.

17 Walton, S. M. (1992). p. 5.

18 Walton, S. M. (1992). p. 5.

19 Walton, S. M. (1992). p. 12.

20 Walton, S. M. (1992). p. 18.

21 Walton, S. M. (1992). p. 30.

22 Walton, S. M. (1992). p. 30.

23 Walton, S. M. (1992). p. 7.

24 Walton, S. M. (1992). p. ix.

25 Vaillant, G. E. (1995). Adaptation to Life (p. 108). Cambridge, MA: Harvard University Press.

나보다 더 아픈 가슴을 위하여

1 Guttmann, M. G. (2001). The enigma of Anna O: A biography of Bertha Pappenheim (p. 25). Berkeley, CA: Publishers Group West.

2 Guttmann, M. G. (2001). p. 55.

3 Breuer, J., & Freud, S. (1950). Studies in hysteria (A. A. Brill Trans. p. 14). New York: Nervous and Mental Disease Monographs.

4 Guttmann, M. G. (2001). p. 72.

5 Guttmann, M. G. (2001). p. 120.

6 Guttmann, M. G. (2001). pp. 97-98.

분노에서 화해의 합창으로

1 Zobeley, F. (1972). Portrait of Beethoven (p. 16). New York: Herder and Herder.

2 Beethoven, L. (1802/1969). Heiligenstadt testament (E. Forbes Ed.). Thayer's life of Beethoven (pp. 304-305). Princeton, NJ: Princeton University Press. (Original work written 1952).

3 Beethoven, L. (1802/1969). p. 306.

4 Beethoven, L. (2003). Beethoven's ninth symphony, Ode to joy (D. B. Levy Ed.). Beethoven the ninth symphony (p. 111). New Haven, CT: Yale University Press.

헤메는 자, 모두 길을 잃어버린 것은 아닐지니

1 Pennebaker, J. W. (1990). Opening up: The healing power of confiding in others (p. 24). New York: William Morrow and Company.

2 Scott, R. F. (1957). Scott's last expedition: The journals of captain R. F. Scott (Al. Huxley Ed. pp. 374-410). Boston: Beacon Press.

3 Rosove, M. H. (2000). Let heroes speak: Antarctic exploreres, 1772-1992 (p. 225). Annapolis, MD: Naval Institute Press.

4 Scott, R. F. (1957). cover page.

5 Scott, R. F. (1957). p. 417.

6 Tolkien, J. F. R. (1987). The Lord of the rings (p. 167). New York: Houghton Mifflin Company.

그랜트 스터디와 자아의 연금술

1 Lessing G. E. (1729-1781). Nathan the Wise (edited by Demetz, P. ; foreword by Arendt, A.). New York: The German Library.

2 Vaillant, G. E. (1995). Adaptation to Life (p. 11). Cambridge, MA: Harvard University Press.

3 Vaillant, G. E. (1995). pp. 41-42.

4 Vaillant, G. E. (1995). p. 34.

5 Vaillant, G. E. (1995). p. 40.

6 Vaillant, G. E. (1995). p. 87.

7 Vaillant, G. E. (1995). p. 368.

8 Vaillant, G. E. (1995). p. 6.

9 Vaillant, G. E. (1997). The wisdom of the ego (p. 8). Cambridge, MA: Harvard University Press.

10 Frost, R. (1979). The road not taken (E. C. Lathem Ed.). The poetry of Robert Frost (p. 105). New York: Henry Holt And Company. (Original work published 1915).

11 Vaillant, G. E. (1997). p. 8.

12 Vaillant, G. E. (2000). Adaptive mental mechanism: Their role in a positive psychology, American Psychologist. pp. 55, 89-98.

고영건

고려대학교 심리학과에서 임상심리학으로 박사 학위를 받았으며 삼성서울병원 정신과에서 임상심리레지던트로 수련을 받았다. 세계 최초로 '감성지능(EQ)'의 개념을 이론화한 예일대학교 심리학과의 피터 샐로베이 교수의 지도하에 박사 후 연구원으로 정서지능에 관한 연구를 수행하였다. 고려대학교 심리학과 교수로 부임한 후 고려대학교 학생상담센터장, 한국건강심리학회와 한국임상심리학회 학술이사, 한국심리학회 총무이사, 그리고 한국임상심리학회 부회장 등을 역임하였고 보건복지부 정신건강복지기본계획 추진단 위원으로 참여했으며 현재 고려대학교 심리학과 교수로 재직 중이며 한국임상심리학회장으로 활동 중이다. 고려대학교의 대표적인 강의상 3가지(고려대학교 학부 석탑강의상, 교육대학원 명강의상, 그리고 평생교육원 우수강의상)를 모두 수상한 바 있으며 중앙공무원교육원, 지방행정연수원, 서울특별시 교육연수원 그리고 주요 대기업의 다양한 심리학 교육 프로그램에서 강사로 활약 중이다. 삼성서울병원과 멘탈휘트니스 연구소가 공동으로 추진한 「삼성—멘탈휘트니스 CEO 프로그램」의 연구 개발자이기도 하다. 삼성—멘탈휘트니스 CEO 프로그램은 그랜트 스터디를 통해 성공적인 삶을 산 것으로 공인받은 사람들과 우리나라의 CEO들을 비교해 볼 수 있는 기회를 제공해주는 'First Class CEO'를 위한 심리학적인 프로그램이다. 한국의 대표적인 경영전문지인 동아 비즈니스 리뷰(DBR)와 한국의 대표적인 경제신문인 매일 경제신문에 심리학 칼럼을 연재 중이다. 주요 저서로는 『심리학적인 연금술(공저)』, 『멘탈휘트니스 긍정심리 프로그램(공저)』 등이 있으며 역서로는 『행복의 지도: 하버드 성인발달 연구가 주는 선물(공역)』이 있다.

인디언 기우제 이야기
삶에 단비가 필요하다면

초판발행 | 2012년 9월 10일
중판발행 | 2021년 3월 10일
지은이 | 고영건
펴낸이 | 안종만 · 안상준
펴낸곳 | 박영books
　　　　서울특별시 금천구 가산디지털2로 53, 210(가산동, 한라시그마밸리)
　　　　등록 1959. 3. 11. 제300—1959—1호(倫)
전화 | 02)733—6771
fax | 02)736—4818
e-mail | pys@pybook.co.kr
homepage | www.pybook.co.kr
값 | 15,000원
ISBN | 978—89—6454—312—2 03180